한국지방행정연구원총서

녹색성장과 지역특화발전

김선기 _ 박승규 _ 박진경 _ 전대욱

박영사

머 리 말

기후변화가 생태계는 물론, 산업·경제, 생활양식 등 사회 전반에 광범위한 파급효과를 초래하여 궁극적으로 인류 생존 자체에 심각한 위협으로 작용하고 있다. 바야흐로 화석연료에 기반한 문명을 저탄소 내지 탈(脫)탄소에 기반한 새로운 문명으로 바꾸어야 할 시점에 와 있는 것이다.

1992년 리우 세계 환경정상회의를 시작으로 심각한 기후변화에 대응하기 위한 글로벌 차원에서 다양한 대안이 추진되어 왔으며, 우리 정부도 세계적 정책기조에 부응하여 2008년 8·15 경축사에서 녹색성장을 신 국가발전 패러다임으로 천명한 바 있다. 그러나 짧은 기간에 새로운 정책기조의 틀을 짜다보니 한동안 자치단체는 물론 중앙부처에서조차 정책확산 과정에서 혼선을 초래하였다. 녹색성장이란 용어 자체가 생소한 개념이어서 시책화의 뚜렷한 준거가 없다보니 중앙부처, 자치단체, 공공기관, 시민단체 등이 녹색성장을 기치로 수많은 구호와 시책을 저마다 제시함으로써 혼란스러운 모습을 보여왔다. 다행히 저탄소 녹색성장 기본법의 제정과 함께 녹색성장 국가전략과 5개년 계획이 조속히 마련되어, 중앙부처는 부처별 미션에 부합하는 녹색성장 추진방향과 시책을 나름대로 정리할 수 있었지만, 자치단체는 아직도 독자적인 녹색성장 추진방향을 제대로 정립하지 못한 채, 중앙의 시책을 모방하거나 타 지역의 시책을 답습하는 경향을 보이고 있다.

녹색성장은 환경보전과 경제성장 간의 동조화라는 기존의 고정관념을 깨고 양자의 선순환적인 구조 아래 지속가능한 성장을 추구하는 새로운 발전 양식이다. 따라서 국가 차원에서 기술개발, 제도정비, 인프라 구축 등도 중요하지만, 기후변화의 원인이 되는 사회 전반의 구성요소들의 각각의 대응을 결집시키는 것 또한 매우 중요하기 때문에 기후변화의 원인과 대응의 최일선에 있는 자치단체와 주민의 역할과 실천이 절실히 요구된다.

하지만, 녹색성장이 바람직한 가치라고 해서 모든 지역이 똑같은 노력을 경주할 수는 없으며, 지역의 여건과 특성을 반영한 특성화가 이루어져야 정책의 효율성을 제고할 수 있다. 녹색성장형 지역특화발전이란 바로 지역이 보유한 녹색자원과 역량을 최대한 활용하여 에너지 사용과 온실가스 배출을 최소화하면서 그 과정에서 새로운 성장동력을 발굴하여 지역경제를 활성화하고 삶의 질을 제고시키는 발전전략을 말한다.

이 책에서는 지역의 녹색성장 잠재력을 평가할 수 있는 지표체계를 구축하여 지역별 녹색성장 잠재력을 평가하고, 녹색성장 잠재력의 지역발전효과 분석과 녹색성장형 지역발전 사례분석 등을 토대로 녹색성장 잠재력에 기초한 지역특화발전의 방향과 추진전략을 제시하고 있다. 이제 녹색성장이 사회의 모든 분야에서 가장 우선적이고 지배적인 가치로 자리 잡고 있는 시점에서 이 책이 지역의 녹색성장과 특화발전을 위한 기초자료로서 조그마한 기여가 있기를 바란다.

이 책은 한국지방행정연구원의 연구산물 중 하나이다. 여러 연구 중에서 특별히 이 연구의 책자발간을 기꺼이 허락해 주신 한표환 원장님과 각 실장님들께 깊은 감사를 드리며, 격려와 지원을 보내준 같은 연구실의 동료 연구원에게도 고마운 마음을 전하고자 한다. 아울러, 발간에 여러 가지로 도움을 주신 박영사 안종만 회장님과 관계자들께도 감사의 말씀을 드린다.

2010년 12월

저자 일동

차 례

제2장 녹색성장 잠재력 지수

제3장 녹색성장 잠재력 효과

제4장 녹색성장형 지역특화발전 사례

제5장 녹색성장형 지역특화발전 전략

표 차례

제1장 녹색성장 잠재력 개념

제2장 녹색성장 잠재력 지수

제4장 녹색성장형 지역특화발전 사례

제5장 녹색성장형 지역특화발전 전략

그림 차례

제1장 녹색성장 잠재력 개념

제2장 녹색성장 잠재력 지수

제3장 녹색성장 잠재력 효과

제4장 녹색성장형 지역특화발전 사례

제5장 녹색성장형 지역특화발전 전략

들어가며

지역발전과 관련된 국가의 가장 기본적인 상위의 정책기조는 녹색성장과 신지역발전으로 향후 지역발전이 지향해야 할 최상위의 가치와 방향을 제시하고 있다. 전자는 기후변화의 위기에 직면하여 환경보전과 경제성장의 탈동조화(decoupling)를 통한 지속가능한 국가발전의 추구라는 새로운 국가발전전략이며, 후자는 일자리와 삶의 질이 보장되는 경쟁력 있는 지역의 창조를 비전으로 개성 있는 지역특화발전을 통하여 국가균형발전을 도모하는 지역발전전략이다. 이 연구는 바로 녹색성장과 신지역발전이 추구하는 가치의 접점에서 녹색성장형 지역특화발전을 모색하는 데 초점을 두고 있다.

2008년 8·15 경축사에서 녹색성장을 신 국가발전 패러다임으로 천명한 이후 녹색성장은 이제 우리사회 모든 분야의 발전에 지배적인 가치로 자리 잡고 있다. 녹색성장의 논의는 화석에너지 고갈과 기후변화 심화에 대한 우려와 새로운 성장동력을 모색해야 하는 모순적이면서 상호 연관된 두 가지 고민에서 출발한다(미래기획위원회, 2009: pp. 5~6). 하나는 화석에너지에 의존한 문명은 더 이상 지속이 어렵다는 인식의 확산이다. 화석에너지와 동전의 양면인 기후변화는 이제 인류의 생존을 위협하는 중대 현안으로 받아들여지고 있어, G20 정상회의를 주재하는 세계

13위 경제규모의 한국으로서는 더 이상 지구환경을 보호해야 하는 국제 의무로부터 자유로울 수 없다. 다른 하나는 21세기 지속적 성장을 유지하기 위해서는 새로운 성장모델을 찾아야 하는 절박감이다. 요소투입에 의존하는 그간의 성장방식으로는 선진국 진입이 어렵다는 판단 때문이다.

진정한 녹색성장은 에너지, 산업, 일자리 같은 물질적인 것에 그치지 않고 보이지 않는 것에서부터 우리 삶의 근본을 녹색화하는 것이다. 또한, 녹색성장은 모든 분야에서 환경보전과 경제성장 간의 동조화에 대한 고정관념을 깨자는 발상이다. 따라서 녹색성장이 추구하는 가치와 방향은 지역개발에도 그대로 적용된다. 개발을 억제하자는 것이 아니라 적극적으로 개발은 하되 첨단기술과 투자를 통해 현명한 개발, 즉 에너지 사용을 줄이고 효율성을 높이며 환경가치를 극대화하여 그 혜택을 경제성장에 재투입함으로써, 소득과 일자리를 창출하는 선순환구조의 지역개발을 지향하자는 취지이다.

그러나 현실적으로 녹색성장과 지역발전이 별개의 시스템으로 작동되면서 제도적 또는 실천적 연계성은 매우 미약한 실정이며, 지역 단위에서의 양자의 통합·연계도 미흡한 형편이다. 녹색성장에 관한 국가전략 연구는 상당히 축적되었으나 지역단위 전략연구는 미흡할 뿐 아니라, 내용도 대동소이하여 국가전략의 지역화(regionalization of national strategy) 수준을 벗어나지 못하고 있다. 또한, 지역발전전략의 경우에도 중앙정부가 주도하는 초광역개발권이나 광역경제권은 어느 정도 녹색성장의 기조를 반영하는 편이지만, 지방이 주도하는 기초생활권에서는 녹색성장과 지역발전의 연계성이 매우 부족하다.

따라서 지역 차원에서 기후환경 변화에 대응하면서 그 과정을 새로운 성장기회로 활용하기 위해서는 지역이 보유한 녹색자원과 녹색기술을 활용한 차별화된 특화발전전략을 수립·추진해야 한다. 지역의 녹색성장 잠재력에 대한 면밀한 진단·평가를 토대로 지역마다 녹색성장 잠재력이 상대적으로 높은 자원과 역량의 활용을 극대화함으로써 녹색성장에 기여할 수 있는 특화발전을 추구해야 한다는 의미이다.

이 책은 자치단체의 녹색성장 잠재력을 분석하고 그에 기초한 지역 특화발전전략을 모색하는 연구이다. 주제가 내용과 일관성을 갖추기 위해서는 연구주제를 구성하는 주요 개념에 대해 의미와 범위를 명확히 설정할 필요가 있다.

첫째, 연구의 대상인 '녹색성장 잠재력'의 의미, 성격 및 범위 등에 대한 논의가 선행되어야 한다. 녹색성장 잠재력의 의미를 한마디로 딱 잘라 규정하기는 쉽지 않다. 이는 본질적으로 잠재력이란 용어가 다의적이어서 논자에 따라 자의적으로 혼용하기 때문인데, 대체로 선행연구를 개괄해 보면 '내재된 자원과 역량'이란 의미에는 인식이 공유되어 있는 것 같다. 본 연구에서는 '녹색성장 잠재력'은 '경제성장을 추구하되 환경오염과 자원이용을 최소화하고, 환경이 경제성장을 선도하고 경제성장이 환경을 개선하는 선순환의 발전양식으로 지역의 특화발전을 도모하는데 필요한 유무형의 자원'으로 정의하며, 이는 현재의 산출물이나 성과보다는 활용 가능성과 기대성과에 보다 치중하는 개념으로 이해하고자 한다.

둘째, 연구 대상지역을 광역자치단체 또는 기초자치단체 중 어디로 할 것인지의 여부인데, 이는 분석 수준과 대안의 다양성 사이의 선택 문제이다. 광역자치단체로 할 경우 비교적 풍부한 정보와 자료를 토대로 다양한 분석이 가능하지만, 대상지역이 소수로 제한되어 있어 정책대안의 폭이 좁아진다. 반면에 기초자치단체를 대상으로 하는 경우, 보다 많은 지역을 다룸으로써 다양한 정책대안이 가능할 수 있으나 기초자치단체 단위에서 분석에 필요한 정보와 자료가 매우 제한되어 있다는 한계가 있다. 이 연구에서는 녹색성장이 국가 어젠다(agenda)로 채택된 지 얼마 되지 않은 초기단계라는 점을 감안하여 광역자치단체를 대상으로 녹색성장 잠재력 분석에 중점을 두고자 한다.

셋째, 이 연구에서 제시하는 지역특화발전전략은 크게 녹색잠재력 유형별 특화발전방향과 특화발전을 위한 추진전략으로 구성된다. 전자는 녹색성장 잠재력분석에서 도출한 5가지 유형별로 녹색성장 잠재력의 특성과 그에 기초한 특화발전방향이며, 후자는 모든 유형에 공통적인 녹색성장형 특화발전의 추진전략이다.

이 책의 주요 내용은 크게 다섯 부분으로 구성되어 있다. 제1장 이론연구는 연구의 핵심주제인 녹색성장 잠재력의 개념 정립이 주요 과제이며 이를 위해 녹색성장의 배경, 개념, 관련 이론 및 정책 분석과 함께 선행연구의 녹색성장 잠재력지표들에 대해서 비교 검토하였다. 이와 같은 이론 연구를 토대로 제2장에서는 녹색성장 잠재력의 지표체계를 구축하고 실제 자치단체를 대상으로 녹색성장 잠재력을 평가한 후, 지역별 잠재력의 실태와 특성을 정리하였다. 아울러, 지역특화발전방향의 구상을 위해 녹색성장 잠재력의 지역별 특성에 따라 자치단체를 5가지 유형으로 분류하였다. 제3장에서는 녹색성장 잠재력에 따라 향후 지역경제에 미치는 파급효과를 분석하였다. 즉, 현재 보유하고 있는 녹색성장 잠재력의 활용을 극대화한 특화발전이 이루어질 경우 지역별로 어떠한 경제적 효과가 예상되는지를 추정함으로써, 녹색성장 잠재력의 효용성을 판단하기 위한 목적이다. 제4장에서는 녹색성장 잠재력의 유형별로 국내외의 녹색성장형 특화발전사례를 선정하여 특징, 성공요인과 시사점 등을 도출하였다. 마지막으로 이상의 분석결과와 시사점을 바탕으로 제5장에서는 녹색성장 잠재력의 유형별 특성과 발전방향 및 녹색성장형 특화발전을 위한 추진전략과 제도기반 정비방안을 제시하였다.

제1장 녹색성장 잠재력 개념

제1절 저탄소 녹색성장의 등장과 개념

1. 저탄소 녹색성장의 등장

산업혁명 이후 시작된 지난 100여 년 간 화석연료의 급격한 사용 증가로 인한 온실가스 배출은 지구의 평균기온과 평균해수면을 지속적으로 상승시켜 왔다. IPCC(Intergovernmental Panel on Climate Change) 4차 보고서(2007)에 따르면 지난 100년(1906~2005년) 간 지구의 평균기온은 0.74℃ 상승하였고, 평균해수면은 1961년 이후 2003년까지 연평균 1.8mm씩 상승하고 있으며, 북극의 빙하면적은 1978년 이후 10년마다 2.7%씩, 여름에는 7.4%씩이나 감소하고 있다. 만약 현재와 같은 상황이 지속된다면 21세기 말까지 평균기온의 경우 6.4℃가, 해수면의 경우 59cm가 상승할 것이며, 이러한 기후변화는 21세기에 더욱 가속화될 전망이다.

지구온난화는 가뭄, 홍수, 열파, 폭설의 기상재해는 물론 생태계 파괴 등의 환경위기를 일으키고, 산업과 경제에 위협요소[1]로 작용할 뿐만 아니라 인간의 생활과 문화양식 전반에 걸쳐 점진적이고 심각한 변화를 유발시키고 있다. 이에 따라 선진국의 온실가스 배출규제는 새로운 무역장벽으로 등장하게 되어 신경제 경쟁구도의 선점을 위한 각축전이 예상된다. 또한, 지구적 감축계획 이행에 따른 온실가스 감축 비용 증대로 인하여 기존 산업계의 저탄소형 산업구조로의 큰 변화가 예상되며, 저탄소형 기술 및 산업 관련 거대시장이 등장하고 있다(국무총리실·기후변화대책기획단, 2008).

이에 전 세계는 지금 지구온난화 문제를 해결하기 위해서 1992년 리우 세계환경정상회의를 시작으로 국가 간 기후변화협약을 체결하여 글

그림 1-1 국가 간 기후변화협약 체결 경과

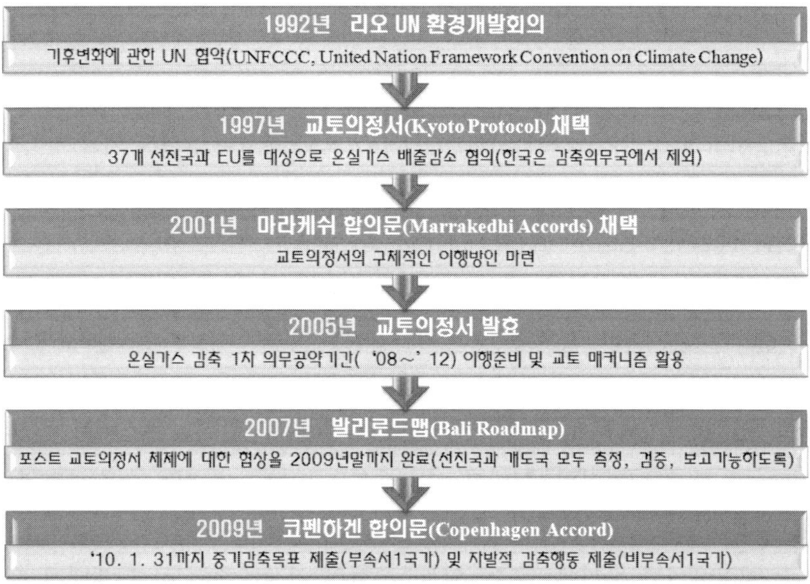

1) 스턴보고서(2006)는 온실가스 배출에 대한 감축노력을 하지 않는다면 직접적인 경제 손실의 경우 매년 GDP의 5% 감소, 국민건강 등의 간접적 영향까지 고려할 경우 최대 매년 GDP의 20% 감소가 발생할 것이라고 예측하고 있다.

로벌 차원에서 온실가스 감축방안을 마련하여 추진 중에 있다.[2)]

최근에는 교토의정서의 1차 온실가스감축 협상완료시점인 2012년 이후(Post-2012)의 새로운 온실가스 감축체제를 논의하기 위하여 제15차 당사국 총회(COP15)를 2009년 12월에 코펜하겐에서 개최하였다. 그러나 선진국과 개도국이 역사적 책임 대 현재와 미래에 대한 책임이라는 현격한 입장 차이를 보여 핵심쟁점에 대한 정치적 합의문인 코펜하겐 합의문(Copenhagen Accord)[3)]만을 도출하고, 협상시한을 1년 연장하기로 하였다. 향후 2010년 12월에 멕시코에서 열리는 제16차 당사국 총회(COP16)에서 구속력 있는 협정 체결을 재시도할 전망이다.

지구온난화로 인한 환경위기뿐만 아니라 전 세계는 에너지 및 자원 위기에도 동시에 직면해 있다. 세계에너지기구(International Energy Agency, IEA; 2009)는 전 세계의 1차 에너지 소비량이 2030년까지 연평균 1.5%씩 증가하여 총 40%가 증가할 것이라고 전망한 바 있다. 이로 인해 에너지 연소에 의한 CO_2 배출량이 2030년까지 약 50%가 증가할 것이며, 전체 CO_2 배출량 중에서 에너지 부문이 차지하는 비중은 선진국의 경우 약 83%, 개발도상국의 경우 약 60%를 차지할 것으로 전망하였다.[4)]

이에 따라 해외 주요국들은 기존의 요소투입 위주의 경제성장이 환경적·경제적 측면에서 한계에 도달하고 있음을 심각하게 인식하고 자원의 효율적 사용과 환경오염 최소화에 모든 국력을 집중시키고 녹색의 질

2) 국가 간 기후변화협약에 대한 당사국 총회(Conference of the Parties, COP)는 1995년 독일 베를린(COP1)에서 처음 개최되었는데, 특히 1997년 제3차 기후변화 당사국 총회(COP3)에서 교토의정서를 채택하여 2008~2012년 간 구속력 있는 온실가스감축을 명문화하였다.

3) 코펜하겐 합의문의 주요 내용은 다음과 같다. 지구온도 상승을 2℃ 이하로 억제할 필요성을 인식하고, 부속서1국가의 경우에는 2010년 1월 31일까지 2020년 중기 감축목표를 제출하고, 비부속서1국가의 경우에는 자발적 감축행동을 제출한다. 또한, 선진국은 취약 개도국 지원을 위해서 2010~2012년 간 300억 달러 규모의 재원을 제공하고, 2020년까지 공동으로 매년 1,000억 달러의 기금을 조성한다.

4) 에너지 관련 CO_2 배출량은 2007년에 28.8Gt으로 2020년에 34.5Gt, 그리고 2030년에는 40.2Gt이 될 것으로 전망됨.

주(green race)를 펼치고 있다고 해도 과언이 아니다. 즉, 탄소 의존형 경제 패러다임에서 탈피하여 녹색기술 및 산업을 육성하고 환경규제를 시행하는 등 녹색과 관련된 새로운 성장동력을 발굴함으로써 세계시장을 선점하기 위하여 총력을 기울이고 있다.

이를 위해서 해외 주요국들은 〈표 1-1〉에서 보는 바와 같이 온실가스 배출을 감축하기 위한 정책목표를 설정하여 국가전략으로 추진 중이다.

이렇듯 기후변화와 에너지 및 자원위기 등의 환경문제가 글로벌 어젠다(agenda)가 되고 있는 현 시점에서, 우리나라는 2005년에 발효된 교토의정서의 의무감축국가는 아니지만 국제사회로부터 OECD 회원국으로서, 중국이나 인도 등과 차별화된 온실가스 감축 행동을 보여줄 것을 끊임없이 요구받고 있으며, Post-2012 의무감축국가에 포함될 가능성이 가장 큰 국가 중의 하나로 평가받고 있다.

표 1-1 주요국의 온실가스 감축목표

EU		UNFCCC, IPCC
(20년) '90년 대비 20% (50년) '90년 대비 60~80%		(50년) '00년 대비 50~85%
영국	독일	일본
(20년) '90년 대비 40% (50년) '90년 대비 80%	(12년) '90년 대비 21% (20년) '90년 대비 40%	(20년) '05년 대비 30% - '09. 9 하토야마 총리
캐나다	미국	호주
(20년) '06년 대비 20% (50년) '06년 대비 60~70%	(20년) '05년 대비 20% - '09. 9 상원 Kerry-boxer 법안	(50년) '00년 대비 60%
멕시코	중국	러시아
(14년) 1억 톤 감축	(10년) '05년 대비 20% - 에너지 원단위 기준	(20년) '90년 대비 10~15%

자료: 녹색성장위원회(2009a), 『국가 온실가스 중기(2020년) 감축목표의 설정방안』 참조.

그림 1-2 국내 부문별 온실가스 배출현황

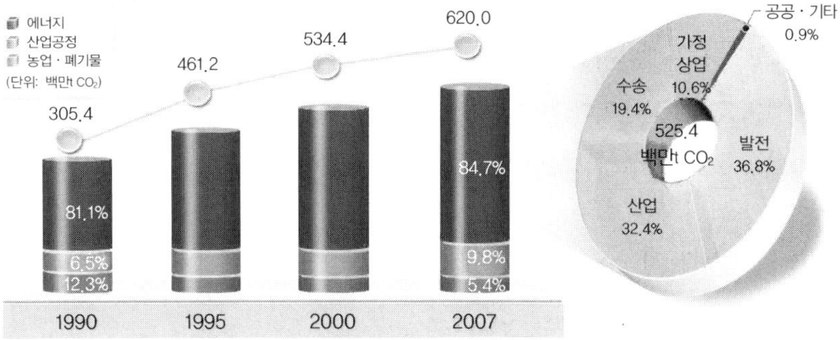

더욱이 우리나라는 철강, 자동차, 조선 및 중화학 공업 등 화석연료 의존도가 높은 에너지 다소비산업 중심의 경제성장을 추구해왔다. 그 결과 세계 11위의 에너지 다소비국이지만, 총 에너지의 96%를 해외수입에 의존하고 있어 에너지 수입에 많은 비용을 지출[5]하고 있으며, 에너지 가격상승은 무역수지적자의 주요원인이 되고 있다. 특히, 1990년 이후 제조업 중심의 경제성장으로 온실가스 배출량이 급격하게 증가하여 IEA(2007)를 기준으로 우리나라의 이산화탄소 배출량은 6.2억 톤으로 세계 9위, 그리고 1990년 이후 이산화탄소 배출량 증가율은 세계 1위로 온실가스 다(多)배출국이 된 지 오래다.[6]

따라서 우리나라 역시 기존의 요소투입형 경제성장을 주요 선진국과 마찬가지로 녹색변환(green conversion)을 통해 경제성장과 환경보호를 동시에 추구하는 새로운 패러다임으로 전환하지 않으면 안 되는 시점에 서 있다. 특히, 온실가스 감축의무 부담에 대한 국제사회의 요구 증대와 기후변화 대응은 위기(새로운 무역장벽)이자 기회(새로운 시장 창출)이기 때문에 위기를 기회로 활용하여 탄소저감정책과 친환경정책을 통해 경제

5) 2008년 에너지수입액은 1,415억 달러로 전체 수입액의 약 33%를 차지하고 있다.
6) 이산화탄소 배출량은 1990년 대비 103%가 증가하여 연평균 4.3%가 증가하였으며, 총 배출량 중 84.7%가 화석연료에 기인하고 있다.

성장과 환경훼손의 탈동조화를 추구하여야 하는 것이다(김현호 외, 2009).

이러한 대내외적인 환경 변화 속에서 2008년 이명박 대통령은 8·15 경축사를 통해 '저탄소 녹색성장'을 대한민국의 새로운 국가 장기발전의 비전으로 선포하였다. 미래 국가발전을 위한 핵심 패러다임으로 저탄소 녹색성장을 선정한 것이다. 이명박 대통령의 8·15 경축사에 따르면, 저탄소 녹색성장은 "온실가스와 환경오염을 줄이는 지속가능한 성장이며, 녹색기술과 청정에너지로 신성장동력과 일자리를 창출하는 신국가발전 패러다임"이라고 한다.

이후 정부는 2008년을 저탄소사회로 가는 원년으로 선포하였고, 2009년 1월에는 녹색뉴딜사업 추진방안을 발표하였으며, 7월에는 중장기 녹색성장 마스터플랜인 녹색성장 국가전략 및 5개년 계획을 수립하였다. 9월에는 온실가스 감축잠재량 분석결과와 국제사회 요구수준 등을 감안하여 2020년을 향한 중기 온실가스 감축목표 설정을 위한 세 가지 시나리오를 제시한 바 있다(녹색성장위원회, 2009a). 이 세 가지 시나리오는 2020년에 온실가스 배출전망치(BAU)[7] 대비 각각 21%, 27%, 30%를 감축하는 것이며, 이는 2005년 온실가스 배출량을 기준으로 환산해 보았을 때 각각 8% 증가, 동결, 그리고 4%를 감소시키는 전략이다. 정부는 2009년 11월 17일 국무회의에서 최종적으로 3안을 결정하였다.

더 나아가 저탄소 녹색성장이라는 국가비전을 법·제도적으로 강력하게 뒷받침하기 위해서 2010년 1월에 저탄소 녹색성장 기본법을 제정하고, 4월에는 동법 시행령을 제정하기에 이르렀다.

저탄소 녹색성장 기본법 제1조에 따르면, 기본법은 경제와 환경의 조화로운 발전을 위하여 저탄소(低炭素) 녹색성장에 필요한 기반을 조성하고 녹색기술과 녹색산업을 새로운 성장동력으로 활용함으로써, 국민경제의 발전을 도모하며 저탄소 사회 구현을 통하여 국민의 삶의 질을 높

7) BAU(Business As Usual)는 기존의 온실가스 감축정책을 유지할 경우 예상되는 미래의 온실가스 배출량 추이를 말함.

그림 1-3 저탄소 녹색성장 기본법 제정 경과

이고 국제사회에서 책임을 다하는 성숙한 선진 일류국가로 도약하는 데 이바지하기 위하여 제정되었다.

저탄소 녹색성장 기본법은 에너지기본법 및 에너지이용합리화법, 신재생에너지 개발·이용·보급 촉진법을 비롯하여 지속가능발전기본법 및 기후변화대책기본법과 같은 관련 기본법의 상위 기본법으로서 법적 지위를 부여받고 있다. 즉, 다른 법률과의 관계를 다루고 있는 제8조에서 저탄소 녹색성장에 관하여는 다른 법률에 우선하여 이 법을 적용하고, 저탄소 녹색성장과 관련되는 다른 법률을 제정하거나 개정하는 경우에는 이 법의 목적과 기본원칙에 맞도록 하여야 한다고 명시하고 있다. 또한, 그동안 각 중앙행정기관과 지방자치단체에서 각기 추진해 온 여러 저탄소 녹색성장과 관련한 대책들을 녹색성장 국가전략이라는 큰 틀을 중심으로 녹색경제산업, 기후변화 대응, 에너지 등 부문별·소관별로 추진계획을 마련하도록 체계화하였다는 의미를 갖는다.

2. 저탄소 녹색성장의 개념

그렇다면 산업근대화로 인한 문명사의 필연적 변화(crises force change)로 받아들여지고 있는 저탄소 녹색성장[8]의 정확한 개념은 무엇인가? '녹

---

8) 이하 녹색성장으로 표기함.

색성장'이라는 용어는 2001년 이코노미스트(The Economist)지가 처음으로 사용하였다는 일부 주장이 있으나, 이 용어가 공식적으로 처음 등장하여 사용되기 시작한 것은 2005년에 유엔 아시아 · 태평양 경제사회위원회(United Nations Economic and Social Commission for Asia and Pacific, UN ESCAP)가 주최하여 서울에서 열렸던 제5차 환경과 개발에 관한 아 · 태지역 장관회의(The Fifth Ministerial Conference on Environment and Development in Asia and Pacific)에서이다.[9]

UN ESCAP에 따르면 녹색성장은 "생태적 부담을 최소화하는 동시에 경제적 산출물을 극대화시키는 전술로써, 소비와 생산방식을 근본적으로 변화시킴으로써 경제성장과 환경적 지속가능성을 조화시키는 접근법(Green Growth is a strategy that seeks to maximize economic output while minimizing the ecological burdens. This new approach seeks to harmonize economic growth and environmental sustainability by promoting fundamental changes in the way societies produce and consume)"이라 정의되고 있다. 즉, 생태적 효율성(ecological efficiency)이라는 패러다임에 바탕을 두고, 모든 사람들이 직면한 요구가 가능한 한 환경적 영향을 최소화하면서 환경 질과 생태 보전을 유지하는 GDP 성장을 주장한 것이다(UN ESCAP, 2008).

아 · 태지역 장관회의는 경제성장과정에서 환경 질을 저하시켜온 선진국들과 달리 아 · 태지역 내 저개발국가들이 당면한 빈곤문제를 해결하기 위해서 경제성장을 추구하면서도 환경을 훼손하지 않는 상생방안을 모색하는 것이 논의의 중심이었다. 따라서 지속가능한 발전 개념보다는 환경적으로 지속가능한 경제성장이라는 의미를 보다 명확하게 전달할 수 있었기 때문에 녹색성장이라는 용어를 사용하게 된 것이다(윤순진, 2009b).

9) 윤순진(2009b)은 저탄소 녹색성장의 '녹색성장'이라는 개념은 아직 학문적으로 정립되지 않은 상태이기 때문에 담론의 하나로서 '녹색성장론'이라는 명칭을 사용하기에는 아직 이르다고 주장하기도 하였다.

그러나 녹색성장 개념은 명시적으로 언급하지는 않았지만 환경경제학자들 사이에서는 이미 오래전부터 사용되어져 온 개념이라 할 수 있다(조명래, 2009). 환경경제학자들 사이에서 녹색성장은 녹색경제, 녹색 GNP 녹색계정(green accounting), 녹색산업, 녹색상품, 녹색기술, 녹색소비, 녹색시장 등과 함께 반환경적인 또는 반경제적인 경제를 대체하는 개념으로 오래전부터 사용되어져 왔다(정회성·변병설, 2003; 김현호·김선기, 2009: p. 21 재인용). 또한, 우리나라의 녹색성장 개념은 국제연합환경계획(United Nations Environment Programme, UNEP)의 글로벌 그린 뉴딜(The Global Green New Deal, GGND) 정책의 한국버전이라고도 볼 수 있다. GGND는 녹색산업 지원을 통한 일자리 및 시장창출계획을 뜻하는 것으로써, UNEP는 2008년 10월 영국 런던에서 신성장동력으로 그린 뉴딜 정책을 제시하고 환경분야에 대한 투자 활성화를 주장하였다(UNEP, 2009a).[10]

이와 같이 녹색성장의 개념은 여러 주체에 의해서 정의되고 있는데, 먼저 저탄소 녹색성장 기본법 제2조에 따르면 녹색성장이란 "에너지와 자원을 절약하고 효율적으로 사용하여 기후변화와 환경훼손을 줄이고 청정에너지와 녹색기술의 연구개발을 통하여 새로운 성장동력을 확보하며 새로운 일자리를 창출해 나가는 등 경제와 환경이 조화를 이루는 성장"을 뜻한다.

그 밖에 녹색성장위원회는 〈표 1-2〉에서 보는 바와 같이 녹색성장을 환경(Green)과 경제(Growth)의 선순환구조를 통해 양축의 시너지(synergy)를 극대화시켜 삶의 질 개선 및 생활의 녹색혁명을 일으키고 국제 기대에 부합하는 국가위상을 정립하는 성장이라 하였고, 미래기획

10) UNEP은 'Global Green New Deal: A Policy Brief'에서 세계 경제를 녹색화하고 탄소의존도를 감소시키기 위해서 필요한 투자액의 규모로써, 향후 2년 간 전 세계적으로 GDP의 1%를 투자하여야 한다고 하였다. 또한, 각국의 정부들이 녹색건축, 재생가능에너지, 지속가능교통, 지속가능농업, 생태적 기반시설의 복원(특히, 산림과 담수자원)과 같은 녹색부문에 대규모 재정지원을 해야 한다고 권고하였다.

위원회(2009)는 녹색기술을 신성장동력으로 하여 경제·산업구조는 물론이고 전반적인 삶의 양식을 저탄소·친환경으로 전환하는 국가발전전략이라 하였다. 이 밖에도 삼성경제연구소(이지훈 외, 2008)는 녹색성장을 저탄소화 및 녹색산업화에 기반을 두고 경제성장력을 배가시키는 신(新)성장 개념이라 하였고, 한국지방행정연구원(김현호 외, 2009)은 환경과 경제가 상충하는 것이 아니라, 환경이 경제성장을 선도하고 성장이 환경을 개선하는 선순환의 발전양식이라 하였다.

결국 녹색성장이란 "경제성장을 추구하되, 환경오염과 자원이용을 최소화하고, 환경과 경제의 선순환구조를 통해 양축의 시너지 효과를 극대화시키는 발전양식"이라 할 수 있다. 녹색성장은 궁극적으로 살아있는 개념으로써, 새로운 문명을 창조하고 새로운 변화와 질서를 수용하는 복합적이고도 열린 개념(open-ended concept)이며, 각 주체가 공유된 비전을 중심으로 창의적으로 발전시켜 나가야 할 개념이다(김현호 외, 2009: p. 11). 또한, 녹색성장은 생태계 파괴 및 기후온난화로 대표되는 환경위기와 고유가로 대표되는 자원위기에 동시적으로 직면해 있다는 상황 인식 속에서 나온 미래를 위한 새로운 패러다임임을 강조한다. 그리고 무엇보다도 에너지와 자원의 효율적 사용, 청정에너지 및 생산기술을 중요하게 다루고 있다(윤순진b, 2009).

표 1-2 녹색성장 개념 정의

용 어	정 의
녹색성장기본법 (2009)	에너지와 자원을 절약하고 효율적으로 사용하여 기후변화와 환경훼손을 줄이고, 청정에너지와 녹색기술의 연구개발을 통하여 새로운 성장동력을 확보하며 새로운 일자리를 창출해 나가는 등 경제와 환경이 조화를 이루는 성장
녹색성장위원회 (홈페이지)	환경(Green)과 경제(Growth)의 선순환구조를 통해 양축의 시너지(synergy)를 극대화시켜 삶의 질 개선 및 생활의 녹색혁명을 일으키고 국제 기대에 부합하는 국가위상을 정립하는 성장
이명박 대통령 8·15 경축사 (2008)	온실가스와 환경오염을 줄이는 지속가능한 성장이며, 녹색기술과 청정에너지로 신성장동력과 일자리를 창출하는 신국가발전 패러다임
UN ESCAP (2008)	생태적 부담을 최소화하는 동시에 경제적 산출물을 극대화시키는 전술로써, 소비와 생산방식을 근본적으로 변화시킴으로써 경제성장과 환경적 지속가능성을 조화시키는 접근법
삼성경제연구소 (이지훈 외, 2008)	저탄소화 및 녹색산업화에 기반을 두고 경제성장력을 배가시키는 신(新)성장 개념
한국개발연구원 외 (2008)	기후변화에 대한 국제적 노력에 효율적이고 공정한 방식으로 동참하면서 선진국과의 일인당 소득격차를 지속적으로 축소하는 성장
미래기획위원회 (2009)	녹색기술을 신성장동력으로 하여 경제·산업구조는 물론이고, 전반적인 삶의 양식을 저탄소·친환경으로 전환하는 국가발전전략
UNEP (2009b)	양적성장에서 질적 성장으로의 전환
한국지방행정연구원 (김현호 외, 2009)	환경(Green)과 경제(Growth)가 상충하는 것이 아니라, 환경이 경제성장을 선도하고 성장이 환경을 개선하는 선순환의 발전양식
국토연구원 (김명수 외, 2009)	국민의 삶의 질 향상을 위해 환경오염과 온실가스 배출을 최소화를 전제로 녹색기술과 산업을 통해 새로운 성장동력과 일자리를 확충하고, 이를 달성하기 위해 국민의 의식과 생활을 변화시키는 국가발전전략

제2절 녹색성장 관련 이론과 국가전략

1. 녹색성장 관련 이론

제1절에서 언급한 바와 같이 녹색성장이라는 개념은 일반적으로 아직까지 학문적으로는 정립되지 않은 상태로 받아들여지고 있는데, 지금까지 국제사회 및 우리나라 사회에서 보편적이고 지배적인 담론으로 받아들여지고 있는 녹색성장과 유사한 의미를 지닌 개념은 "지속가능한 발전(Sustainable Development)"이라 할 수 있다.[11)]

먼저 지속가능한 발전의 개념은 널리 알려진 바와 같이 1983년 환경과 개발에 관한 세계환경개발위원회(World Commission on Environment and Development, WCED)가 개최되면서 전 세계적인 관심사로 부각되었다. 이후 1987년 발간된 WCED의 브룬트란트 보고서(The Brundtland Report)[12)] 에서 제시된 "환경적으로 건전하고 지속가능한 발전(Environmentally Sound and Sustainable Development, ESSD)"의 기본개념이 1992년에 브라질의 리우데자네이루에서 개최된 유엔환경개발회의(United Nations Conference on Environment and Development, UNCED)의 주요 의제로 채택되었고, 그 결과가 리우선언으로 공표되면서 전 세계적인 이슈가 되었다.[13)]

지속가능한 발전이라 함은 보편화되어 있지 않고 보는 시각에 따라서 여러 가지 의미를 담고 있지만 광의로써, WCED(1987)의 브룬트란트

---

11) 녹색성장위원회에 따르면, 녹색성장론은 지구온도 상승에 따른 기술이론과 지속가능한 발전과 같은 규범(規範)이론, 그리고 생태근대화론과 같은 설명이론을 종합한 정책이론이라 규정하였다.

12) 브룬트란트 보고서는 우리 공동의 미래(Our Common Future)라는 이름으로 발표되었는데, 지속가능한 발전의 구체적인 명칭을 "환경적으로 건전하고 지속가능한 발전(ESSD)"이라 하였다.

13) 유엔은 1992년에 지속가능발전위원회(UN Commission on Sustinable Development UN CSD)를 설치하고, 각 국가에 지속가능발전 추진체계를 구축하도록 권고하였다.

보고서에서 제시된 바와 같이 "미래세대의 역량으로 그들의 필요를 충족시키는 것을 저해하지 않으면서 현재의 필요를 충족시키는 발전(Development that meets the needs of the present without compromising the ability of future generations to meet their own needs)"이라고 일반적으로 정의된다.[14)]

그러나 WCED가 제시한 ESSD의 개념은 1990년대 중반부터 다음과 같은 비판을 받게 되었다. 자연환경의 지속가능성은 경제적 요소 이외의 여타 다른 사회적 요소들에 의해서도 영향을 받지만 ESSD는 자연환경과 경제적 요소의 두 가지 요소만을 고려하고 있고, 자연환경의 지속가능성은 경제적 지속가능성을 위한 필요조건으로 취급함으로써, 자연환경 자체의 지속가능성을 배제하고 있다. 또한, 지속가능한 발전이라는 개념 자체가 여전히 모호하고 추상적이며, 지속가능한 발전이 추구하는 사회적 목표가 무엇인가에 대한 합의도 이루어지지 않았다.

그럼에도 불구하고 국제사회의 수많은 연구[15)]와 회의를 거쳐 2002년 남아프리카공화국의 요하네스버그에서 열린 지속가능한 발전에 대한 세계정상회의(World Summit on Sustainable Development, WSSD)에서 지속가능한 발전에 고려되는 필수적인 세 가지 요소에 대한 합의가 이루어졌다. 이는 경제적 요소, 환경적 요소, 사회적 요소로써 구체적으로 말하면 경제성장(economic growth)과 환경보호(environmental protection) 및 사회정의(social justice)의 세 가지 요소를 균형적으로 고려하는 것이다. 결국

---

14) 지속가능한 발전의 개념도 녹색성장 개념과 마찬가지로 다양한 정의가 존재하는데 이 중에서 OECD는 "인간의 건강과 환경의 질이 보존되고 재생가능한 자원과 재생불가능한 자원의 이용이 지속가능하며, 생태계의 가치가 존중되고 범지구적 환경이 회복 불가능한 상태를 피할 수 있는 발전"으로 정의하기도 한다.

15) 1990년대 중반에 대두된 새로운 합의의 지속가능한 발전 개념은 약한 지속가능성(Weak Sustainability, WS)과 강한 지속가능성(Strong Sustainability, SS)을 들 수 있다. 전자는 인간의 기술력과 대체에너지의 개발 등을 통해 자연환경을 보존하고 이를 후손에게 물려주는 형태를 의미하는 반면, 후자는 생태에 기초한 개발자체를 거부 또는 극도로 제한하는 것에 초점을 맞추고 있다.

그림 1-4 지속가능한 발전의 구성요소

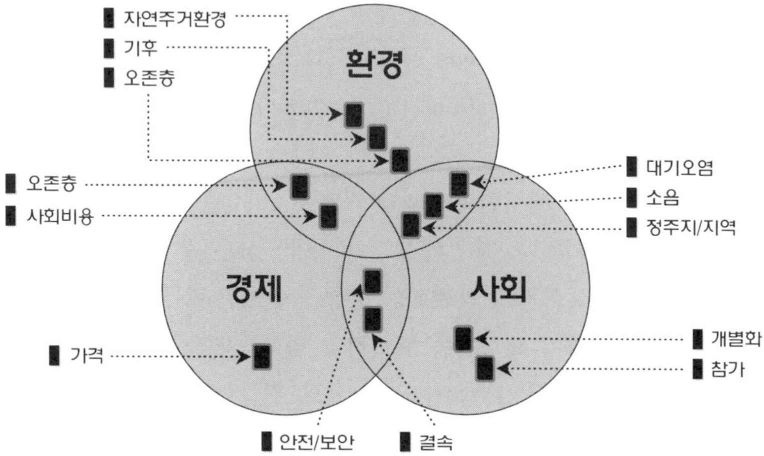

지속가능성은 더 나은 미래를 창조하고 영속적인 유산을 후세에 물려주려는 인간의 기본바램을 반영한 개념이라 할 수 있다. 따라서 지속가능성은 인간활동의 통합된 특성을 강조함으로써 상충되는 이해관계를 조정해가고자 하기 때문에 지속가능한 계획은 사회 전체의 장기적인 목표를 고려하게 된다.

윤순진(2009b)은 환경적, 경제적, 사회적 요소의 세 가지 축을 균형적으로 고려한다는 정의에도 불구하고 [그림 1-5]에서 보는 바와 같이 강조점을 어디에 두느냐에 따라서 지속가능한 발전에 대한 입장들은 다양하게 나뉠 수 있다고 하였다. 중심부의 지속가능한 발전 영역은 세 변의 방향으로 모두 움직일 수 있으므로 환경적, 경제적, 사회적 요소를 균형적으로 통합하려는 입장인 반면, 삼각형의 세 꼭짓점에 위치한 생태중심주의, 성장지상주의, 좌파사회주의는 각각의 차원을 극단적으로 내세우는 담론이라 할 수 있다.

지속가능한 발전의 핵심을 환경보호라고 생각하는 생태중심주의는 환경보호와 경제성장이 공존하기 힘들기 때문에 환경보호와 경제성장을

그림 1-5 지속가능한 발전의 담론 유형

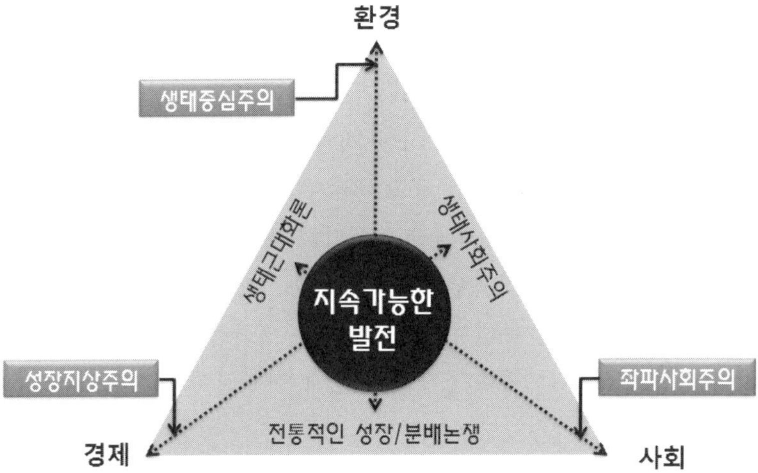

자료: 윤순진(2009b), “저탄소 녹색정장의 이념적 기초와 실재” 참조.

화해하는 방식을 중시하는 지속가능한 발전은 타협안으로 수용하기 어렵다고 본다. 반면, 가장 중요한 목표를 경제성장에 두고 있는 성장지상주의는 환경보호활동에 경제적 기회가 있다고 생각하기 때문에 환경보호에 관심을 가지며, 사회정의나 평등에 신경을 쓰지 않으면 경제성장이 저해될 수도 있으므로 이에 주의를 기울인다. 좌파사회주의는 사회정의, 즉 평등이 가장 중요하기 때문에 물질적 성장은 분배의 필요를 실현하기 위해서 필요하며, 인간 중심주의적 관점에서 환경은 인간의 필요를 채워주는 수단으로 인식된다.

한편, 삼각형의 세 변에 위치하고 있는 생태근대화론과 생태사회주의 및 전통적인 성장/분배논쟁은 각기 꼭짓점에 위치한 두 가지 요소를 함께 고려한다. 먼저 생태근대화론(Ecological Modernization)[16]은 경제성

16) 일반적으로 근대화란 정치적으로는 민주화, 경제적으로는 산업화, 사회적으로는 도시화, 그리고 문화적으로는 개인주의화를 의미한다고 볼 수 있다. 민주화, 산업화, 도시화 및 개인주의화는 독립적으로 추진되었지만 간접적으로는 서로 영향을 미치기 때

장과 환경보호가 적대적인 관계에 있는 것이 아니라, 산업적 근대성 속에서 양립가능하다고 생각하지만 삼각형의 변으로 치우쳐 있어 사회정의는 크게 중요하게 생각하지 않는다. 따라서 생태근대화론 역시 녹색성장과 마찬가지로 사회적 형평성을 지속가능발전론만큼 대등한 관계에서 중요시하고 있지 않다는 점에서 유사한 개념이라고 볼 수 있다. 또한, 생태근대화론은 과학기술의 역할을 중요시하기 때문에 신성장동력으로 녹색기술의 역할을 강조하는 녹색성장과 상당히 유사한 측면을 가지고 있다. 그러나 이를 실천하는 정책수단이 의사소통적이며 개방적[17]이라 할 수 있는 반면, 우리나라의 녹색성장을 추진하는 전략은 대통령 직속 녹색성장위원회 등을 비롯한 정부의 역할이 중요하며 보다 하향적이라 할 수 있다.

반면, 생태사회주의는 지속가능한 발전의 목표를 환경보호와 사회정의를 보다 중요시하고 있는데, 경제성장을 억제하면서 환경보호와 사회정의를 실현할 것을 강조한다. 마지막으로 전통적인 성장과 분배 논쟁은 환경보호가 지속가능한 발전의 맥락에서 중요하다고는 생각하지만 경제성장과 분배를 보다 더 중시한다. 이렇듯 지속가능한 발전개념은 환경적, 경제적, 사회적 요소 중 어느 요소를 보다 더 중시하는지에 따라서 다양하게 적용되고 있다.

이와 같이 강조점을 어디에 두는지에 따라서 지속가능한 발전의 입장이 다소 달라지기는 하나 기본적으로 지속가능한 발전은 환경적, 경제적, 사회적 요소를 균형적으로 통합하고자 하는 발전양식이다. 그렇다면 산업근대화로 인한 역사적 필연이라 하여 최근 우리나라에서 대두되고

문에, 경제적 근대화가 발생시킨 환경문제에 효율적으로 대처하기 위해서는 정치, 경제, 사회, 문화 각 부문 모두 환경을 최상위의 가치로 설정하여 새로운 형태의 근대화를 추진하여야 한다. 이것이 바로 생태근대화이다. 따라서 생태근대화론은 사전 예방적이고 통합적인 측면에서 사회체제 전반의 생태적 재구조화(ecological restructuring)를 지향하는 이론체계라고 할 수 있으며, 사회구조적 문제인 환경문제를 제도라는 근대적 장치를 이용해서 해결해 나갈 수 있다는 이론체계이다(문순홍, 2001).

17) Christooff(1996)에서 제시한 생태근대화의 유형 참조.

있는 녹색성장 개념은 지속가능한 발전 개념과 어떠한 차이가 있는가?

두 가지 발전양식은 개념이나 발전과정상 명확하게 구분하여 정의하기는 어렵지만, 녹색성장은 앞서 설명한 바와 같이 아・태 지역 내 저개발국가들이 당면한 빈곤문제를 해결하기 위해서 경제성장을 추구하면서도 환경을 훼손하지 않는 상생방안을 모색하는 발전양식이다. 따라서 이를 위해 녹색성장 개념은 새로운 에너지원 개발기술이나 온실가스 저감기술 등의 녹색기술이나 녹색산업 등을 신성장동력으로 하여 경제성장을 배가시키는 데 초점을 맞추고 있다. 다시 말해 지속가능한 발전이 환경적, 경제적, 사회적 요소를 모두 균형적으로 충족시켜 더 나은 미래를 창조하고 영속적인 유산을 후세에 물려주려고 하는 발전양식을 의미하는 반면, 녹색성장은 경제성장과 환경보존의 두 가지 요소를 보다 중요시하는 발전양식을 의미한다.[18)]

따라서 녹색성장은 보다 광의의 개념인 지속가능한 발전 철학을 계승하면서 지속가능한 발전의 이념적이고 다소 추상적인 개념을 보다 정책적으로 구체화시키고, 실천적인 부분을 강조하는 개념으로 받아들이는 것이 보다 일반적이라 판단된다.[19)]

18) 녹색성장은 녹색성장기본법 제39조 에너지정책 등의 기본원칙에서 "국민이 저탄소 녹색성장의 혜택을 고루 누릴 수 있도록 저소득층에 대한 에너지 이용 혜택을 확대하고 형평성을 제고하는 등 에너지와 관련한 복지를 확대한다."고 명시하고는 있지만 기본적으로 지속가능발전론에 비해서 상대적으로 사회적 형평성은 다소 약화되고, 경제성장과 환경보존이 강조된 개념으로 이해할 수 있을 것이다.

19) 윤순진(2009b)은 저탄소녹색성장기본법이 기본법 중의 기본법으로 등장하면서 2007년 공포된 지속가능발전기본법이 하위법으로 격하되고, 국가지속가능발전위원회는 환경부 산하의 지속가능발전위원회로 격하되어 거버넌스 체계가 지속되기 어렵게 되었다고 하였다. 이에 지속가능발전 개념보다 좁은 하위개념인 녹색성장 개념으로 지속가능발전 개념을 통합하거나 치환하려는 시도는 개념상 성립하기 힘들뿐더러 개념의 대내외적 역사적 발전과정을 두고 볼 때 일종의 역사적 후퇴라고 주장하기도 한다.

2. 녹색성장 국가전략

다음으로 우리나라의 저탄소 녹색성장과 관련된 국가전략은 [그림 1-6]과 〈표 1-3〉에서 제시한 바와 같이 국가의 최상위 계획이라 할 수 있는 녹색성장 국가전략과 그 실천계획인 녹색성장 5개년 계획, 그리고 중앙정부와 지방정부의 추진계획을 포함하는 종합계획과 각기 부문별 계획으로 구성된다.

본 절에서는 종합계획 중 녹색성장 국가전략(2009~2050) 및 녹색성장 5개년 계획(2009~2013)과 부문별 계획 중 핵심계획과 관련 계획을 함께 검토하도록 한다.[20]

그림 1-6 녹색성장계획의 수립과 집행

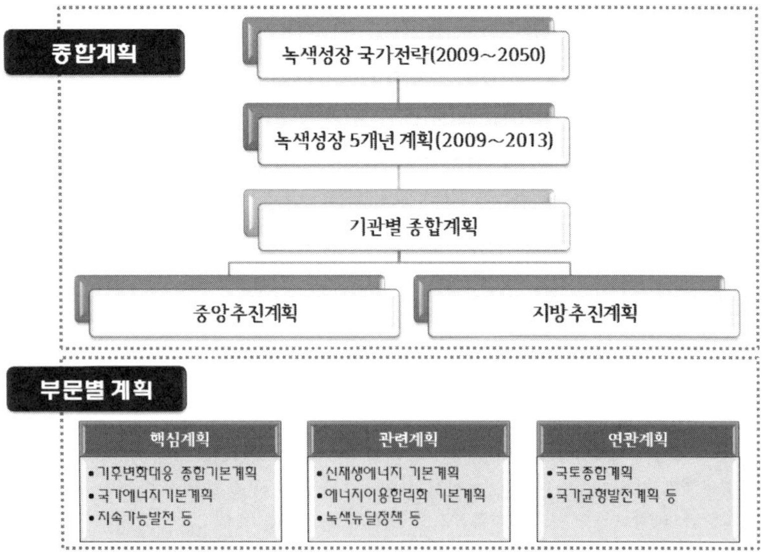

20) 녹색뉴딜정책 외에도 『그린에너지산업발전전략』과 『지식 · 혁신주도형 녹색성장 산업발전전략』 등의 전략들이 발표되었다.

표 1-3 녹색성장 관련 국가계획

녹색성장 관련 상위계획	법적근거
· 녹색성장 국가전략(2009~2050) · 녹색성장 5개년 계획(2009~2013) · 제4차 기후변화대응 종합기본계획(2008~2012)	저탄소 녹색성장기본법
· 제1차 국가에너지 기본계획(2008~2030)	에너지법
· 제3차 신재생에너지 기술개발 및 이용·보급 기본계획(2009~2030)	신에너지 및 재생에너지 개발·이용·보급촉진법
· 제4차 에너지이용합리화 기본계획(2008~2012)	에너지이용합리화법

가. 녹색성장 국가전략 및 5개년 계획

먼저 우리나라는 녹색성장을 미래 국가발전을 위한 핵심 패러다임으로 선정한 이후 『저탄소 녹색성장기본법』에 따라 중장기 마스터플랜인 녹색성장 국가전략(2009~2050)과 실천계획인 녹색성장 5개년 계획(2009~2013)을 함께 수립하였다.

녹색성장의 국가비전으로 "2020년까지 세계 7대, 2050년까지 세계 5대 녹색강국에 진입"하는 것으로 설정하고, 이러한 비전을 달성하기 위한 목표로 기후 및 환경 지속성을 확보하고, 저탄소 녹색산업을 육성하여 신성장동력을 창출하며, 기후변화에 대한 국제사회 노력에 적극 동참하는 것을 제시하였다. 그리고 3대 전략과 10대 정책방향 및 50개 핵심 프로젝트를 제시하는 구조로 구성되어 있는데, 녹색성장 국가비전의 3대 전략은 첫째, 기후변화 적응 및 에너지자립, 둘째, 신성장 동력 창출, 셋째, 삶의 질 개선과 국가위상 강화로 설정하였다.

녹색성장 5개년 계획(2009~2013)은 저탄소 녹색성장의 비전을 실현하기 위한 국가정책의 기본방향을 제시하고, 연도별 달성목표와 투자계획 수행주체 등 실행방안을 구체적으로 제시하고 있다. 녹색성장추진을 위하여 정부는 2009년~2013년까지 107.4조 원을 투입할 계획을 세우고 있는데, 이와 같은 규모는 GDP 대비 2% 수준으로 향후 5년 간

표 1-4 녹색성장 국가전략의 목표와 전략 및 정책방향

3대 목표	3대 전략	10대 정책방향	50대 실천과제
Green Society (저탄소 · 에너지 고효율을 실현하는 사회)	기후변화 적응 및 에너지 자립	① 효율적 온실가스 감축	①-1 탄소가 보이는 사회 ①-2 탄소를 줄여가는 사회 ①-3 탄소를 순환, 흡수하는 사회 ①-4 저탄소를 지향하는 그린 한반도
		② 탈석유 · 에너지 자립 강화	②-1 에너지 저소비 · 고효율사회 구축 ②-2 청정에너지 보급확대 ②-3 원자력 공급능력 확충 ②-4 해외자원개발 역량 강화
		③ 기후변화 적응역량 강화	③-1 기후감시, 예측 및 조기대응체제 구축 ③-2 기후변화 대응 국민건강관리 강화 ③-3 국가 식량안보체계 강화 ③-4 안정적인 수자원 관리능력 강화 ③-5 기후친화적인 해양 이용 및 관리 ③-6 기후변화 대응 재해관리 강화 ③-7 지속가능한 산림경영
Green Economy (녹색기술 · 산업이 성장을 주도하는 녹색경제)	신성장 동력 창출	④ 녹색기술 개발 및 성장동력화	④-1 녹색기술개발투자의 전략적 확대 ④-2 효율적 녹색기술개발체계의 구축 ④-3 녹색기술 이전 및 사업화 촉진 ④-4 녹색기술 · 산업개발을 위한 인프라 확충 ④-5 녹색기술개발을 위한 국제협력 활성화 ④-6 신성장동력 녹색기술산업 육성
		⑤ 산업의 녹색화 및 녹색산업 육성	⑤-1 자원순환형 경제 · 산업구조 구축 ⑤-2 산업별 녹색전환 및 혁신 확산 ⑤-3 녹색 중소 · 벤처기업 육성 ⑤-4 지식주도형 녹색클러스터 육성
		⑥ 산업구조의 고도화	⑥-1 신성장동력 첨단융합산업 육성 ⑥-2 고부가서비스산업 육성
		⑦ 녹색경제 기반조성	⑦-1 녹색기술 · 산업에 대한 정책금융 활성화 ⑦-2 녹색금융 인프라 구축 ⑦-3 탄소시장 육성 ⑦-4 친환경 세제 운영

		⑦ 녹색경제 기반조성	⑦-5 녹색상품·산업에 대한 조세지원 ⑦-6 저탄소사회를 위한 규제 및 유인 혁신 ⑦-7 에너지 복지 ⑦-8 녹색일자리 창출 촉진 ⑦-9 녹색인재 양성 확대
Green Korea (세계 녹색 성장을 선도 하는 국가)	삶의 질 개선과 국가위상 강화	⑧ 녹색 국토·교통의 조성	⑧-1 녹색·국토도시의 조성 ⑧-2 생태공간의 확충 ⑧-3 녹색 건축물 확대 ⑧-4 녹색교통체계구축 ⑧-5 자전거 이용 활성화
		⑨ 생활의 녹색 혁명	⑨-1 녹색성장 교육 및 녹색시민 양성 기반 구축 ⑨-2 녹색생활의 실천 확산 ⑨-3 녹색소비 활성화 ⑨-4 녹색마을 조성 및 운동 전개 ⑨-5 생태관광 활성화
		⑩ 세계적인 녹색성장 모범 국가 구현	⑩-1 글로벌 녹색성장 실현에 협력하는 국가 ⑩-2 녹색성장 모범으로 인정받는 국가 ⑩-3 개도국의 녹색성장을 도와주는 국가 ⑩-4 녹색성장의 모델을 보여주는 국가

182~206조 원의 생산유발효과와 118~147만 명의 고용유발효과를 창출할 것으로 예상하고 있다.

나. 제4차 기후변화대응 종합기본계획

제4차 기후변화대응 종합기본계획(2008~2012)은 2008년 9월에 심의·확정된 계획으로 현재는 녹색성장 국가전략 및 5개년 계획에 흡수·통합되었다.

기후변화대응 종합기본계획의 비전은 "범지구적 기후변화대응 노력에 동참하고, 녹색성장을 통한 저탄소사회구현(Low Carbon, Green Growth)"

표 1-5 기후변화대응 종합기본계획의 목표별 추진과제

3대 목표	추진과제
1 기후친화산업을 신성장동력으로 육성	1-① 산업부문의 에너지 효율 향상(장단기) 1-② R&D 투자 확대로 선진국 수준의 녹색기술 확보(장단기) 1-③ 기후친화산업의 육성 · 보급과 수출경쟁력 강화(장단기)
2 국민의 삶의 질 제고와 환경개선	2-① 교통체증 완화를 통한 삶의 질 제고(장단기) 2-② 녹색 생활환경 창출 및 사회체질 개선(단기) 2-③ 기후변화 적응대책 추진으로 안전사회 구축(단기) 2-④ 저탄소 의식 및 생활양식 확산(단기) 2-⑤ 기후변화 감시 예측 능력 고도화(장단기)
3 기후변화 대처를 위한 국제사회 노력을 선도	3-① 국가 온실가스 감축목표 설정(단기) 3-② 적극적 · 능동적 협상 전략 추진(단기) 3-③ 개도국 지원 및 국제협력 활성화(장단기)

이며, 정부의 에너지대책, 산업정책, 환경대책, 금융 및 세제정책, 재난대책 등 각종 정부정책을 수립하고 시행하는데 있어 기후변화대응을 우선적으로 고려하여 추진하도록 하기 위하여 마련되었다. 아울러 일반국민들이 저탄소사회 생활양식으로 전환하도록 유도하고, 산업계도 기후변화대응을 녹색성장의 기회로 적극 활용할 수 있도록 범국민적 인식전환을 도모하고자 하였다.

3대 추진목표는 녹색성장 국가전략 및 5개년 계획과 마찬가지로 기후친화산업을 신성장동력으로 육성하고, 국민의 삶의 질 및 환경을 개선하며, 기후변화 대처를 위한 국제사회 노력을 선도하는 것으로 제시되어 있다.

다. 제1차 국가에너지 기본계획

제1차 국가에너지 기본계획(2008~2030)은 『에너지법』 제6조에 따라서 에너지정책을 효율적이고 체계적으로 추진하기 위해서 20년을 계

그림 1-7 국가에너지 기본계획의 구성

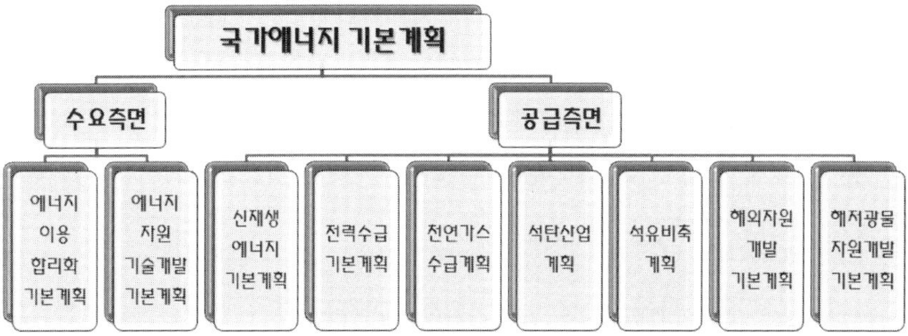

표 1-6 에너지부문 녹색성장의 5대 비전

5대 비전	지 표	2006년	2030년
1 에너지자립사회 구현	자주개발률	3.2%	40%
	신재생에너지보급률	2.2%	11%
2 에너지저소비사회로 전환	에너지원단위	0.347	0.185
3 탈석유사회로 전환	석유의존도	43.6%	33%
4 더불어 사는 에너지사회 구현	에너지빈곤층 비율	7.8%	0%
5 녹색기술과 그린에너지로 신성장동력과 일자리창출	에너지기술 수준	60%[1]	세계 최고수준

주: 1) 에너지기술 수준은 선진국=100 수준
자료: 국무총리실 외(2008), 『제1차 국가에너지기본계획』 참조.

획기간으로 5년마다 수립·시행되는 기본계획으로써, 에너지정책과 관련되는 최상위 국가전략이라 할 수 있다.

우리나라 에너지정책의 기본방향은 저탄소 녹색성장을 구현하고, 녹색기술과 청정에너지로 신성장동력 및 일자리를 창출하는 것이다. 이를 위해서 지속적인 경제성장을 뒷받침하고, 미래세대의 수요를 고려한 에너지 안보(Energy Security), 에너지 효율(Energy Efficiency) 및 친환경(Environmental Protection) 에너지 정책을 추진하고자 한다.

에너지부문에 있어 녹색성장의 5대 비전은 〈표 1-6〉과 같고, 이를 위해서 이행해야 할 10대 과제는 에너지 사용 효율의 개선, 에너지 시장의 효율화 및 합리적 가격체계 구축, 신재생에너지 개발·보급 확대 및 성장동력화, 원전의 공급능력 및 국민 이해기반 확충, 해외자원개발 역량 확충, 에너지의 안정적 공급, 기후변화 대응 역량 강화, 에너지 기술혁신을 통한 차세대 에너지산업 육성, 그리고 에너지산업 해외 진출 및 에너지복지·에너지 안전사회 구현이다.

라. 제3차 신재생에너지 기술개발 및 이용·보급 기본계획

제3차 신재생에너지 기술개발 및 이용·보급 기본계획(2009~2030)은 『신에너지 및 재생에너지 개발·이용·보급촉진법』 제5조에 따라 기술개발 및 이용·보급목표와 발전량 비중, 추진방법 등을 수립하는 기본계획이다.[21] 제1차 국가에너지 기본계획(2008~2030)상에 제시되어 있는 신재생에너지 분야의 양적 목표는 2030년에 1차 에너지 중 신재생에너지 공급비율을 11%로 확대하는 것이고, 질적 목표는 신재생에너지 산업을 신성장동력 산업화하는 것이다.

녹색성장의 첫 번째 세부실천계획이라 할 수 있는 그린에너지산업 발전전략(2008. 9)에서도 신재생에너지보급을 확대하기 위한 5대 중점 추진과제를 다음과 같이 제시하였다. 첫째, 2020 그린홈 100만 호 사업

표 1-7 그린에너지산업의 개념

구 분	주요 기술
신재생에너지	태양광, 풍력, 수소연료전지, IGCC(석탄가스화 복합발전)
화석연료청정화	CTL(석탄액화) 및 GTL(가스액화), CCS(CO_2 포집, 저장)
효율향상	LED, 전력 IT, 에너지저장, 소형열병합, 히트펌프, 초전도

자료: 지식경제부(2008), 『그린에너지발전전략』 참조.

21) 신재생에너지 개발·이용·보급촉진법 제2조에 따르면, 재생에너지는 태양광, 태양열, 바이오, 풍력, 수력, 해양, 폐기물 및 지열의 8개 분야를, 신에너지는 연료전지, 석탄액화·가스화 및 중질잔사유 가스화, 수소의 3개 분야로 범위가 규정되어 있다.

을 추진하고, 둘째, 신재생에너지 보급제도를 강화하며, 셋째, 건설 및 신도시 건설 시 신재생에너지 설계를 강화하고, 넷째, 경제성 있는 신재생에너지원을 개발 확대하며, 마지막으로 신재생에너지 보급정책 추진시스템을 혁신한다.

마. 제4차 에너지이용합리화 기본계획

국가 에너지 효율을 체계적으로 향상시키기 위해서 『에너지이용합

표 1-8 제4차 에너지이용합리화 기본계획의 주요 추진과제

부 문		소관부처	과제 수	주요 내용
에너지효율 기술개발		지경부, 국토부, 환경부	6	건물에너지효율시스템(BEMS), 그린카, LED, 7대 에너지다소비기기 R&D 등
부문별 수요관리 혁신	(산업)	지경부, 재정부	13	다소비사업장 맞춤형 시책(정부협약, 에너지경영시스템, 에너지공기업 수요관리강화 등)추진, 시설투자 지원 확대
	(수송)	지경부, 재정부, 환경부, 행안부, 농식품부	20	자동차 평균연비 강화, 운수업체 에너지 신고제 도입, 고효율 교통·물류 시스템 구축 지원 등
	(건물)	지경부, 국토부	13	에너지사용계획 협의, 설계기준 강화·효율등급 확대, 스마트계량기 보급
	(공공)	행안부, 지경부	2	녹색정부청사 구축, 지역에너지사업 등
에너지효율 시장조성 및 시장전환		지경부, 재정부	9	에너지효율 목표관리제, 대기전력 경고 표시제, 효율기준 강화, LED 보급 등
저탄소·고효율 인프라 구축		지경부, 재정부, 국토부, 환경부, 교과부	17	에너지가격 합리화, 에너지절약 교육, 절약 인센티브(탄소캐쉬백 등) 제공 등

주: 부처별 과제 수는 지경부 60, 국토부 11, 환경부 4, 기타 5
자료: 지식경제부·에너지관리공단(2010) 참조.

리화법』 제15조에 따라 수립된 제4차 에너지이용합리화 기본계획(2008~2012)의 추진목표는 2012년까지 국가 에너지 효율을 11.3% 개선시켜 2030년까지 국가에너지 기본계획의 목표인 선진국 수준의 에너지 효율을 달성하고자 하는 것이다.

바. 녹색뉴딜정책

2009년 1월 6일 발표된 『녹색뉴딜사업 추진계획』은 녹색(Green)과 뉴딜(New Deal)을 함께 추진함으로써 단기적으로는 경기침체에 대응하고, 중장기적으로는 성장동력을 확보하여 녹색경제 구현을 통한 일자리 창출(Green Growth for Green Job)을 목표로 추진되었다. 즉, 저탄소・친환경・자원절약 등 녹색성장전략에 고용창출 정책을 융합하여 녹색뉴딜사업을 구성하고 있다.

역할분담은 먼저 녹색성장위원회 및 기획단이 정책방향과 전략을 설정 및 평가하고, 기획재정부는 부처 간 중복사업 조정과 연계사업 간 우선순위를 설정하는 재정조정 및 지원체계를 운용하며, 각 부처는 녹색뉴딜사업을 발굴하고 선정된 사업을 집행하게 된다.

그림 1-8 신성장동력과 녹색뉴딜사업의 관계

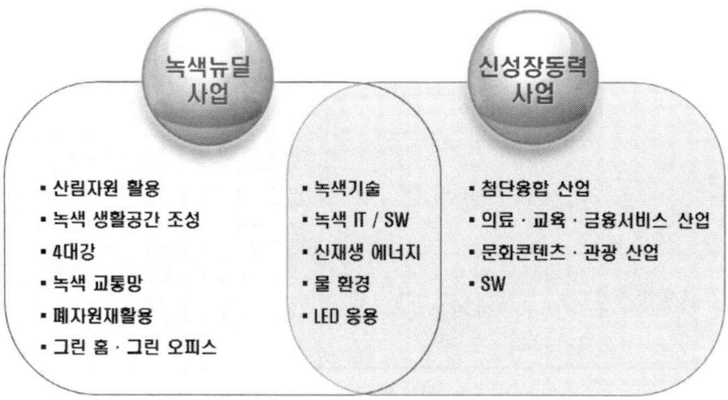

자료: 기획재정부 외(2009a), 『녹색뉴딜사업 설명자료』 참조.

표 1-9 녹색뉴딜사업의 주력분야와 핵심사업

주력분야	핵심사업
녹색 SOC	4대강 살리기, 녹색 교통망 구축, 녹색국가 정보인프라
저탄소 · 고효율 산업기술	대체수자원 · 중소댐, 그린카 · 청정에너지, 자원재활용 확대
친환경 · 녹색생활	산림 바이오매스, 그린홈 · 그린빌딩, 녹색생활공간 조성

자료: 기획재정부 외(2009), 『일자리 창출을 위한 녹색 New Deal 사업 추진방안』 참조.

녹색뉴딜사업의 포괄범위는 첫째, 에너지 절약, 자원재활용 및 청정에너지 개발 등 자원절감형 경제 구축 사업과 둘째, 녹색 교통망 구축, 맑은 물 공급 등 편리하고 쾌적한 생활환경 및 삶의 질을 높이기 위한 사업, 셋째, 탄소 저감, 수자원 확보 등 지구 장래와 차세대 안전을 위한 선제적 · 예방적 사업, 그리고 마지막으로 산업 · 정보 인프라 구축, 기술개발 등 미래대비와 에너지 효율을 높이기 위해 필수적인 사업에 해당한다.

제3절 녹색성장 잠재력의 개념

1. 녹색성장 잠재력의 개념 정의

그렇다면 본 연구에서 분석하고자 하는 녹색성장 잠재력, 특히 지방자치단체 입장에서 녹색성장 잠재력에 기초한 지역특화발전을 도모하기 위한 잠재력은 어떻게 정의되는가? '잠재력(潛在力)'이라는 용어는 매우 다양한 개념으로 사용되는데, 학문적으로 논의되는 용어라기보다는 개개의 연구자들이 임의적으로 사용하는 개념에 가깝다. 잠재력이라는 사전적 의미는 "겉으로 드러나지 않고 속에 숨어 있는 힘"으로 정의되며, 영어로는 'potential', 'potentiality', 'capacity' 또는 'capability' 등으로 쓸 수 있다.

먼저 'potential'은 장래 성장이나 발전을 위해서 필요한 능력이나 자질로 해석되고, 'potentiality'는 성장이나 발전을 하기 위해서 내재된 능력으로 해석된다. 또한, 'capacity'는 성공하거나 성취하기 위해서 타고난 잠재력으로, 'capability'는 성취하거나 개발하기 위해서 또는 특정 목적을 위해서 활용되거나 개발될 수 있는 역량으로 해석되어 모두 비슷한 의미로 사용된다. 따라서 개별 연구자들에 따라서 혼용되어 사용되고 있으며, 모두 잠재력이라는 용어로 해석되고 있다.

지역개발 또는 지역발전을 위한 잠재력은 지역잠재력(김안제, 1984; 강인원, 1997; 김태환 외, 2004; 류승한 외, 2005; 이원호, 2009)과 지역역량(이성근・이관률, 1999), 혁신잠재력(변창흠・권영섭, 2007), 성장잠재력(김군수, 1995; 김점수 외, 1996; 한무호, 2002) 및 관광잠재력(김대식・최현성, 2007; 배승종, 2008) 등으로 분석되고 있으며, 더 넓게는 국토잠재력(박삼옥, 2007), 국토의 문화적 잠재력(김효정, 2007), 지리적 잠재력(임덕순, 2007) 또는 국토해양 잠재력(정봉민, 2007) 등으로 임의로 정의되어 사용되고 있다.[22]

먼저 지역잠재력의 경우 김안제(1987)는 한 지역이 가지는 인적 및 물적자원의 활용으로 발전 또는 성장을 가져오게 할 수 있는 현재의 내적 소지 또는 가능성의 정도로 정의하고, 영어로는 'potentiality'를 사용하고 있으며, 강인원(1997)은 지역에 존재하는 활용되지 않는 재능요소들과 이들을 개발하는데 제약이 되는 요소들의 총체적 집합체로 정의하고 있다. 김태환 외(2004)와 류승한 외(2005)는 지역잠재력(local capacity)을 지역경쟁력 제고를 위하여 사용되거나 사용될 수 있는 유・무형 요소의 총체로 정의하고, 자립적 지역발전을 위한 잠재력은 경제적, 사회・문화적, 환경적으로 지속가능한 지역발전을 위해서 필요한 잠재력이라 하였다. 이원호(2009)는 낙후지역의 지역발전[23]을 위한 지역잠재력(regional

22) 국토의 문화적 잠재력, 지리적 잠재력 및 국토해양 잠재력의 경우 구체적인 정의를 내리고 있지는 않음.

23) 지역발전의 요인을 크게 인적자원과 물리적 요인 및 입지요인 등과 같은 전통적 발전요인과 지식기술, 산업구조 및 삶의 질 등과 같은 혁신적 발전요인으로 구분하였다.

development potentials)을 분석하였는데, 낙후지역의 지역잠재력을 자연자본, 인적자본, 인공자본 및 사회자본으로 보았다.

두 번째로 이성근・이관률(1999)은 개별지역의 경제여건을 개선하고 주민 삶의 질을 지속적으로 향상시킬 수 있는 원동력으로 지역역량(regional capacity)이라는 용어를 사용하였는데, 지역역량은 지역이 발전할 수 있는 종합적 능력의 수준으로써 지역경쟁력과 같은 현재의 능력과 잠재적 능력을 포괄하는 개념으로 정의하였다.

세 번째로 변창흠・권영섭(2007)의 경우에는 지역의 혁신역량 또는 혁신잠재력(innovation capacity)을 어떤 지역이 지속적으로 혁신을 창출할 수 있는 기반이 되는 자원과 능력[24]이라 정의하였는데, 혁신잠재력은 혁신의 결과물이자 성과인 혁신창출능력과는 분명히 구분된다고 하였다. 즉, 혁신활동에서 투입요소와 산출요소를 구분할 필요가 있는데, 혁신활동의 투입요소는 혁신역량 또는 혁신잠재력이라 할 수 있고, 혁신 활동의 산출결과는 혁신창출능력으로 보았다.

네 번째로 성장잠재력의 경우 김군수(1995)는 강원도의 성장잠재력을 관광자원으로 정의하였고, 김점수 외(1996)는 경기도의 성장잠재력을 지역경제력[25]으로 파악하였으며, 한무호(2002)는 충남의 성장잠재력을 내발적 발전전략을 위한 경제성장 역량으로 분석하였다.

다음으로 관광잠재력(green tourism potential)은 김대식・최현성(2007)의 경우 마을이 가진 유무형의 어메니티(amenity) 자원[26]과 어메니티 자

24) 지역혁신잠재력은 혁신자원이라고 할 수 있으며 공공 및 민간 R&D 자본, 과학자 및 엔지니어링 등 인적자본, 정보통신인프라 및 ITC 자본, 학술논문, 특허 등 혁신자원 투자의 일차적 성과 등을 들 수 있다고 하였다.

25) 지역경제력을 대표할 수 있는 부문을 인구와 주택부문, 사회간접자본 부문, 정보화부문, 농업 부문, 광업 부문, 제조업 부문, 도소매업과 서비스업 부문 및 재정부문의 8개 부문으로 분류하여 경기도 31개 시군의 성장잠재력을 분석하였다.

26) 관광기반 자원은 산업적 자원(농사, 가축사육, 특용작물생산, 시설농업, 특산물생산, 농산가공시설, 공업시설, 판매시설, 인공레저자원)과 자연・문화・역사적 자원(전통건조물, 동물자원, 식물자원, 향토음식, 환경자원, 자연경관, 수자원) 및 사회적 자원(농업시설, 네트워크 기반시설, 공공시설, 숙박시설, 공동체 활동, 씨족세시풍속, 지

원을 활용하여 농촌 관광을 운영할 수 있는 참여 가능한 인적자원으로 보았고, 배승종(2008)의 경우, 해당지역이 보유하고 있는 그린 투어리즘의 매력 정도[27]와 도시지역과의 접근성으로 보았다.

마지막으로 임덕순(2007)은 우리 국토의 지리적 잠재력(geographical potentialities)을 '지리적으로 보았을 때' 우리나라의 전체 토지가 가지고 있는 잠재적인 힘이나 활용가능성이라 정의하였고, 지리적 잠재력은 육·해 연결의 반도적 위치, 삼면 임해성, 지형 등의 자연상태, 대공업 도시들의 해안입지, 수도(首都) 서울, 역사적 고도(古都), 유교문화로 보았다.

한편, 잠재력이라는 용어는 경쟁력(competitiveness)이라는 용어와 유사한 의미로 사용되기도 한다. 그러나 이들 둘 사이에는 미묘하지만 중요한 차이가 있다. Webster와 Muller(2000)는 지역이 다른 지역에 비해 경쟁력 있는 재화나 서비스를 생산하고 판매할 수 있는 능력을 지역경쟁력이라 정의하고 있는데, 지역 경쟁력이라는 용어는 현실적으로 생산성과 같은 용어로 사용되고 있다. 실제로 Porter 외(2001)는 미국 내 주요 지역의 경쟁력 분석에서 생산성을 곧 경쟁력으로 규정하고 생산성에 따라서 지역의 삶의 질도 결정된다고 주장하였다(김태환 외, 2004: p. 17 재인용). 이에 김태환 외(2004)는 지역경쟁력의 경우 지역잠재력에 비해서 경제적 성과를 강조하는 개념으로 지역잠재력은 지역의 보다 다양한 자원 및 역량을 포괄하는 반면, 지역경쟁력은 이러한 잠재력을 바탕으로 실현된 성과를 강조한다고 하였다. 이에 지역경쟁력은 잠재력 중 현재 활용되고 있는 구성요소 및 실현된 성과로서 정의한 반면 지역잠재력은 위에서 언급한 바와 같이 경제적, 사회·문화적, 환경적으로 지속가능한 지역발전을 위해 필요한 유무형의 자원으로 좀 더 포괄적인 개념으로 정의하였다.

역문화활동, 체험시설, 생산문화활동, 공동체조직)의 세 가지로 구분된다.

27) 그린 투어리즘의 매력도는 자연적 매력도, 문화적 매력도, 그리고 사회적 매력도로 구분됨.

이상의 논의로부터 본 연구에서 '녹색성장 잠재력(녹색 잠재력)'은 경제성장을 추구하되 환경오염과 자원이용을 최소화하고, 환경이 경제성장을 선도하고 경제성장이 환경을 개선하는 선순환의 발전양식으로 지역의 특화발전을 도모하는데 필요한 유무형의 자원으로 정의한다. 따라서 녹색성장 잠재력의 구성요소는 현재 이를 활용하여 나타난 성과이자 산출물인 녹색경쟁력보다는 지역의 특화발전을 도모하는데 반드시 필요하거나 적어도 기반이 될 수 있는 능력과 역량, 즉 투입물을 중시한다. 녹색성장 잠재력은 여러 부면(部面)들에 내재되어 있는데, 본 연구에서는 우리나라의 지방자치단체가 스스로 녹색성장에 기초한 지역특화발전전략을 수립하고 이를 추진하기 위해서 어떠한 잠재적인 힘이나 활용 가능성을 가지고 있는지가 관심사라고 할 수 있다.

2. 녹색성장 잠재력의 구성요소

생활 전반에 걸쳐 있는 녹색성장과 관련된 영역은 학문적으로 분류가 되어 있지는 않지만, 저탄소 녹색성장 기본법에는 〈표 1-10〉에서 제시한 바와 같이 녹색기술, 녹색산업, 녹색생활, 녹색경영, 녹색제품을 구체적으로 명시하고 있다. 그 외에 앞서 제시한 녹색성장 국가전략 및 5개년 계획을 비롯한 여타 관련 계획에서 제시한 바와 같이 녹색국토, 녹색교통, 녹색경제, 녹색소비, 녹색시장, 녹색금융, 녹색일자리 등을 들 수 있다.

현재 녹색성장은 성장에 주안점을 두고 있기 때문에 관련영역에서 대부분 경제영역에 포함될 수 있는 녹색기술과 녹색산업, 녹색문화, 녹색건설, 녹색경제, 녹색일자리 위주로 설명되고 있으며, 녹색환경과 녹색생활에 대한 비중은 상대적으로 약하게 다루어지고 있기는 하다(김명수 외, 2009).

또한, 우리나라의 녹색성장 정책을 살펴보면, 먼저 녹색성장위원회

표 1-10 저탄소 녹색성장 기본법상의 녹색성장 관련 구성요소

용 어	정 의
저탄소	화석연료에 대한 의존도를 낮추고 청정에너지의 사용 및 보급을 확대하며 녹색기술 연구개발, 탄소흡수원 확충 등을 통하여 온실가스를 적정수준 이하로 줄이는 것
녹색기술	온실가스 감축기술, 에너지 이용 효율화 기술, 청정생산기술, 청정에너지 기술, 자원순환 및 친환경 기술(관련 융합기술을 포함한다) 등 사회·경제 활동의 전 과정에 걸쳐 에너지와 자원을 절약하고 효율적으로 사용하여 온실가스 및 오염물질의 배출을 최소화하는 기술
녹색산업	경제·금융·건설·교통물류·농림수산·관광 등 경제활동 전반에 걸쳐 에너지와 자원의 효율을 높이고 환경을 개선할 수 있는 재화(財貨)의 생산 및 서비스의 제공 등을 통하여 저탄소 녹색성장을 이루기 위한 모든 산업
녹색생활	기후변화의 심각성을 인식하고 일상생활에서 에너지를 절약하여 온실가스와 오염물질의 발생을 최소화하는 생활
녹색경영	기업이 경영활동에서 자원과 에너지를 절약하고 효율적으로 이용하며 온실가스 배출 및 환경오염의 발생을 최소화하면서 사회적, 윤리적 책임을 다하는 경영
녹색제품	에너지·자원의 투입과 온실가스 및 오염물질의 발생을 최소화하는 제품
지속가능발전	지속가능성(현재 세대의 필요를 충족시키기 위하여 미래 세대가 사용할 경제·사회·환경 등의 자원을 낭비하거나 여건을 저하(低下)시키지 아니하고, 서로 조화와 균형을 이루는 것)에 기초하여 경제의 성장, 사회의 안정과 통합 및 환경의 보전이 균형을 이루는 발전

자료: 저탄소 녹색성장 기본법 제2조(정의)

는 [그림 1-9]에서 보는 바와 같이 근간이 되는 정책인 원인(原因)요법 정책과 대증(對症)요법 정책, 그리고 파생적인 정책인 개선정책과 보완정책으로 구성된다고 하였다. 특히, 우리나라의 녹색성장은 기존산업과 기술을 녹색화하는 정책에 초점이 맞추어져 있으며, 기후변화에 적응하기 위한 이산화탄소 배출량 감소 및 에너지 효율성 제고, 그리고 녹색뉴딜정책과 관련된 요소를 함께 포함하고 있다. 따라서 우리나라의 녹색성

그림 1-9 녹색성장 정책의 구성

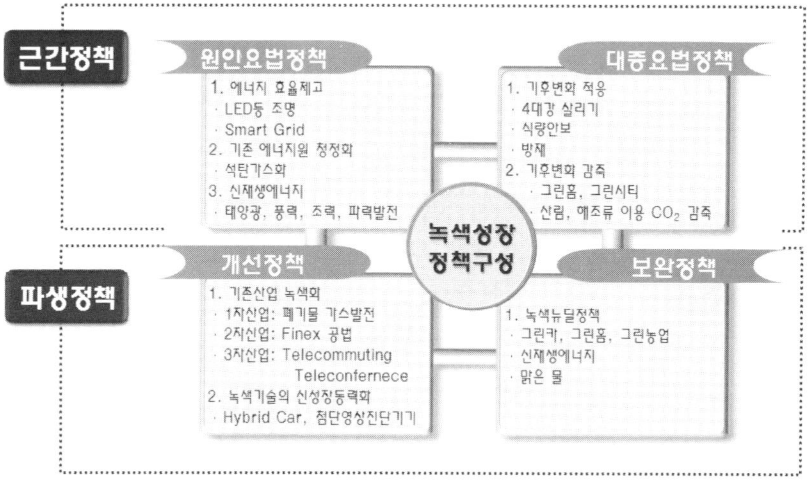

자료: 녹색성장위원회(2009e), 『저탄소 녹색성장 추진방안』 참조.

장정책에 입각한 지방자치단체 차원의 녹색성장 잠재력을 측정하기 위해서는 기본적으로 이러한 네 가지 요법을 모두 포함하도록 해야 한다.

무엇보다도 2009년 7월에 수립된 녹색성장 국가전략에서는 저탄소 녹색성장의 3대 요소를 첫째, 견실한 성장을 하되, 에너지·자원 사용량을 최소화한다. 둘째, 동일한 에너지·자원을 사용하되, 온실가스 배출 등 환경오염을 최소화한다. 셋째, 녹색기술 연구개발 투자, 녹색산업 육성 및 수출 산업화, 세계시장 선점 지원 등을 통해 신성장동력을 창출한다고 제시하였다. 즉, 생태효율성과 탄소집약도를 높이는 방향의 발전방식을 의미하는 녹색성장의 새로운 동력은 관련 중점기술[28] 등을 포함한 녹색기술에 있다고 보기 때문에 녹색기술을 특히 강조하고 있다.

따라서 본 연구에서 녹색성장 잠재력의 핵심 구성요소는 녹색성장의

28) 기후변화 예측 및 모델링 개발기술, 고효율 2차전지기술, 조명용 LED와 그린 IT기술, 친환경 저에너지 건축기술, 생태공간조성 및 도시재생기술, 지능형교통 및 물류기술 등

발전양식을 통해 지역특화발전에 반드시 필요하거나 적어도 기반이 될 수 있는 능력과 역량, 즉 유무형의 자원 측면에서 녹색자연자원, 녹색산업자원, 녹색교육과 문화자원, 녹색지식자원, 녹색기술자원 등을 모두 포함하도록 설정한다. 특히, 녹색성장 개념에 입각한 국가전략 및 지방의 녹색성장전략을 추진함에 있어 성패는 상당 부분 녹색기술과 산업을 선점하여 새로운 성장동력화하는 전략에 달려 있기 때문에 지속가능한 발전의 세 가지 요소, 즉 녹색경제 잠재력과 녹색사회문화 잠재력, 녹색환경 잠재력를 포함하면서 녹색기술을 개발하기 위한 녹색혁신자원, 즉 녹색혁신 잠재력을 추가로 고려하기로 한다.

녹색성장형 지역특화발전을 위한 녹색성장 잠재력의 네 가지 구성요소, 즉 녹색경제 잠재력, 녹색혁신 잠재력, 녹색사회문화 잠재력 및 녹색환경 잠재력의 세부분야는 [그림 1-10]과 같이 제시할 수 있다.

먼저 녹색경제 잠재력은 녹색산업과 녹색기술을 선점하고 이를 새로운 신성장동력으로 만들어 녹색일자리를 창출할 수 있는 잠재력이 중요하다. 이를 통해 환경(Green)과 경제(Growth)의 선순환구조를 확립할 수 있게 되므로 양축의 시너지를 극대화시킬 수 있고, 궁극적으로는 지역주민의 삶의 질을 향상시킬 수 있다. 녹색기술은 그 지역의 특성에 맞게 새로운 신성장동력을 창출할 수 있는 분야를 선정하여 발전시키는 것으로, 새로운 에너지원 개발기술 및 에너지 소비 저감기술을 통한 온실가스 배출저감 기술개발이 중요하며, 녹색산업기술과 에너지기술, 녹색과학기술 및 녹색기후환경기술도 포함된다. 녹색산업의 녹색혁신은 기존산업의 녹색화까지도 포함하는 것으로써, 넓게는 녹색재정과 녹색금융 및 녹색경영이 모두 포함된다.

녹색혁신 잠재력은 녹색기술혁신을 통해서 지역의 녹색성장을 실현할 수 있는 지역의 혁신역량 또는 혁신 잠재력으로써 지속적으로 녹색혁신을 창출할 수 있는 기반이 되는 능력을 의미한다. 이를 통해 지역의 저탄소화, 그리고 녹색산업화에 기여할 수 있다. 지역의 녹색혁신 잠재력은

그림 1-10 녹색성장 잠재력의 구성요소

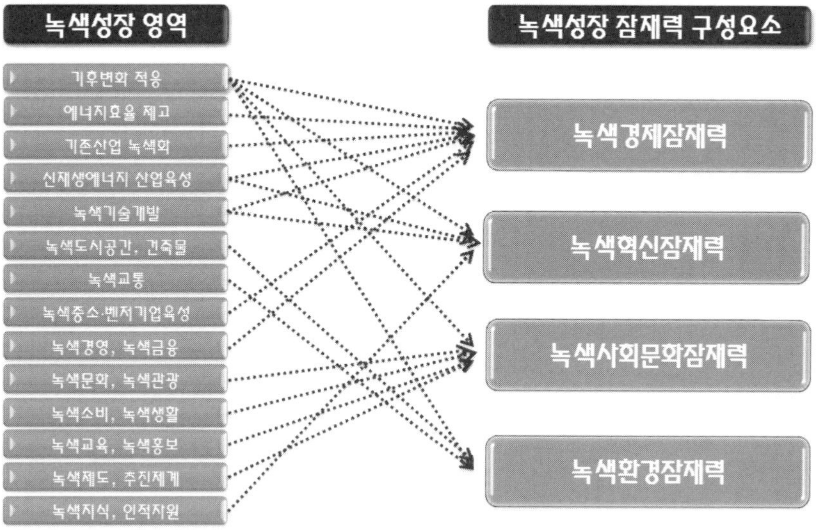

녹색기술 관련 과학자나 엔지니어링 등 녹색인적자본과 공공과 민간의 녹색 R&D 자본, 그리고 녹색성장과 관련된 학술논문과 특허 등을 들 수 있다.

녹색사회문화 잠재력은 생활형 녹색성장 사회를 구현하기 위한 사회적 자본의 역량을 말한다. 이를 위해서는 일상생활에서 실천가능한 에너지 절약과 효율화를 추구하는 녹색생활과 녹색사고, 그리고 지역의 녹색성장을 추진하는 제도와 추진체계 및 거버넌스 등의 녹색교육과 홍보가 무엇보다도 중요하다. 녹색생활화는 녹색제품 구매에서부터 물절약, 에너지절약, 자원 재활용, 녹색교통 생활화 등으로 실천이 중요시된다. 또한, 녹색제도 및 추진체계는 상향식(Bottom-up)으로 거버넌스를 구축해야 하며, 민·관이 협력하여 생활공감운동을 추진하고 녹색사고 전환을 위한 대국민 교육과 홍보가 필요하다.

마지막으로 녹색환경 잠재력은 저탄소화 사회를 실현하기 위한 저에너지 공간구조 및 녹색생활공간을 만드는 지역의 역량이다. 이때 녹색환경은 녹색도시, 건축물, 교통 등을 모두 포함하는 인공적인 인프라와 자연환경을 모두 포함한다. 저에너지 공간구조를 위해서는 그린홈과 그린빌딩 등 에너지 절약적 건축물 구축과 산림·바이오매스, 녹색숲 가꾸기 등을 통한 지역의 녹지화, 그리고 자전거 도로 네트워크, 환승시설 구축, 간선급행버스체계 구축 등을 비롯한 저탄소 녹색교통체계 구축 등이 중요하다고 볼 수 있다.

제2장 녹색성장 잠재력 지수

제1절 녹색성장 잠재력 지수의 지표체계

녹색성장 잠재력의 구성요소에 따른 지표체계를 구축하여 지역의 녹색잠재력을 진단하고, 이를 토대로 지역별 특화된 발전전략 및 녹색성장 전략을 모색하기 위해서는 먼저 녹색성장과 관련되는 중앙정부와 지방정부의 녹색성장 시책과 관련 추진계획, 그리고 녹색성장 관련 선행 지표연구 등을 면밀히 검토하여 녹색성장, 특히 앞서 정의한 녹색성장 잠재력이라는 개념을 포괄적으로 반영할 수 있도록 지표체계를 구축해야 한다.

1. 녹색성장 추진계획

녹색성장이 국가비전으로 제시됨에 따라서 중앙정부, 특히 지식경제부와 환경부, 행정안전부, 국토해양부, 문화체육관광부 등 부처별로 많은 녹색성장 정책과 제도 및 계획들이 위에서 언급한 상위계획 및 관련 계획과 연계되어 추진되고 있다. 이에 본 절에서는 이들 부처를 대상으로 중앙부처별 주요 녹색성장 정책 및 추진계획을 먼저 검토하여 지표체계에 반영되어야 할 항목을 발췌하고자 한다.

가. 중앙정부의 녹색성장 추진계획

1) 지식경제부의 녹색산업정책

지식경제부의 녹색산업정책을 간단히 요약하면 스마트그리드 구축사업과 그린카 개발사업, 그리고 생태산업단지 구축사업과 신재생에너지 이용 및 개발사업으로 대표될 수 있다.

지식경제부는 첫째, 스마트그리드(Smart Grid, 지능형 전력망)[1]를 통한 저탄소 녹색성장 기반구축사업을 녹색산업전략의 핵심과제 중 하나로 선정하였다. 스마트그리드 기술은 에너지를 효율적으로 이용하고, 신재생 및 분산형 전원보급을 확대하는 기반을 마련하며, 무정전·고품질 전력서비스를 제공하여 국가 이산화탄소 배출량의 4.6%(2,700만 톤)를 저감하는 기술이다. 단계별로 목표를 설정하였는 바, 2012년까지 시범도시를 1단계로 구축하고, 2020년까지 광역단위를 2단계로 구축하며, 2030년까지 국가단위를 3단계로 구축 완료하는 것이다. 5대 추진분야는 지능형 전력망, 지능형 소비자, 지능형 운송, 지능형 신재생, 지능형 서비스로 기술개발과 비즈니스 모델을 제시하였다.

둘째, [그림 2-1]에서 제시한 바와 같이 산업단지에서 발생하는 폐기물을 다른 기업의 원료나 에너지로 재사용함으로써 자원효율성을 높이고, 환경오염을 최소화하는 녹색산업단지라고 할 수 있는 생태산업단지(Eco-Industrial Park, EIP)를 구축하는 사업이다. 이미 2005년부터 지식경제부의 핵심 산업정책의 일환으로 추진되고 있는데, 1단계는 2005년 10월부터 2010년 5월까지 5년 간 295억 원을 지원하였으며, 울산, 여수, 포항, 반월·시화, 청주 등 5개 단지가 참여하였다. 현재는 2010년 6월

---

1) 스마트그리드란 발전에서 송배전 및 판매단계로 제공되는 기존의 전력망에 정보기술(IT)을 접목시켜 전력공급자와 소비자가 양방향으로 실시간 정보를 교환하여 에너지를 절약하고 신재생에너지를 보급하며 전기차 운행을 가능케 하는 차세대 전력망을 일컫는다.

그림 2-1 지식경제부의 생태산업단지의 개념

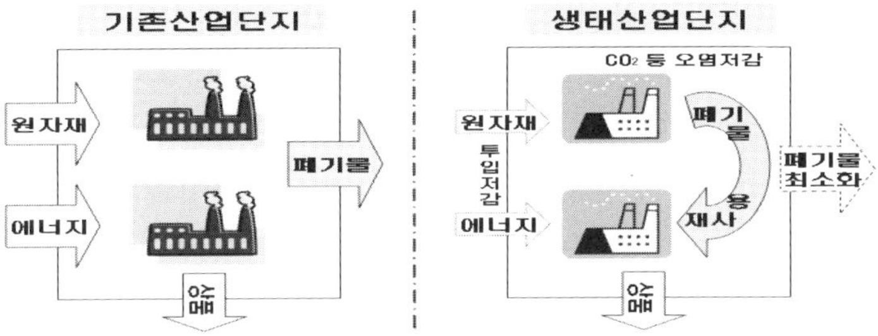

표 2-1 생태산업단지(총 38개) 지정현황

지역	Hub 단지(총 8개)	Spoke 단지(총 30개)
부산	명지·녹산(국가산단)	신평·장림, 신호, 사상(3개)
대구	성서(일반산단)	달성1·2차, 염색, 서대구(3개)
울산	울산 미포·온산(국가산단)	매곡, 길천, 신하이테크밸리(4개)
경기	반월·시화(국가산단)	포승(국), 송탄, 검준, 안성1·2·3(4개)
경북	포항 철강(국가산단)	구미, 고령 다산1·2, 경주 외동, 왜관(4개)
충북	오창 첨단과학(국가산단)	청주, 소이, 광혜원, 증평(4개)
전북	군산·군장(국가산단)	익산1·2, 완주, 정읍1·2·3, 전주1·2(4개)
전남	여수(국가산단)	광양(국), 오천, 대불(국), 화양(4개)

부터 2단계 계획을 착수하였는데, Hub-Spoke 방식의 광역 EIP 개념을 도입하여 1단계의 5개 생태산업단지에서 38개로 추가로 지정하였다.

셋째, 신재생에너지 이용 및 개발사업으로 신재생에너지는 앞서 살펴본 바와 같이 신에너지 및 재생에너지 개발·이용·보급촉진법 제2조의 규정에 의거하여 기존의 화석연료를 변환시켜 이용하거나 햇빛, 지열, 강수, 생물유기체 등을 포함하여 재생가능한 에너지를 변환시켜 이용하는 에너지로 정의하고 11개 분야로 구분된다. 지식경제부는 신재생에너지 산업기반 강화계획을 발표하고, 공공기관이 신축하는 건축 연면적 3천m^2 이상의 건물에 대하여 총 건축공사비의 5% 이상을 신재생에너지 설비설치에 사용하도록 의무화 하였다. 또한, 2020년까지 신재생에너지주택(Green Home) 100만 호를 보급하겠다는 목표로 신재생에너지원을 일반주택이나 공동주택에 설치할 때 설치비의 일부를 무상으로 지원하는 사업 등을 실시하고 있다.

마지막으로 그린카[2] 개발사업을 추진하고 있는데, 단기적으로는 기술개발이나 표준화를 지원하고 저속전기차가 도로를 주행하는 것을 허용하는 등의 관련 법제도를 정비한다. 중기적으로는 일반 소비자를 대상으로 구매 인센티브를 지원해주거나 충전소 설치를 지원하는 등의 보급을 활성화시키고, 중장기적으로는 전기차 구매와 판매에 대한 의무비율을 할당하고 발전소 등의 전력 인프라를 확충하고자 한다.

2) 환경부의 녹색성장정책

환경부의 경우에는 환경의 신가치 혁명을 통한 녹색부국 실현을 비전으로 제시하고 있는데, 실천계획은 크게 네 가지 전략으로 구분할 수 있다. 첫째, 기후변화 안심사회를 구현하기 위한 온실가스 감축과 기후변화 적응정책, 둘째, 환경기술과 산업을 신성장동력으로 확충하여 일류국가로 도약하기 위한 미래 유망 환경기술·산업 육성 및 녹색환경 조성정책, 셋째, 녹색 일자리를 창출하여 실업문제를 해소하고 경제난국을 극복하기 위한 그린뉴딜사업 및 현장수요에 부합하는 환경전문인력 양성정책, 그리고 마지막으로 대국민이 만족할 수 있는 생활맞춤형 생활공감정책 및 국민건강보호정책이다.

특히, 저탄소화를 위해서는 폐자원 및 바이오매스를 에너지화하고 온실가스 배출통계를 작성하여 감축 잠재량을 평가하는 부문에, 그리고 녹색성장과 관련하여서는 수처리 선진기술, 기후변화 대응기술 등의 10대 환경기술 개발과 10대 환경산업을 육성하는데 초점을 맞추고 있다.

2) 그린카(Green Car)란 온실가스 배출물질이 발생하지 않는 무공해 동력시스템을 활용하거나 이를 장착한 차량 혹은 이에 준하는 개념으로 기존 내연기관에 비해 연비가 높고, 이산화탄소 배출량이 적은 차량을 말한다. 일반적으로 하이브리드차, 플러그인 하이브리드차, 수소연료전지차, 전기자동차 등을 지칭한다.

표 2-2 환경부의 녹색성장 실천계획

주요 내용		핵심사업
저탄소	온실가스 감축	· 폐자원 및 바이오매스 에너지화 · 수도권 환경·에너지 종합타운 조성 · 환경기초시설 에너지 자립화 · 기상지원지도 작성
	기후변화 적응	· 한반도 기후변화 감시망 구축 · 기후변화 시나리오 및 예측모델 개발 · 온실가스 배출통계 및 감축잠재량 평가 · 기후변화 취약성 지도작성 및 기후변화 영향평가도입
녹색 성장	10대 환경기술 개발	· 수처리 선진기술, 그린카 기술, 기후변화 대응기술, 온실가스 대체물질기술, 고효율 자원회수기술, 토양·지하수 오염정화기술, 생물자원 활용·복원기술, 생활공감형 친환경제품기술, 환경보건 선도기술, 융합기반 환경오염 개선기술
	10대 환경산업 육성	· 환경플랜트산업, 그린카산업, 탄소시장, 기상산업, 도시광업, 토양정화산업, 생물자원산업, 생태관광산업, 친환경상품산업, 환경컨설팅산업
	녹색인프라 조성 및 그린리더십	· 녹색성장 교육·홍보 · 녹색성장 거버넌스 구축 · 국제환경회의 및 환경기구 유치 · 남북환경협력사업
녹색 일자리	그린뉴딜사업	· 하수처리수 재이용 BTO · Blue-Green 네트워크 · 클린코리아 실천사업 · 사용종료 매립지 정비·개발
	녹색인재양성	· 환경전문인력 및 단기 일자리 창출 · 환경·에너지 대학원, 대학 설립
생활 공감	고품격 환경·기상서비스 제공	· 향기로운 도시만들기 · 깨끗하고 안전한 수돗물 공급 · 지방상수도 관망정비 · 기상예보 정확도 향상
	국민건강보호	· 아토피 없는 나라 프로젝트 · 친환경 건강도우미 「그린코디」 서비스 실시 · 친환경 안심놀이터 조성 · 지하역사 공기질 개선

자료: 환경부(2009), 『저탄소 녹색성장 실천계획』 참조.

3) 국토해양부의 녹색도시정책

국토해양부는 저탄소 녹색국토・해양구현으로 녹색성장을 선도하는 것을 비전으로 제시하고 있으며, 그에 따른 목표와 5개 분야별 추진전략을 제시하고 있다. 먼저 목표는 첫째, 국토・도시, 건물, 교통・물류를 저탄소체계로 개편하고, 둘째, 수자원과 해양 및 연안의 기후변화 적응역량을 강화시키며, 셋째, 녹색기술과 산업을 육성하여 신성장동력을 창출하는 것이다. 분야별 추진전략 및 주요 사업은 〈표 2-3〉과 같다.

표 2-3 국토해양부의 녹색성장 실천계획

분 야	목 표	주요 사업
국토・도시	에너지절약・자원순환형 녹색국토・도시 조성	· 녹색도시의 추진방향 설정 · 녹색도시 실천방안 마련 · 녹색성장 지향형 국토공간의 창조 · 저탄소 녹색국토 구현을 위한 사이버 인프라 구축
건 물	선진국 수준의 저탄소 건축물 구현	· 신규 건축물의 에너지기준 강화 · 기존 건축물의 에너지효율개선 촉진 · 녹색건축 기술개발 및 인프라 구축 · 건설 생애주기 전단계의 녹색화
교 통	저탄소 녹색교통・물류체계로의 전환	· 교통수요 관리정책 강화 · 생활밀착형 자전거・보행 활성화 · 승용차보다 빠르고 편리한 대중교통 구현 · 철도・연안해운 위주의 녹색물류체계 구축 · 녹색교통기술 개발 및 보급
수자원	홍수・가뭄 걱정없는 안정적인 수자원 관리	· 4대강 살리기 · 가뭄 대비 안정적 물공급 체계 구축 · 효율적・능동적 수자원 관리를 위한 기반 인프라 정비
해 양	해양을 활용한 성장동력 창출 및 기후친화적 해양관리	· 미래의 성장동력, 신해양산업 육성 · 해양을 이용한 저탄소 녹색국토 구현 · 기후변화 해양영향 예측 및 대응체계 구축 · 기후친화적 해양 관리 · 해양환경의 적극 보전 · 해양생명력 보전을 위한 친환경 방제역량 강화

자료: 국토해양부 홈페이지, http://www.mltm.go.kr/USR/WPGE0201/m_23783/DTL.jsp.

4) 행정안전부의 녹색성장정책

행정안전부의 녹색성장 비전은 녹색정부를 구현하고, 녹색국민생활기반을 조성하여 녹색선진국을 실현하는 것으로 세부 실천계획은 〈표 2-4〉와 같다. 행정안전부는 지자체의 녹색성장 예산투자율을 2011년에 9%, 2013년에 10%로 단계적으로 확대해 나갈 방침이며, 에너지절약 목표관리제를 도입하여 공공청사의 경우 2011년부터 1% 수준으로 낮춘다는 계획이다. 또한, 가정 및 상업시설의 경우 시스템을 개발하여 2013년에 고도화를 추진할 계획이다. 녹색 인프라와 관련하여서는 자전거 교통수단 분담률을 2013년에 5% 수준으로 증대시키는 것으로 제시하고 있다.

표 2-4 행정안전부의 녹색성장 실천계획

핵심 정책과제	주요 사업
공공부문 녹색성장 추진기반 강화	· 녹색성장 추진체계 구축(각 지자체 전담부서, 국장급 책임관 지정) · 공공청사 에너지 효율화(에너지 목표관리제 도입) · 녹색성장사업 중심 지자체 재정 운영(예산투자 확대) · 녹색경쟁력지표 개발·운영(지자체 행·재정 인센티브 부여)
녹색성장 인프라 구축	· 자전거 이용 인프라 구축 · 녹색 정보화 기반 구축(지역 그린데이터센터 구축, 정보통합전산센터 그린화 추진 등) · 녹색 에너지자립 마을 조성 · 민원서비스 녹색화 추진
녹색생활·문화 범국민 실천 확산	· 가정·상업부문 에너지절약 목표관리제 실시 · 녹색생활 국민운동 추진 · 저탄소 녹색마을 조성 · 체계적 녹색성장 교육 실시 · 탄소마일리지 시스템 확산
녹색소방 방재역량 강화	· 재해 사전예방기준 및 시스템 구축 · 재해예방을 위한 국토기반 조성 · 긴급대응체계 구축 및 국민 위기대응능력 강화 · 친환경복구체계 마련

자료: 행정안전부(2009), 『녹색성장자문위원회 회의자료』 참조.
행정안전부 녹색성장 홈페이지, http://www.green.go.kr/

5) 문화체육관광부의 녹색산업정책

마지막으로 문화체육관광부의 녹색산업정책은 크게 녹색관광과 녹색 여가·문화·스포츠, 그리고 녹색생활 및 국정홍보로 나눌 수 있다. 먼저 녹색관광정책은 환경부와 공동으로 DMZ나 습지 등 한국형 생태관광 10대 모델사업을 추진하고, 걷기문화 보급을 위해 스토리가 있는 문화생태탐방로를 구축하며, 슬로시티 연계 관광상품 및 지역유휴자원을 활용한 친환경 테마형 관광상품을 개발하는 것이다. 이외에 생태관광산업 관련 전문인력을 양성하고, 지속가능관광인증 및 녹색인증제 도입 등 제도적 기반을 함께 조성한다. 두 번째로 녹색 여가·문화·스포츠정책은 문화가 흐르는 4대강 살리기 추진사업과 뚜르드코리아(Tour de Korea) 대회와 같은 자전거 축전을 개최하여 저탄소 스포츠 활동 확산정책을 펼치며, 유휴 및 폐산업시설을 문화공간으로 재생시키는 정책을 시행하고 있다. 세 번째로 녹색생활 및 국정홍보정책은 녹색성장에 대한 인식과 녹색시민 비전확산을 위한 캠페인 광고를 추진하거나 관련 홍보 콘텐츠를 게재하는 등 전략적인 홍보를 추진하는 정책이다.

표 2-5 문화체육관광부의 녹색성장 실천계획

핵심 정책과제	주요 사업
녹색관광	· 생태관광 10대 모델사업 · 문화생태탐방로, 슬로시티 연계 관광상품, 친환경 테마형 관광상품 · 생태관광 전문인력 양성 및 인증제도 개발
녹색 여가·문화·스포츠	· 문화가 흐르는 4대강 살리기 추진 · 저탄소 스포츠 활동 확산정책(Tour de Korea 대회 개최, 국민생활 체육시설 설치 확대) · 유휴·폐산업시설의 문화공간 재생정책 · 녹색여가문화 확산정책(한스타일, 여가공모전 개최)
녹색생활 및 국정홍보	· 녹색성장 캠페인, 홍보콘텐츠 개발 · 그린데이 운영 · 슬로시티 홍보 투어를 통한 녹색생활 홍보

자료: 노경식 외(2010) 참조.

나. 지방정부의 녹색성장 추진계획

본 연구는 제1장에서 녹색성장 잠재력의 핵심 구성요소를 녹색경제 잠재력과 녹색사회문화 잠재력, 녹색환경 잠재력 및 녹색혁신 잠재력으로 설정하였다. 본 절에서는 녹색성장 잠재력의 지표체계를 구성하기 위하여 녹색성장 잠재력의 네 가지 구성요소별로 개별 광역자치단체의 구체적인 녹색성장 추진계획을 저탄소 녹색성장을 위한 로드맵과 함께 검토하고자 한다.

2010년 현재 대부분의 광역자치단체가 〈표 2-6〉에서 보는 바와 같이 녹색성장 비전을 설정하고, 구체적인 정책목표를 설정하는 등 시도차원의 녹색성장 로드맵을 발표하고 있다. 먼저 서울시는 세계 녹색경쟁력 선도도시를 녹색성장의 비전으로 선정하고, 기후친화도시・녹색성장도시・고도적응도시를 구축하기 위해 1990년 기준 온실가스 배출량을 2020년까지 25%, 2030년까지 40%를 감축하고 에너지 이용량을 2000년을 기준으로 2030년에 20%를 감축한다는 정책목표를 설정하고 있다. 경기도의 경우에는 경기도 전체의 온실가스 배출량 감축목표가 아닌 경기도 산하 시군별 온실가스 배출량을 3% 이내로 감축하겠다는 목표를 설정하였다.

특히, 대부분의 광역자치단체가 저탄소사회를 조성하기 위하여 온실가스 감축 및 기후변화 대응 역량을 강화시키고자 하고 있기 때문에 에너지 사용량을 감소시키고 신재생에너지 보급률을 증대시키며 대중교통 분담율을 향상시키는 전략 등을 통해 온실가스 배출량을 효과적으로 감축시키고자 한다. 또한, 부산시와 대구시를 비롯하여 경기도와 충청북도 등은 참여형 녹색생활실천 및 선진화를 강조하고 있다.

따라서 추후 각 지방자치단체의 녹색성장 잠재력을 효율적으로 평가하기 위해서는 온실가스 배출량을 감소시키기 위한 에너지 사용량, 신재생에너지 소비량, 대중교통 분담률, 그린홈・그린빌딩 구축 및 녹색생활 실천과 관련된 항목을 포함시켜야 할 것으로 판단된다.

표 2-6 저탄소 녹색성장을 위한 로드맵

구분	녹색성장 비전	전 략	정책목표
서울	세계 녹색 경쟁력 선도도시 '서울'	· 기후친화도시 · 녹색성장도시 · 고도적응도시	· '90년 기준 온실가스 배출량 '20년까지 25%, '30년까지 40% 감축 · 신재생에너지 이용률 '30년에 20% 확대 · 에너지이용량 '00년 기준 '30년에 20% 감축
부산	녹색성장을 선도하는 그린오션(Green Ocean) 부산	· 3G – 저탄소사회(Green Energy & Low Carbin) 조성 – 녹색성장(Green Growth) 실현 – 녹색생활(Green City & Life) 정착	· '20년까지 에너지 3% 절감 · 신재생에너지 보급률 4.2% · 기간사업의 기술수준을 선진국 대비 80% · 대중교통분담율 46.5% · 그린홈 보급 2만 가구
대구	기후변화대응을 선도하는 녹색미래도시	· 탈석유 및 에너지 자립화 · 자원순환형 도시체계화 · 녹색생활실천 선진화 · 기후변화적응 선진화	· '05년 대비 온실가스 배출량 5% 감축 · 신재생에너지 보급률 11% 달성 · 대중교통분담율 53% 달성 · 탄소흡수원 750만 본 추가식재
인천	녹색성장을 통한 Green Incheon 실현	· 생태효율성 향상을 통한 저탄소 Life-Style 추진 · Post-2012 대응방안 강구	· '13년까지 온실가스 배출량 수요전망 대비 9% 절감 · '13년까지 사용에너지 중 5%를 신재생에너지로 대체
광주	기후변화대응 저탄소 1등 도시 조성	· 기후산업 신성장동력산업 육성 및 배출권 거래소 유치 · 기후변화 적응 역량강화 · 난소중립 저탄소 도시 전환	· '05년 대비 2015년에 온실가스 배출량 10% 감축
대전	–	–	· '20년까지 온실가스 배출량 BAU 대비 30% 감축

울산	저탄소 녹색성장을 선도하는 글로벌 생태산업 도시 울산	· 온실가스 감축 및 기후변화 대응역량 강화 · 녹색산업 육성 및 경쟁력 강화 · 녹색공간·문화·생활의 조성	· '12년까지 온실가스 배출량 '05년 수준으로 감축
경기	대한민국 녹색 1등 경기도	· 대한민국 녹색 신산업 중심지 · 녹색도시·교통의 글로벌 선도지역 육성 · 국가 100년 대계의 기후변화 적응체제 확립 · 도민 참여형의 녹색생활 혁명	· 산하 시군별 온실가스 배출량 3% 이내 감축
강원	대한민국의 허파인 강원도, 녹색성장을 주도	· 기후변화 대응역량 강화 · 녹색산업 신성장동력 창출 · 도민의 삶의 질 향상	· '12년까지 '03년 대비 6% 감축 · 신재생에너지 '13년 13.5% 확대
충북	녹색성장과 청정 충북 실현	· 온실가스 감축 및 기후변화 대응역량 강화 · 녹색산업 육성 및 신성장동력 창출 · 녹색생활환경 조성 및 삶의 질 개선	-
충남	환경과 성장이 조화로운 그린 충남 건설	-	· 향후 5년 간('09~'13) 이산화탄소 발생량 '05년 대비 5% 절감 · '15년까지 신재생에너지 1% 보급 · 그린홈 1만 가구 건설 · '18년까지 자전거도로 915km 건설
전북	동북아의 녹색 성장 거점	-	설정(전라북도 녹색성장 추진계획, 2009~2013)
전남	녹색성장을 선도하는 전남	· '녹색의 땅, 전남' 조성 · 녹색성장산업 육성 · 녹색성장 선도 지자체 구현	· '20년까지 온실가스 배출량 BAU 대비 30% 감축 · 신재생에너지 전국 대비 점유율 '13년 35% 달성

경북	경북의 새로운 도전-한국의 녹색수도 건설	· 기후변화 적응 및 에너지 자립 · 신성장동력 창출 · 삶의 질 개선 및 경북 위상강화	· '05년 대비 '20년까지 온실가스 8% 감축
경남	-	-	· '07과 '08년 평균 이산화탄소 배출량을 '12년까지 연 5% 안팎으로 감축
제주	2010 아시아 최고, 2050 세계적 녹색성장 모범도시 조성	· 선제적 기후변화 대응 및 에너지 자립 · 신성장동력 창출 · 녹색 생태도시 조성	· '05년 대비 10% 감축 · 신재생에너지 '13년 10%에서 '50년 50% 확대

다음으로 광역자치단체의 구체적인 녹색성장 추진계획을 녹색성장 잠재력의 네 가지 구성요소별로 제시하면 〈표 2-7〉~〈표 2-10〉과 같다. 이때 세부적으로 녹색경제 잠재력은 녹색산업 육성과 에너지 효율 향상으로, 녹색혁신 잠재력은 녹색 인적자원 확보와 녹색 지식자원 확보, 녹색 사회문화 잠재력은 녹색제도 및 추진체계와 녹색생활, 그리고 녹색환경 잠재력은 녹색지역과 녹색교통으로 나누어 정리하였다.

녹색경제 잠재력과 관련한 지자체의 녹색성장 추진계획은 대부분이 생태산업단지를 조성하거나 풍력특화단지 및 태양광산업 클러스터, 에너지 종합특구 등을 조성하여 신재생에너지를 확대보급하고 에너지를 효율화시키거나 절감하는데 초점이 맞추어져 있는 것을 알 수 있다. 에너지 효율 향상을 위해서는 특히, 서울시와 광주시, 강원도, 충청북도와 제주도 등 여러 광역자치단체가 공공기관 또는 가로등에 친환경 절전형인 LED 조명등을 보급하고자 노력하고 있다.

표 2-7 녹색경제 관련 계획

구분	A1. 녹색산업 육성	A2. 에너지효율 향상
서울	· 신재생에너지 확대보급(태양광, 태양열, 지열) · 수소연료전지발전소 건립(노원구)	· 신재생에너지 이용률 '10년 2%, '20년 10% 확대 · 자원순환형 자원관리 · 공공부문 에너지 효율화
부산	· 녹색융합산업 육성(로봇산업, 메디팜 바이오산업, 해양레저산업 등) · 수소신재생복합타운 건설(동부산권) · 해수온도차 이용 냉난방시설 설치 · 생명환경농업 · 녹색금융	· 에너지 절감 2020년까지 3%, 신재생에너지 보급률 4.2% 확대 · 공공부문 에너지 효율화, LED 조명교체 · 폐기물 재활용율 제고 · 생활폐기물 에너지화
대구	· 대구시민햇빛발전소 건립, 매립가스 자원화 CDM(청정개발체제)사업, 폐기물 에너지화(RDF)사업 · 태양광 보급선도도시, 대구산업단지 재생	· 수소연료전지 보급 · 에너지 이용 효율화 및 탈석유 · 수자원 확보 및 재이용 · 신재생에너지 보급강화 · 효율적 온실가스 감축
인천	· 소수력, 태양광, 태양열 설비설치 · 폐아스콘 재활용사업 · 조력발전소 건설(강화)	· 도로조명 에너지 절약사업 · 온천수 이용한 원예작물 재배 · 하수처리수 재이용
광주	· 태양에너지도시 건설 · 광역위생매립장 에코-폐기물 에너지타운 조성 · 온실가스 감축 관련 기업 육성	· 공공기관 LED 조명교체사업 · 에너지 다소비업체 자발적 협약(VA) 추진
대전	· 나노융합산업기술센터 설립, 그린 나노파크 조성 · 태양광 발전소 설치, 농업용 전기온풍기 보급, 신재생에너지 R&BD 클러스터 구축 · 생활폐기물 고형 연료화시설 설치	· 시청사 절전조명 시스템 설치
울산	· 생활폐기물 에너지화 사업 · 울산 Eco 산업단지 네트워크 구축(경주, 울산, 양산), 그린카 오토벨트 구축	· 하폐수 재이용 · 에너지 및 자원절약 · 쓰레기 감량

경기	· 우수저류시설 설치, 가축분뇨 공동자원화사업, 음식물폐기물 자원화시설사업, 축분 바이오가스 플랜트 설치 · 서해녹색복합지구 조성	-
강원	· 태양광 단지조성(붕어섬), 태양광발전단지(영월), 풍력발전단지(대관령) · 바이오 클러스터 조성	· 차세대 조명 LED 보급
충북	· Asia Solar Vally(태양광산업 클러스터) 육성, 종합에너지 특구(태안) · 소각시설 여열회수 사업(천안)	· 폐기물 자원화 · 에너지 확보 · U-IT 친환경 절전형 LED 조명등 설치
충남	· 태안에너지 종합특구 조성 · 폐자원재활용 에너지확대(가축분뇨) · 바이오연료원 재배단지 조성	-
전북	· 신재생에너지 테마단지 조성 · 새만금 풍력산업 클러스터 조성 · 생태산업단지, 군장산업단지(수소, 전기자동차와 연계된 클러스터)	· 폐식용유 바이오연료화
전남	· 생태산업단지, 서남해안 신재생에너지벨트, 해양풍력특화단지(영광-신안)	· 하수처리 재이용
경북	· 그린에너지 전용 산업단지 조성 · 지식주도형 녹색클러스터 조성 · 자전거산업 집적화 단지 조성	-
경남	· 친환경 유기농밸리 조성사업 · 생명환경농업 육성(고성) · 가축분료 공동자원화 사업	· 창원 레인시티(버려지는 빗물 활용) 조성
제주	· 전기자동차 개발	· LED 가로등 교체

녹색혁신 잠재력과 관련해서는 녹색산업과 녹색기술을 발전시키기 위한 인력양성이나 R&D 육성 및 신재생에너지 관련 연구기관을 건립하는 데 초점을 맞추고 있다.

또한, 녹색사회문화 잠재력과 관련해서는 먼저 녹색제도 및 추진체계 확립의 경우, 기후변화 대응 조례 또는 저탄소 녹색성장 기본조례와 같은 녹색성장과 관련한 조례 제정을 독려하거나 온실가스를 감축하는 경우 인센티브를 지급하고 온실가스 인벤토리 구축을 장려하고 있다. 녹색생활실천의 경우 그린스타트 운동을 비롯한 녹색생활운동을 활성화하고 탄소포인트제도, 녹색마일리지제도 등을 도입하는 계획을 세우고 있음을 알 수 있다.

마지막으로 녹색환경 잠재력과 관련해서는 생태하천, 생태통로, 그린시티 등 녹색환경을 조성하고 대중교통 활성화와 녹색교통수단 도입 및 천연가스 자동차 보급 등 녹색교통을 확산하기 위한 계획을 추진하고 있다.

표 2-8 녹색혁신 관련 계획

구분	B1. 녹색인적자원 확보	B2. 녹색지식자원 확보
서울	· 녹색산업 전문인력 양성 지원	· 연구개발(R&D) 육성
부산	· 녹색기술 인력양성	· 파생상품 R&D 센터 설립
대구	· 녹색인재양성 확대	–
울산	–	· 녹색기술 연구개발거점(Green Core) 조성
경기	· 폐자원 에너지화 특성화 인력양성	· 한국기후변화대응연구센터 국내 대표 기후변화 연구기관으로 육성 · 폐자원 에너지화 특성화 연구소 유치
충북	· 파일럿 규모의 기술집약형 인력양성 · 태양광 전문인력 양성	· 태양전지 종합기술지원센터 건립 · 산학 R&D 지원
전북	· 수소연료전지 특성화대학원 인력 양성사업	· 풍력산업 R&D 및 연구센터, 연료전지 핵심기술 연구센터, 신재생 에너지 소재개발지원센터 건립
경북	–	· 신재생에너지 연구기관 건립 · 글로벌 녹색기초·원천 연구기관 유치

표 2-9 녹색사회문화 관련 계획

구분	C1. 녹색제도 및 추진체계	C2. 녹색생활
서울	· 최초 서울시 기후변화대응조례 제정('08. 9. 30), 저탄소 녹색성장 기본조례 입법예고('10. 7. 23) · 서울 친환경 건축기준 제정 · 녹색산업 보조금 지급, 세재감면 · 중소기업 녹색경영지원 · 서울형 녹색기술 선정지원	· 녹색생활운동 활성화(녹색마일리지 제도) · '서울특별시 녹색상' 수여 · 저탄소 에너지 절약 시민원화 확산
부산	· 탄소배출권거래 시범사업 (온실가스 감축에 따른 인센티브 지급)	· 에너지절약 마일리지 제도 · 그린부산 희망나무 심기 운동 · 음식물쓰레기 줄이기 운동 · 녹색교통 이용하기 운동 · 녹색 사회적 기업 육성
대구	· 공공기관 온실가스 인벤토리 구축 · 녹색산업지원 강화	· 기업참여 녹색실천 확대
인천	· 친환경에너지 건축기준 제정	· 업무용 자전거 시범운영사업 · 자전거 시범학교 지원운영사업 · 탄소구두쇠되기 운동 전개
광주	· 친환경 건축물 확산을 위한 조례 제정 · 거버넌스형 기후변화대응 TF팀 구성 · 광주 태양에너지 도시조례 제정 · 탄소은행제도 추진	· 그린스타트 운동 · 시민교육센터 · 언론홍보
대전	· 친환경농법 재배농가 지원 (시비보조사업) · 기후변화대응 T/F팀 구성 · 수질오염 총량관리제 운영 · 그린빌딩 인증기준	· 탄소포인트제도 · 친환경 녹색구매 활성화 운동
울산	· 국내최초 공익형 탄소기금 조성 · 배출권 거래제 시범사업 실시 · 녹색산업 취득세, 재산세, 등록세 감면	· 탄소포인트제도, 그린스타트 운동 · 승용차 요일제 · 시민실천운동(CG-10 활동)
경기	· 탄소배출권 거래제	· 탄소포인트제도 · 저탄소 문화정착을 위한 인식확산

강원	· 기후변화대응조례	· 탄소포인트제도, 그린스타트 네트워크 구축
충북	· 충북 온실가스 인벤토리 구축	· 탄소포인트제도 · 지역에너지절감 프로그램 수립
전북	· 친환경 지역개발조례 제정	· 탄소포인트제도를 통한 녹색가정 확대 · 온실가스 줄이기 범도민실천운동
전남	· 도시조례 제정	-
경북	· 전국 최초 녹색성장위원회 및 T/F 구성 · 기후변화 예측 및 조기대응체제 구축 · 재난재해관리 및 적응능력 강화	· 탄소배출권거래 전문인력 양성 특강 프로그램 개설, 녹색생활 실천확산, 의식교육 및 홍보강화 · 자전거 출퇴근 장려금제 시행 · 기업체 온실가스 감축 컨설팅 확대
경남	· 탄소배출권 거래제 시범사업	· 두발로 Day 지정 · 그린스타트 운동 전개
제주	· 저탄소 녹색관광에 대한 조례제정 · 산림서비스 증진, 관련 법규의 제정·정비	· 녹색생활 문화확산 운동 · Asia 교육센터 조성

표 2-10 녹색환경 관련 계획

구분	D1. 녹색지역 및 건축물	D2. 녹색교통
서울	· 건물에너지합리화(BRP)사업 추진 · 도심그린웨이 구축(강동구, 중구, 용산구, 양천구, 강서구, 구로구) · 생태하천조성(성북천 등 15개 하천) · 상상어린이공원 조성 · 하천정비 및 한강 르네상스사업	· 4년 간 전기차 3만 대 보급·운행 · 2020년까지 버스 및 택시 그린카 100% 전환 · 지하철 혼잡역사 구조개선, 공기질 개선 · 버스중앙차로제 도입, 대중교통 연계시스템 구축
부산	· 생태하천복원(23곳), 산책길 180곳 조성, 낙동강 물길 살리기 · 에너지자립형 저탄소 Green Town 조성 · 해양친수보행공간, 바다숲 조성, 연안정비해양환경관리, 그린 U-city 구현	· 도시철도 확대, 부산신항 건설 · 간선급행버스체계, 보행환경 개선 · 천연가스(CNG) 버스 전환 · 해안일주 자전거도로

대구	· 도시생태공원화, 도시공원, 지속가능 산림경영, 녹색전통문화공간 확충 · 청정에너지 보급도시, 태양광 보급 선도도시, 대구산업단지 재생	· 대중교통 이용 활성화 · 녹색교통수단 보급확대 · 복합환승센터
인천	· 생태통로(Eco Road)조성, 생태 하천 복원 · 국가건물 에너지통합관리시스템 구축	· 복합환승센터 · 항만과 공항의 탄소중립지역
광주	· 에너지절약형 도시건설 (Solar City) · 저탄소 시범마을(공원, 광장 등 녹지공간) · 지방하천 생태복원화 사업 · 바람길 조성	· 천연가스(CNG) 버스 보급 · 저공해 자동차 보급 · 지하철, 자전거도로 확충 등 대중교통 이용 활성화
대전	· 그린시티 조성: 3,000만 그루 나무심기 · Green-IT 구현을 위한 정보화 환경 구축	· 천연가스(CNG) 자동차 보급 · 공용자전거 보급
울산	· Green Village 조성, 탄소제로도시 · 태양광 이용한 에너지자급마을, 청정마을 시범도시	· 녹색교통기반 조성 · 그린카 확대 · 자전거 이용 활성화
경기	· 환경친화적 공원조성사업(DMZ, 시흥갯골생태공원), 경기도 한강잇기 프로젝트 · 녹색시범도시(과천), 에너지자립형 탄소중립도시(평택, 동탄, 광교)	· 수도권 광역급행철도(GTX) 건설 · 간선급행버스체계(BRT) 구축 · 주요도로 ITS 구축사업
강원	· 녹색시범도시(강릉), 탄소제로도시(평창)	· NGV 차량보급 · 자전거 이용 활성화
충북	· 태양광 주택 500만 호 · 학교 공원화	· 혁신도시 철도사업
충남	· 탄소중립도시, 녹색숲 가꾸기	· 국가공간정보통합체계 구축 · 대중교통 환승시설 구축
전북	· 탄소제로도시, 새만금 명품도시 · 생태하천 복원사업	· 새만금 교통계획 · 호남고속철도
전남	· 녹색도시, 녹색마을(고흥, 도양), 탄소제로도시(무안), Sun City 조성(남악)	· 호남고속철도

경북	· 태양광주택 1만 호 보급사업 · 녹지공간 확충, 태양광 보급 선도 도시, 청정에너지 보급도시	· 자전거 이용 활성화
경남	· 전국최장 그린웨이 (함안 둑방, 마산) · 그린홈 보급, 건물옥상녹화, 농산어촌 주택개량사업	· 초저상 전기/천연가스 버스 · 녹색도시철도망 확충, 자전거도로 확충
제주	· 가시리 그린에너지 농촌마을 종합 개발사업, 제주헬스케어시티 조성, 제주형 유기농 Eco-Villiage 조성 · 탄소흡수원 확충을 위한 500만 그루 나무심기, 연안습지생태관광 공원 조성 · Carbob Free Island 제주 구축	· 스마트도로 인프라 구축 · 공용차량 친환경 연료(바이오 디젤) 전환 · 자전거 이용 활성화

2. 녹색성장 잠재력 관련 지수

중앙정부의 녹색성장 시책과 더불어 녹색성장 잠재력의 구성요소를 선정하고 이에 따른 지표체계를 구축하기 위해서 녹색성장 잠재력과 관련된 선행지수를 정량적으로 분석한 연구를 검토하도록 한다. 녹색성장 잠재력과 유사한 선행지수는 크게 네 가지로 구분할 수 있는데, 첫째, 녹색경쟁력 지수, 둘째, 지속가능발전지수, 셋째, 기후변화대응지수, 그리고 지역잠재력 지수에 대해 검토하였다.

가. 녹색경쟁력 지수

1) 녹색성장 종합평가지수

먼저 녹색성장 종합평가지수는 과학기술정책연구원과 한국과학기술한림원(유의선 외, 2009)이 공동으로 국가별 및 16개 광역자치단체별 녹색성장을 비교할 수 있도록 개발한 종합적 평가지수이다. 저탄소 녹색성장 종합평가지수 개발의 기본방향은 투입(I)-프로세스(P)-산출(O)의 흐름과 녹색(green)과 일반(general) 지표의 상관관계를 유지하고, 탄소

고배출 분야 등을 고려하는 것이다.

먼저 국가 간 녹색성장 종합평가지수는 25개의 투입지표와 11개의 프로세스 지표 및 17개의 산출지표로 총 53개 지표로 구성되며, 각각의 가중치는 2 : 1 : 2를 이용하여 종합평가지수를 집계하였다. 이중에서 투입지표는 사회·경제적 투입역량지표(12개)와 물리·생태적 투입역량지표(13개)로, 프로세스지표는 촉진 메커니즘 지표(6개)와 이해당사자 참여 및 지식흐름지표(5개)로, 그리고 산출지표는 사회·경제적 산출지표(5개)와 물리·생태적 산출지표(12개)로 세분화된다. 녹색성장 종합평가지수를 산정하기 위해서 사용한 가중치 부여 방법은 〈표 2-11〉과 같다. 가중산술평균을 이용하여 100%를 기준으로 투입에 40%, 프로세스에 20%, 산출에 40%를 설정[3]하였으며, 지표의 가중치는 녹색성장에 중요한 핵심요소로 간주되는 최댓값을 2로 하고, 제일 영향력이 작은 요소는 최솟값 0.25로 설정하였다.

분석 결과, 우리나라의 녹색성장 종합평가지수의 '투입' 수준은 OECD 30개국 중 14위를 '프로세스' 수준에서는 18위를, 그리고 '산출' 수준은 17위로 나타나 전체적으로는 15위로 중위권에 속하는 것으로 분석되었다. 녹색성장 종합평가 1위 국가는 스위스이고, 스웨덴, 덴마크, 독일, 프랑스 순으로 뒤를 이었으며, 일본은 8위, 미국은 26위를 차지하는 것으로 나타났다.

한편, 우리나라 16개 광역자치단체 간 녹색성장 종합평가지수는 공식통계가 충분치 못하여, 11개의 투입지표와 2개의 프로세스지표 및 13개의 산출지표로 총 26개 지표로 구성된다. 이는 각각 6 : 2 : 7의 가중치를 이용하여 집계되었으며, 투입지표에서 1위이고 프로세스지표에서 2위이며 산출지표에서 3위를 차지한 경기도가 종합적으로 1위를 차지하였다.

3) 대지표군의 가중치는 투입 : 프로세스 : 산출=14 : 7 : 14로 설정됨.

표 2-11 국가 간 녹색성장 종합평가지수의 지표체계

대지표 (3개)	중지표 (6개)	소지표 (13개)	지 표 (53개)	
투입 (40%)	사회·경제적 투입 (5.5)	사회적 투입 (1.5)	· GDP 대비 공교육 투자(교육투자)	(0.50)
			· GDP 대비 공공사회지출(사회복지)	(0.50)
			· 노인부양비(인구노령화)	(0.50)
		과학기술역량 (2.0)	· 인구 천 명당 연구종사자 비율	(0.25)
			· 인구 천 명당 과학기술 R&D 종사자 수	(0.25)
			· GDP 대비 과학기술 R&D 종사자 수	(0.50)
			· 전체 R&D 예산대비 환경 R&D 예산	(0.50)
			· GDP 대비 재생가능 에너지 R&D 투자	(0.50)
		녹색투자(1.0)	· GDP 대비 공공환경오염방지지출(PAC)	(1.00)
		농업 및 수송 부문 녹색투입(1.0)	· 유기농 경작지 비율	(0.50)
			· 대중교통 수송밀도-철도	(0.25)
			· 대중교통 수송밀도-버스	(0.25)
	물리·생태적 투입 (8.5)	에너지투입 (4.5)	· 에너지 원단위	(2.00)
			· 인당 연간 에너지 소비량	(0.50)
			· 재생가능에너지 원소비 비중	(1.00)
			· 재생가능에너지 전력생산 비중	(0.50)
			· 수송에너지 효율	(0.50)
		물질투입 (3.0)	· 인당 생태발자국	(2.00)
			· 경지면적 대비 화학비료 사용량	(0.50)
			· 인당 물소비량	(0.25)
			· 인당 GDP 대비 연간 물소비량	(0.25)
		생태계 (1.0)	· 생물권 보호 비율	(0.25)
			· 습지 비율	(0.25)
			· 산림 비율	(0.25)
			· 주요보호지역 비율	(0.25)
	투입가중치 합산			(14.00)
프로세스 (20%)	촉진 매커니즘 (4.25)	녹색법·제도 (2.25)	· 교토의정서 비준 및 감축의무	(1.00)
			· 저탄소 녹색성장관련법 제정	(0.50)
			· 국가 지속가능발전전략	(0.25)
			· 발전차액지원제도(Feed-in-Tariff) 시행	(0.50)
		환경세제(1.0)	· GDP 대비 환경세 비중	(1.00)

<table>
<tr><td rowspan="6">프로
세스
(20%)</td><td>촉진
매커니즘
(4.25)</td><td>배출권거래제
(1.0)</td><td>· 온실가스 배출권 거래</td><td>(1.00)</td></tr>
<tr><td rowspan="4">이해
당사자
참여 및
지식흐름
(2.75)</td><td>녹색기업활성화
(0.75)</td><td>· 인구 천 명당 ISO 14001 인증 기업 수
· 인구 백만 명당 GRI 지속가능성 보고서</td><td>(0.50)
(0.25)</td></tr>
<tr><td>녹색시민자각
(1.5)</td><td>· 환경오염 시민인지도
· 지속가능발전교육</td><td>(1.00)
(0.50)</td></tr>
<tr><td>지식흐름(0.5)</td><td>· 인구 천 명당 브로드밴드 가입자 수</td><td>(0.50)</td></tr>
<tr><td colspan="3">프로세스 가중치 합산</td><td>(7.00)</td></tr>
<tr></tr>
<tr><td rowspan="12">산출
(40%)</td><td rowspan="5">사회·
경제적
산출
(5.0)</td><td>국민총생산
(2.0)</td><td>· 1인당 GDP</td><td>(2.00)</td></tr>
<tr><td>교육수준(0.5)</td><td>· 고등학교 졸업률</td><td>(0.50)</td></tr>
<tr><td>소득분배(0.5)</td><td>· GINI 계수</td><td>(0.50)</td></tr>
<tr><td>과학기술산출
(1.0)</td><td>· 인구 천 명당 특허건수</td><td>(1.00)</td></tr>
<tr><td>지식집약서비스
(1.0)</td><td>· 지식집약서비스 비중</td><td>(1.00)</td></tr>
<tr><td rowspan="5">물리·
생태적
산출
(9.0)</td><td>폐기물
(1.5)</td><td>· GDP당 산업폐기물
· 인당 생활폐기물</td><td>(0.75)
(0.75)</td></tr>
<tr><td>온실가스
(4.0)</td><td>· 총 온실가스 배출량 순위
· 인당 온실가스 배출량
· GDP 대비 온실가스 배출량</td><td>(1.00)
(1.00)
(2.00)</td></tr>
<tr><td>대기질
(1.0)</td><td>· GDP 대비 SO_X 배출량
· GDP 대비 NO_X 배출량
· 인당 SO_X 배출량
· 인당 NO_X 배출량</td><td>(0.25)
(0.25)
(0.25)
(0.25)</td></tr>
<tr><td>수질(1.0)</td><td>· 대표하천 BOD</td><td>(1.00)</td></tr>
<tr><td>생물다양성
(1.5)</td><td>· 국가별 최빈 조류개체 수
· 인구 천 명당 멸종위기 조류종 수</td><td>(0.75)
(0.75)</td></tr>
<tr><td colspan="3">산출 가중치 합산</td><td>(14.00)</td></tr>
</table>

표 2-12 지방자치단체 녹색성장 종합평가지수의 지표체계

대지표 (3개)	중지표 (5개)	소지표 (13개)	지 표 (26개)	
투입 (40%)	사회·경제적 투입 (2.5)	사회적 투입(0.5)	· 노인부양비율	(0.50)
		과학기술역량 (1.0)	· 인구 천 명당 연구종사자 비중	(0.50)
			· GRDP 대비 과학기술 R&D 투자 비율	(0.50)
		농업 및 수송부문 녹색투입(1.0)	· 유기농 경작지 비율	(0.50)
			· 인구 천 명당 자동차 등록대수	(0.50)
	물리·생태적 투입 (3.5)	에너지투입 (2.0)	· 인당 최종에너지 소비량	(0.50)
			· 신재생에너지 소비비중	(1.00)
			· 수송에너지 효율 및 소비량	(0.50)
		물질투입(0.5)	· 인당 물소비량	(0.50)
		생태계(1.0)	· 야생 동식물 보호구역 비율	(0.50)
			· 산림 비율	(0.50)
	투입 가중치 합산			(6.00)
프로세스 (13.3%)	이해당사자 참여 및 지식흐름 (2.0)	녹색기업 활성화(1.0)	· 인구 천 명당 ISO 14001 인증 기업 수	(1.00)
		녹색시민자각 (1.0)	· 환경오염 시민 인지도	(1.00)
	프로세스 가중치 합산			(2.00)
산출 (46.7%)	사회·경제적 산출 (1.5)	지역별 총생산(1.0)	· 지역별 총생산(GRDP)	(1.00)
		과학기술산출 (0.5)	· 인구 천 명당 특허건수	(0.50)
	물리·생태적 산출 (5.5)	폐기물 (1.0)	· 인구 천 명당 생활폐기물	(0.50)
			· GRDP당 산업폐기물	(0.50)
		온실가스 (3.0)	· 총 온실가스 배출량	(0.75)
			· 인당 온실가스 배출량	(0.75)
			· GRDP 대비 온실가스 배출량	(1.50)
		대기질 (1.5)	· GRDP 대비 SO_X 배출량	(0.25)
			· GRDP 대비 NO_X 배출량	(0.25)
			· GRDP 대비 먼지(TSP) 배출량	(0.25)
			· 인구 천 명당 SO_X 배출량	(0.25)

산출 (46.7%)	물리 · 생태적 산출 (5.5)	대기질 (1.5)	· 인구 천 명당 NO_X 배출량 (0.25) · 인구 천 명당 먼지(TSP) 배출량 (0.25)
	산출 가중치 합산		(7.00)

2) 녹색경쟁력 지수(Green Competitiveness Index, GCI)

삼성경제연구소(이지훈 외, 2008)에서 개발된 녹색경쟁력 지수(GCI)는 '저탄소화 지수'와 '녹색산업화 지수'의 종합지수로 구성된다. 저탄소화 지수의 경우, 경제활동 과정에서 발생하는 온실가스를 어느 정도 감축하고 있는지를 평가하는 지수로써 4개 지표로 구성되며, 녹색산업화 지수의 경우에는 녹색기술 및 친환경제품의 비즈니스모델을 창출할 수 있는 정부와 기업의 잠재적 능력을 평가하는 7개 지표로 구성된다.

표 2-13 GCI의 지표체계

구성요소	지 표	변 수	자료원(시점)
저탄소화	CO_2 총배출량	· 한 국가의 CO_2 총배출량(백만 톤)	IEA(2005)
	CO_2 원단위	· 실질 GDP 1,000달러당 CO_2 배출량(톤)	IEA(2005)
	에너지 원단위	· 실질 GDP 1,000달러당 에너지 투입량(TOE)	IEA(2005)
	신 · 재생에너지의 전력생산량	· 태양광, 풍력, 지열과 바이오매스 등 4가지를 활용한 전력생산량(10억kWh)	IEA(2005)
녹색산업화	정책일관성	· 정책의 일관성, 정치적 독립성 등을 평가	The World Bank(2002)
	환경정책 효율성	· 환경정책의 강도, 기술개발의 유인 정도 등을 설문 조사	WEF(2004)
	Local Agenda 21 Initiatives	· 인구 백만 명당 Local Agenda 21 추진 건수	ICLEI(2001)
	과학기술수준	· R&D 투자액, 미 특허출원 수 등을 기초로 과학기술수준을 평가	WEF(2004)

녹색산업화	환경기술혁신	· 기업의 환경기술혁신 정도를 설문 조사	WEF(2004)
	EcoValue 21	· 기업의 환경경영능력, 환경산업에서의 수익창출 역량 등을 평가한 결과	Innovest (2004)
	ISO 14001	· 실질 GDP(PPP 기준) 10억 달러당 ISO 14001 인증 기업 수	Rainhard Peflau(2003)

주: 1) Local Agenda 21 Initiatives: 지방정부가 지속가능한 지역사회발전을 위해 추진하는 환경사업
2) IEA: 국제에너지기구(International Energy Agency)
3) EIA: 에너지정보기구(Energy Information Agency)
4) ICLEI: 지방정부연합(International Council for Local Environmental Initiatives)
5) WEF: 세계경제포럼(World Economic Forum)
6) Reinhard Peflau: 독일 환경부 ISO 14001 담당조직

3) 지방자치단체 녹색경쟁력 지표

한국지방행정연구원(김현호 외, 2009)에서 제시한 지방자치단체 녹색경쟁력 지표는 지자체의 녹색경쟁력을 "지방자치단체가 녹색성장을 추진할 수 있는 총체적 역량"으로 정의하고, 지역차원에서 녹색성장의 최종목표를 환경의 가치증대와 신성장동력의 발굴을 통한 당해 지역주민의 삶의 질 제고로 설정하였다.

이러한 자치단체의 녹색경쟁력은 세 부문으로 구성이 되는데, 첫째, 녹색성장 기반부문, 둘째, 녹색성장 추진부문, 셋째, 녹색성장 성과부문으로 구분된다. 기반부문의 경우 제도, 계획, 추진체계, 교육 및 홍보 등 4개의 평가항목으로 구성되고, 추진부문의 경우 기후변화 대응, 녹색산업 육성, 녹색생활 실천 및 녹색환경 조성의 4개 항목으로, 그리고 성과부문의 경우 온실가스 감축, 일자리 창출, 삶의 질 개선의 3개 항목으로 구성된다.

그러나 김현호 외(2009)의 연구는 3개 부문과 11개 항목으로 구성되는 지방자치단체 녹색경쟁력 지표체계를 제시하고는 있으나, 현재 기 구축된 자료로는 평가하지 못하는 항목을 선정하고 있어 새로운 조사를 수행하지 않고서는 정량적인 지표산출이 불가능하다는 단점이 있다.[4]

---

4) 기타 녹색성장 관련 지수와 달리 지자체 녹색경쟁력 지수를 실제 산출하지는 않았음.

표 2-14 지방자치단체 녹색경쟁력 지표의 지표체계

부문	항목	지 표	산 식
녹색 성장 기반	계획 기반	온실가스 인벤토리 구축 여부	· 구축 여부(시군구의 경우) ※ 시도의 경우=구축한 시군구 수/총 시군구 수 ×100
		녹색성장추진계획 수립 여부	· 구축 여부(시군구의 경우) ※ 시도의 경우=수립한 시군구 수/총 시군구 수 ×100
	제도 기반	녹색성장 관련 조례제정 여부	· 제정 여부(시군구의 경우) ※ 시도의 경우=제정한 시군구 수/총 시군구 수 ×100
		녹색생활 양식 유도 규칙제정 여부	· 제정 여부(시군구의 경우) ※ 시도의 경우=제정한 시군구 수/총 시군구 수 ×100
		예산 대비 녹색 성장의 재원	· 녹색성장 투자재원/총 재원×100 ※ 시군구, 시도의 경우 동일
녹색 성장 기반	추진 체계	녹색성장 추진 단체장의 의지	· 단체장 주도의 녹색성장 업무점검 횟수
		녹색성장 전담 조직의 구성	· 전담조직 인원 수/총 공무원 수×100 · 구성 여부(시군구의 경우) ※ 시도의 경우=구성한 시군구 수/총 시군구 수 ×100
		지역주민, 전문가 등 거버넌스 구축	· 거버넌스 참여인원/총 인구 수×100 · 구축 여부(시군구의 경우) ※ 시도의 경우=구축참여 인원 수/총 인구 수×100
	교육 홍보	공무원 대상 녹색 성장 교육 정도	· (교육참여인원/총 공무원 수×100)+(교육횟수)/2
		녹색성장 홍보실적	· (홍보건수+홍보횟수)/2
녹색 성장 추진	기후 변화 대응	온실가스 배출권 확보실적	· 지자체별 온실가스 배출권 확보용량 ※ 시도의 경우=배출권 확보용량/시군구 수
		탄소 마일리지 제도 추진실적	· 가입 가구 수/총 가구 수×100 · 시행 여부(시군구) ※ 시도의 경우=시행 지자체 수/총 지자체 수×100

녹색성장 추진	기후변화대응	신재생 에너지 보급실적	· 공공기관의 신재생에너지 생산량 · 신재생에너지 생산설치 공공기관 수/총 공공기관 수×100
	녹색산업 육성	녹색산업 육성, 유치실적	· 녹색성장산업 수/총 기업 수×100 · 녹색성장산업 종사자 수/총 종사자 수×100
		녹색산업 육성 지원실적	· 녹색성장 육성지원 금액/총 재원×100
	녹색환경조성	자전거 이용기반 확충실적	· 자전거 도로연장/총 도로연장×100
		탄소흡수원(생태숲 등) 조성실적	· 생태숲 조성면적/도시면적×100
		공공건물 녹색화 실적	· 공공건물 녹색화면적/총 공공건물면적×100
	녹색생활실천	자전거 이용활성화 실적	· 자전거 보유가구 수/총 가구 수×100
		자원재활용 자원화 실적	· 재활용자원의 양/총 인구 수
		가정, 기업 에너지 절약 추진실적	· 에너지 절약 홍보 및 교육 건수
		교통량 감축실적	· 교통량 감축의 수/총 차량 수 ×100 * 교통량 감축: 10부제 등 참여차량의 수
녹색성장 성과	온실가스 감축	지역의 온실가스 감축실적	· 전년 대비의 노력도=(금년 온실가스 배출량-전년 온실가스 배출량)/전년도 온실가스 배출량×100
		탄소발자국 적용 온실가스 감축실적	· (탄소발자국 적용 가구 수+기업 수)/(총 가구 수+기업 수)×100
	일자리 창출	녹색성장 일자리 창출실적	· 녹색성장 창출 일자리 수/총 창출 일자리 수×100
	삶의 질 개선	그린 오피스 그린 홈 보급실적	· 그린 오피스 수/총 오피스 수×100 · 홈 수/총 주택 수×100
		녹색성장으로 인한 주민의 삶의 질 개선의 체감 정도	· 1~10점 만점으로 한 점수에 대한 지역주민의 정량적 만족도

4) 지역녹색혁신역량지수

과학기술정책연구원에서 개발한 지역녹색혁신역량지수(과학기술정책연구원, 2009; 정기철·장진규, 2010)는 녹색기술혁신을 통해 저탄소화와 녹색산업화에 기여하여 녹색성장을 실현할 수 있는 지역의 혁신능력인 녹색혁신역량을 평가하고 비교할 수 있는 정량적 지수라 할 수 있다. 특히, 지역의 녹색혁신역량 및 녹색경쟁력에 대한 정보를 제공하여 지역의 차별화된 녹색혁신전략을 수립하기 위하여 개발되었으며, 분석결과 녹색인력과 지식 및 연구개발 수준이 높고, 에너지 사용량 및 이산화탄소 배출량이 적은 지역의 녹색혁신역량지수가 높은 것으로 나타났다.

지역녹색혁신역량지수는 지역녹색혁신의 잠재력, 지역녹색혁신 노력과 의지, 지역녹색혁신 성과의 세 부문에서 지역의 녹색혁신역량을 포괄적으로 평가하는 구조로 되어 있으며, 그 지표체계와 자료원은 〈표 2-15〉와 같다.

표 2-15 지역녹색혁신역량지수의 지표체계

부 문	항 목	지역녹색혁신 평가지표	자료원	시 점
지역 녹색 혁신 잠재력	녹색 인적자원	· 총 녹색 연구원 수(지역인구 천 명당)	교육과학기술부 (NTIS DB)	2008
		· 박사 녹색 연구원 수(지역인구 천 명당)		
	녹색 조직자원	· 그린 이노비즈 기업 수(지역인구 십만 명당)	중소기업청	2009
		· ISO 14001 인증 기업 수(지역인구 만 명당)	한국인정원 (ISO 인증포털)	2009
		· 혁신기업비율(지역 전체 제조업의 %)	STEPI (KIS, 2008)	2008
	녹색 지식자원	· 최근 10년(1998~2007) 간 녹색 기술 관련 특허 등록 수(지역인구 천 명당)	특허청 특허정보원	1998 ~2007

지역 녹색 혁신 노력과 의지	녹색 연구개발	· 녹색연구개발투자총액(지역인구 일인당, GRDP당)	교육과학기술부 (NTIS DB)	2008
		· 녹색연구개발투자액 중 지방비 비율		
	녹색 지원과 노력	· 녹색성장 법규 및 거버넌스	시민환경연구소 조사자료	2009
		· 녹색혁신 지원제도		
	녹색 시민참여	· 시민참여 지원제도		
		· 환경보호 시민노력	통계청(KOSIS, 사회조사)	2008
지역 녹색 혁신 성과	녹색 경제성과	· 녹색산업 생산액 (지역인구 일인당, GRDP당)	통계청(KOSIS, 제조업총조사)	2007
		· 녹색산업 부가가치 창출액 (지역인구 일인당, GRDP당)		
		· 녹색산업 종사자 수(지역인구 천 명당)		
	녹색 지식성과	· 최근 1년 녹색기술 관련 특허 등록 수(지역인구 만 명당)	특허청 특허정보원	2008
		· 최근 1년 녹색기술 관련 논문 성과 (지역인구 만 명당)	교육과학기술부 (NTIS DB)	2008
	환경, 에너지 성과	· CO_2 배출량(총 배출량, 지역인구 일인당, GRDP당)	국립환경과학원 (온실가스 배출량 산정, 2009)	2006
		· 오염물질(NO_2, SO_2, 먼지) 배출량 (지역인구 일인당, GRDP당)	환경부(환경통계연감, 2008)	2005
		· 최종에너지 소비량(지역인구 일인당, GRDP당)	에너지경제연구원 (지역에너지 통계연보, 2008)	2007

나. 지속가능발전 지수

녹색경쟁력 지수와 함께 녹색성장 잠재력과 관련되는 선행지수는 지속가능발전 지수를 들 수 있다. 대표적인 지속가능발전 지수는 지속가능발전위원회의 국가지속가능발전지표와 지방단위 지속가능발전지표(정회성 외, 2005), 그리고 세계경제포럼(World Economic Forum, WEF)에서 개발한 환경지속성 지수(Environmentally Sustainable Index, ESI)와 환경성과 지수(Environmental Performance Index, EPI)가 대표적이다.

1) 국가지속가능발전지표

지속가능발전위원회는 2005년에 국가지속가능발전전략 및 이행계획을 수립하면서 국내 지속가능발전 수준을 객관적인 지표를 통해 진단할 수 있도록 우리나라 실정에 맞는 국가지속가능성지표를 선정하였다.

국가지속가능발전지표는 사회, 환경, 경제의 3개 분야와 14개 영역, 그리고 33개 항목에 대하여 총 77개의 지표를 선정하였다. 사회분야(25개 지표)는 형평성과 건강, 교육, 인구 등의 6개 영역으로 구분되고, 환경분야(27개 지표)는 대기, 토지, 생물의 다양성 등 5개 영역으로, 그리고 경제분야(25개 지표)는 경제구조와 소비생산 등 3개 영역으로 구분된다.

표 2-16 국가지속가능발전지표의 지표체계

분야	영 역	항 목	지 표
사회	1.형평성	1-1.빈곤	· 빈곤인구비율(상대빈곤율기준)(%) · 실업률(%) · 소득불평등에 관한 지니계수
		1-2.노동	· 평균 근로시간 · 정규직 대비 비정규직 임금수준(%)
		1-3.남녀평등	· 남성 대비 여성 임금비율(%) · 여성경제활동 참가율(%)
	2.건강	2-1.영양상태	· 유소년 영양상태(기준 대비 %)
		2-2.사망률	· 영아 사망률(%)
		2-3.수명	· 기대여명
		2-4.식수	· 농어촌 상수도 보급률(%)
		2-5.건강관리	· 건강보험 보장률(%) · 유소년 전염병 예방주사(%) · 국가보건복지 지출
	3.교육	3-1.교육수준	· 중등학교 순졸업률(%) · 공교육비 지출 · 초등학교 학급당 학생 수

사회	4.주택	4-1.생활환경	· 최소 주거기준 미달 가구 수 · 소득 대비 주택가격 비율 · 인구 1,000명당 주택 수
	5.재해·안전	5-1.범죄	· 1,000명당 신고된 범죄 수 · 자연재해 인명피해·경제적 손실
	6.인구	6-1.인구변화	· 인구 증가율(%) · 고령인구 비율(%) · 인구밀도(명/km^2)
환경	1.대기	1-1.기후변화	· 온실가스 배출(Gg) · GDP당 온실가스 배출량 · 1인당 온실가스 배출량
		1-2.오존층	· 오존파괴물질의 소비
		1-3.대기질	· 광역도시권별 대기오염도(ppm)
	2.토지	2-1.농업	· 농지면적비율(%) · 식량자급률(%) · 농약 사용(kg/ha) · 친환경인증농산물 생산 비율(%) · 화학비료 사용량
		2-2.산림	· 국토면적 중 산림지역 비율(%) · 목재 벌채 정도(임목축적량 대비) · 도시 내 1인당 공원면적
		2-3.도시화	· 도시화율(%) · 수도권 인구 집중도(%)
	3.해양/연안	3-1.연안지역	· 연안오염도 · 갯벌면적 증감면적 및 비율 · 폐기물 해양 투기량
		3-2.어업	· 수산자원량(만 톤) · 어업양식량(만 톤)
	4.담수	4-1.수량	· 지하수 및 지표수의 연간 취수량 · 1일 1인당 물소비량
		4-2.수질	· 4대강 수질오염도 · 하수도 보급률(%)
	5.생물다양성	5-1.생태계	· 자연보호지역비율(%) · 멸종위기종 수 · 국가 생물종 수

<table>
<tr><td rowspan="12">경제</td><td rowspan="4">1.경제 구조</td><td>1-1.경제이행</td><td>· 국내총생산(GDP)
· 경제(실질 GDP) 성장률(%)
· 소비자물가지수
· 1인당 GDP
· GDP 대비 순투자율</td></tr>
<tr><td>1-2.무역</td><td>· (상품과 서비스) 무역수지</td></tr>
<tr><td>1-3.재정상태</td><td>· 국민 1인당 조세부담률(%)
· 국내총생산 대비 부채 비율</td></tr>
<tr><td>1-4.대외원조</td><td>· GNI 대비 총 ODA</td></tr>
<tr><td rowspan="4">2.소비 /생산</td><td>2-1.물질소비</td><td>· 원료이용도(GDP 1,000달러당)</td></tr>
<tr><td>2-2.에너지 사용</td><td>· 1인당 연간 에너지 소비
· 재생가능에너지자원 소비비중
· 총에너지 공급량(에너지원별)
· 에너지 원단위(MJ/US 달러)</td></tr>
<tr><td>2-3.폐기물 관리</td><td>· 생활폐기물 발생량
· 폐기물 재활용 및 재이용
· 지정폐기물 발생량
· 방사성 폐기물 발생량</td></tr>
<tr><td>2-4.교통</td><td>· 대중교통 수송분담률
· 자전거 도로 총연장
· 자동차 사고건수(100만 명당, 100만 대당)</td></tr>
<tr><td rowspan="3">3.정보화 등</td><td>3-1.정보접근</td><td>· 초고속 인터넷 가입자 수
· PC보유 가구비율</td></tr>
<tr><td>3-2.정보 인프라</td><td>· 온라인 신청가능 민원종류건수</td></tr>
<tr><td>3-3.과학기술</td><td>· GDP 대비 R&D에 대한 지출</td></tr>
</table>

자료: 지속가능발전위원회(2005) 참조.

2) 지방단위 지속가능발전지표

한국환경정책평가연구원(정회성 외, 2005)에서 제안한 지방단위 지속가능발전지표는 환경, 경제, 사회, 제도의 4개 부문에 대한 총 12개 지표로 구성된다. 지방단위 지속가능발전지표는 미래지향적으로 최근 지표 동향을 접목하면서도 현장의 적용가능성을 극대화시키기 위해서 지방의

제 21의 의제지표 관련 전문가들로 구성된 전문가 회의와 인터뷰를 거쳐 제시되었다.

표 2-17 지방단위 지속가능발전지표의 지표체계

부문	분 야	지 표
환경	대기/수질	· 대기오염도 · 수질오염농도
	폐기물	· 생활폐기물 배출량 · 재활용률
	자연환경	· 특정지표종수 · 하천연장 중 자연형 하천연장 비율
경제	소득/생산	· 1인당 지역내총생산(GRDP) · 실업률
	수자원/농림수산	· 1인당 상수급수율 · 1인당 하수처리율
		· 경지면적당 농약·비료사용량(농촌), 1인당 화학물질 사용량(도시)
	에너지/교통/수송	· 자동차당 연료별 사용량 및 비율 · 1인당 GRDP당 총 에너지 소비량
		· 1인당 GRDP당 신재생에너지 소비율
사회	인구/도시화	· 도시면적당 인구 · 불투수성토지피복률(녹피율)
	안전/건강	· 천 명당 의료인력 · 천 명당 교통사고 사망자(도시) · 가구당 자연재해피해액(도시·농촌)
	공동체/평등	· 소득분포(지니계수·저소득층비율) · 여성·장애인·노인 복지시설
	교육/문화	· 학생당 교원 수 · 문화예술·관광·컨텐츠산업 생산액
제도	형태/대응/역량	· 각 지자체 환경·자원부문예산 · 지속가능발전 관련 조례 제정여부 · 지자체의 ISO 14000 인증여부
	용량/참여/협력	· 학생·주민의 환경교육 참여 시간 · 친환경제품·환경마크 인증 수

자료: 정회성 외(2005) 참조.

3) 환경지속성지수(Environmentally Sustainable Index, ESI)

환경지속성지수(ESI)는 세계경제포럼(WEF)이 작성하는 환경적 지속가능성 지수로 미국 예일대학과 컬럼비아대학 환경연구소가 공동 개발하였다. 두 대학은 2002년과 2005년 146개국에 대한 ESI 지수 평가결과를 발표하였는데, 이 지수는 5개 구성요소(component)와 21개 지표(indicator) 및 76개 변수(variable)로 구성된다.

우리나라는 146개국 중에서 ESI 종합지수가 122위로 하위권에 속해 있으며, 핀란드, 노르웨이, 우루과이, 스웨덴 및 아이슬란드가 상위권을 차지하고 있다.

표 2-18 ESI의 지표체계

구성요소 (5개)	지 표 (21개)	변 수 (76개)	한국 순위
환경 질	대기 질	· 도시 SO_2 농도 · 도시 NO_2 농도 · 도시 TSP 농도 · 실내 공기오염	79
	수량	· 가용 수자원량 · 가용 지하수량	133
	수질	· 용존산소량(농도) · 전기전도도(도전율)	7
	종의 다양성	· 인 농도 · 부유물질 · 멸종위기포유류 비율 · 멸종위기조류 비율 · 멸종위기양서류 비율 · 국가생물다양성지수 · 생태위기(보호)지역 비율	142
	토양보전	· 절대보전지역 비율 · 개발지역 비율	135

환경 부하	대기오염 부하	· 거주면적당 NO_X 배출량 · 거주면적당 SO_2 배출량 · 거주면적당 석탄소비량 · 거주면적당 차량대수 · 거주면적당 VOC_S 배출량	142
	수질오염 부하	· 경지면적당 비료 소비량 · 경지면적당 농약 소비량 · 산업체 BOD(생물학적 산소 요구량) 배출량 · 물 부족(수질오염 심각지역)지역 비율	140
	생태계 부하	· 1990~2000년 간 산림면적 변화율 · 산성화된 국토비율	144
	폐기물과 소비	· 생태계 파괴(1인당 생태 발자국(EF)) · 유해폐기물 발생량 · 폐기물 재활용률	38
	인구부하	· 출생률 · 2001~2050년 예상 인구변화율	19
	자연자원 관리	· 수산자원 남획의 정도 · WEF 보조금 설문 · 염화지역 비율 · 농업보조금 · 지속가능관리 인증 산림면적	145
인구 집단의 취약성	기본 생활조건	· 영양결핍인구 비율 · 위생급수(개선된 식수 음용)인구 비율	41
	환경보건 수준	· 아동 호흡기질환 사망률 · 내장 전염질환 사망률 · 5세 이하 유아 사망률	30
	자연재해 취약성	· 재해 사망률 · 재해 노출지수	134
사회·제도적 역량	과학기술 (사회적 토론능력)	· 혁신지수 · 고등교육기관 진학률 · 여성초등교육률 · 디지털 접근지수 · 연구 종사자 수	6
	환경 거버넌스	· 정치적 자유 · 민주적 제도 · IUCN 회원 수	23

사회·제도적 역량	환경 거버넌스	· 지방의제 21 수 · 휘발유 가격, 부패대책 · 보호지역 비율 · 법의 지배 · 과학분야 지적생산 · CSD 누락변수 · 정부 효율성 · WEF 환경 거버넌스	23
	민간영역의 환경적 대응	· ISO 14001 인증 · 에코벨류 21 평점 · 민간 환경혁신 · RC 프로그램 참여도 · DJSI(다우존스 지속가능지수) 선정 기업 수	18
	생태효율성	· 에너지 효율성(GDP당 총 에너지소비) · 에너지 소비 중 재생에너지 생산 비율	119
국제적 책무 수행	국제협력 참여	· 국제환경기구 가입건수 · 국제환경협약 가입건수 · 양자/GEF 지원(공여)	70
	온실가스 배출	· 1인당 CO_2 배출량(톤/인) · GDP당 CO_2 배출량(톤/백만 달러 GDP)	99
	국경을 넘는 오염부담	· SO_2 월경 · 오염유발상품 수입 비율	36

자료: World Economic Forum(2005), 유의선 외(2009) 재인용.

4) 환경성과지수(Environmental Performance Index, EPI)

환경성과지수(EPI) 역시 세계경제포럼이 미국 예일대학과 컬럼비아대학에 위탁하여 개발한 지수로써, 2010년 ESI 평가결과는 예일대학의 홈페이지(http://epi.yale.edu/)를 통해서 알 수 있다. EPI 지수는 2개의 구성요소, 즉 환경보건(environmental public health)과 생태계 지속성(ecosystem vitality)에 대한 10개의 정책지표와 25개의 변수를 가지고 있다.

2010년 EPI 지수 평가결과 우리나라는 163개국 중에서 총 57.8점으로 94위를 차지하였는데, 2006년 133개국 중에서 42위(75.2점), 그리고 2008년 149개국 중에서 51위(79.4점)를 차지하여 지속적으로 순위가

하락하고 있는 추세에 있다. 2010년을 기준으로 우리나라와 비슷한 소득 그룹에 위치하고 있는 국가들의 평균 EPI 지수는 66.1점이고, 아시아 · 태평양 지역의 평균 EPI 지수는 57.4점에 해당한다. EPI 지수가 높은 그룹에 있는 국가는 아이슬란드(93.5점), 스위스(89.1점), 코스타리카(86.4점), 스웨덴(86.0점) 순으로 나타났다.

그림 2-2 환경성과지수(EPI)의 가중치

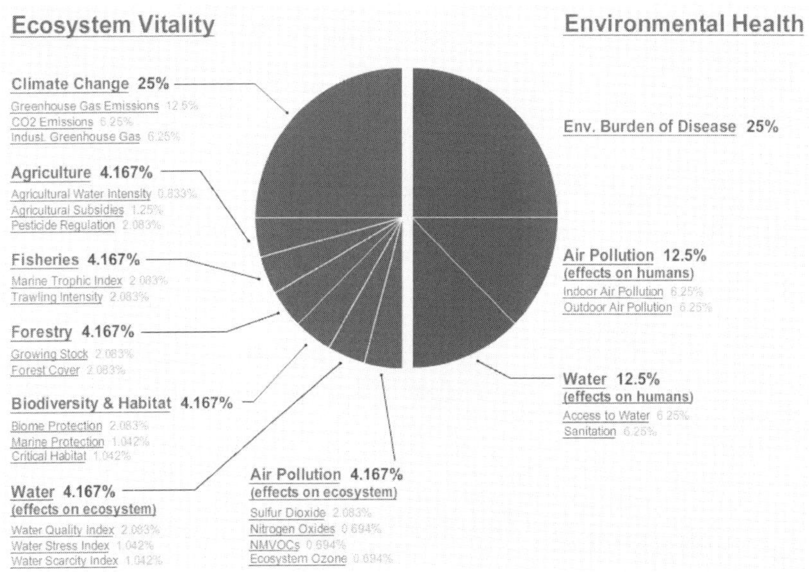

표 2-19 EPI의 지표체계

구성요소(2개)		정책지표(10개)		변수(25개)	
항 목	가중치	항 목	가중치	항 목	가중치
환경 보건	50	환경질병	25	· 환경질병	25
		대기오염 (인체영향)	12.5	· 실내 공기오염 · 실외 공기오염	6.25 6.25
		수질오염 (인체영향)	12.5	· 하수설비 · 위생급수	6.25 6.25
생태계 지속성	50	기후변화	25	· 온실가스 배출량 · CO_2 배출량 · 산업부문 CO_2 배출량	12.5 6.25 6.25
		농업	4.167	· 관개용수 부하 · 농업 보조금 · 농약 규제	0.833 1.25 2.083
		수산업	4.167	· 해양 양양지표 · 트롤어획 부하	2.083 2.083
		임업	4.167	· 임목축 변화 · 산지면적	2.083 2.083
		종 다양성 및 서식지	4.167	· 멸종위기종 보호지역 · 해양보호지역 · 보호서식지	2.083 1.042 1.042
		물 (생태계 영향)	4.167	· 수질지수 · 물스트레스지수 · 물부족지수	2.083 1.042 1.042
		대기오염	4.167	· SO_2 배출량 · NO_2 배출량 · VOC_S 배출량 · 오존파괴	2.083 0.694 0.694 0.694

자료: http://epi.yale.edu/Metrics 참조.

다. 기후변화경쟁력 지수

산업계 기후변화경쟁력 지수(KCCI)는 지속가능경영원과 에너지관리공단이 공동으로 2008년에 개발한 기후변화경쟁력 지수로써 국내기업의 기후변화 대응 및 경쟁력 수준을 나타낸다. 2010년 국내기업들의 기후변화 경쟁력은 100점 만점에 평균 36.3점으로 집계되어 전체업종이 기후위험 분야를 제외한 기후성과, 시장기회, 정책협력 분야에서 열악한 수준으로 분석되었다.

구체적으로 KCCI는 기후위험, 기후성과, 시장기회, 정책협력의 4개 분야, 8개 소주제, 15개 세부지표로 구성된다. 첫째, 기후위험분야는 기후변화와 관련 규제가 유발하는 요소생산성, 경쟁력 및 비용 등에 대한 유・무형의 영향에 노출된 정도를 평가한다. 둘째, 기후성과분야는 기후위험에 대처하고 있는 기업의 노력과 대처할 수 있는 잠재력을 평가한다.

그림 2-3 KCCI의 지표체계

다음으로 시장기회분야는 기후변화 혹은 관련 규제로 인하여 새롭게 조성되는 시장에 참여할 수 있는 정도를 평가하며, 마지막으로 정책협력분야는 기후변화 및 관련 정책목표의 달성을 위해 국가 및 사회적 노력에 대한 기업의 기여 정도를 평가하게 된다.

라. 지역잠재력 지표

김태환 외(2004)와 류승한 외(2005)는 자립적 지역발전을 위한 잠재력을 측정하였는데, 지역잠재력의 구성요소를 경제 잠재력과 혁신기반 잠재력, 사회문화 잠재력 및 생활환경 잠재력으로 보았다. 지역잠재력의 지표체계는 〈표 2-20〉과 같다.

표 2-20 자립적 지역발전을 위한 잠재력의 지표체계

구성요소	잠재력 지표	측정지표	출 처
경제 잠재력	인적자원의 양적 변화와 변화	· 연평균 인구성장률(1990~2000) · 경제활동인구 비중	인구주택센서스
	산업기반 및 실적	· 도소매 · 음식숙박 · 서비스업 종사자당 매출액	도소매업통계조사 보고서
		· 제조업 종사자당 부가가치(5인 이상 업체)	광공업통계조사 보고서
		· 제조업체 창업률	사업체기초통계 보고서 원자료
	재정력	· 재정자립도(2003년)	행정자치부 홈페이지
	접근성	· 서울과의 접근성(시간거리의 역 수) · 주변 대도시와의 접근성(시간거리의 역 수)	월간 시각표
혁신 기반 잠재력	혁신인력	· 과학 · 컴퓨터 · 공학 전문가 수(인구 만 명당) · 기타 전문가 수(인구 만 명당) · 대졸 이상 인구(인구 만 명당)	인구주택센서스
	혁신기반	· 지식 제조업 · 서비스업 종사자 비중	

혁신 기반 잠재력	혁신활동	· 벤처기업 수	중소기업청 홈페이지
		· 기업부설연구소 수(2001년)	회사연감 CD (매일경제신문)
	혁신지원	· 지역혁신지원기관 수(2003년)	산업자원부, 과학기술처 홈페이지
		· 대학 및 전문대학 수	www.empas.com
사회 문화 잠재력	정보통신기술 활용정도	· 인터넷가구 비율 · 이동전화인구 비율	인구주택센서스
	지역 문화·관광	· 연간 축제횟수	문화관광부 내부자료
		· 국립·도립·군립 공원 및 지정 관광지 수 · 자연환경자원(자연휴양림, 해수욕장, 동굴, 폭포, 보호구역 등)의 수	시도통계연보 (관광정보 시스템)
	문화활동 하부구조	· 문화재 수 · 체육시설 수(인구 만 명당)	시도통계연보
	여성의 사회참여 정도	· 여성 전문가와 의원·임원·행정 및 경영 관리자 수 합계(인구 만 명당)	인구주택센서스
생활 환경 잠재력	도로	· 도로율 · 도로포장률	시도통계연보
	상·하수도	· 상수도 보급률 · 하수도 보급률	하수도통계 (환경부)
	주택	· 현대식 난방시설을 갖춘 주택의 비율 · 1985년 이후 건축된 주택의 비율	시도통계연보 인구주택센서스
	환경오염	· 오염물질 배출시설 수(인구 만 명당)	시도통계연보

자료: 김태환 외(2004) 참조.

3. 녹색성장 잠재력 지수의 지표체계

앞서 설명한 바와 같이 본 연구는 지방자치단체의 녹색성장 잠재력의 구성요소를 녹색경제 잠재력과 녹색혁신 잠재력, 녹색사회문화 잠재력 및 녹색환경 잠재력의 네 가지로 설정하였다. 이에 따라 녹색성장 잠재력 종합지수를 도출하기 위한 각각의 네 가지 지표는 각 지표별 구체적인 목표(goals)를 설정한 다음 목표를 가장 적절하게 반영할 수 있는 성과척도(performance measures)를 이용하여 정량화하게 된다.

각 지표별 성과척도를 설정하기 앞서 본 연구는 녹색성장 잠재력에 기초한 지역특화발전의 기본구조가 녹색성장과 관련된 투입물(input)이 중간투입물(throughput), 즉 프로세스를 거쳐 지역특화발전이라는 산출물(output)인 성과로 나타난다고 보았다. 이때 투입물과 중간투입물까지의 자원을 지역의 녹색성장 잠재력으로 보았으며, 이에 따른 결과물로 나타나는 산출물(output)은 지역의 녹색성장 잠재력에 기초한 지역특화전략을 수립하는 궁극적인 목표, 즉 지역특성을 고려한 기후변화대응과 녹색일자리 창출과 같은 신성장동력 창출 및 지역 주민의 삶의 질 향상으로 보았다.

따라서 산출물(output)에 해당하는 기후변화 관련 이산화탄소 배출량 및 온실가스 배출량과 기타 녹색 일자리 창출 실적 등은 녹색성장 잠재력 지수의 지표체계에는 포함되지 않으며, 차후 지역의 녹색성장 잠재력을 측정한 다음, 이와 같은 잠재력과 산출물 간의 관계에 대해서 분석하도록 한다.

먼저 녹색성장 잠재력의 지표별 상세 목표는 다음과 같이 설정된다. 첫째, 녹색경제 잠재력 지표의 목표는 각 지역이 녹색산업을 육성하고, 에너지 및 자원 효율을 향상시키는지 여부를 측정하는 것이다. 이때 녹색산업 육성은 태양광, 풍력, 연료전지 등의 녹색에너지산업과 기상, 재활용 등의 녹색기후환경산업, 그리고 물산업이나 그린홈 및 그린빌딩과 같은 녹색국토해양산업을 육성하는 것과 관련된다. 또한, 저탄소형 산업구조를 재설계하기 위하여 기업의 녹색경영을 활성화하거나 환경친화기업, 녹색형 중소기업 및 벤처기업을 지원하기 위한 목표를 함께 포함한다.

둘째, 녹색혁신 잠재력 지표는 주력산업과 IT 산업, 그린오션산업 등 녹색산업과 관련된 기술, 녹색에너지기술, 그리고 과학기술 및 기후환경기술 등을 확보하여 이를 기반으로 신성장동력을 창출하기 위해서 필요

그림 2-4 지역 녹색성장의 녹색산출물

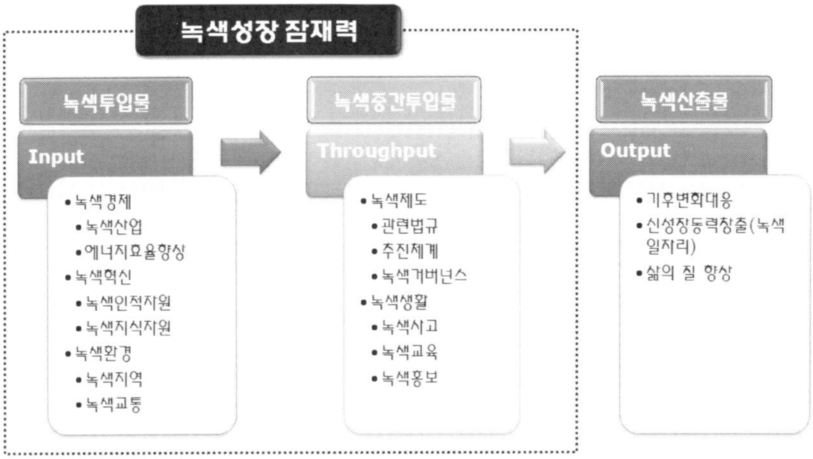

한 녹색인적자원과 녹색지식자원을 얼마나 확보하고 있는지를 측정한다.

셋째, 녹색사회문화 잠재력 지표는 녹색성장에 부합하면서 각 지역의 특성에 맞도록 하향식보다는 상향식, 집중적이기보다는 분권적으로 녹색 거버넌스 체계 및 녹색제도를 구축하고, 적극적인 녹색 교육 및 홍보를 통해 실천운동을 확산하여 지역 주민의 사고를 전환시켜 녹색소비를 촉진하고 녹색생활화를 실천하는지 여부를 측정하는 것이 목표이다.

마지막으로 녹색환경 잠재력 지표의 목표는 녹색환경을 조성하기 위한 인프라 구축 측면에서 그린홈·그린빌딩·그린스쿨 등 녹색 건축물과 녹색도시 구축 여부와 산림조성과 녹지화를 통한 저에너지 달성 여부, 그리고 대중교통 및 녹색교통 실현여부를 측정하는 것이다.

이때 각 잠재력 지표의 개별 목표는 하나 또는 그 이상의 성과척도(performance measures)로 대표될 수 있는데, 목표별 성과척도는 16개 광역자치단체의 녹색성장 잠재력을 효과적으로 평가할 수 있도록 설정되어야 한다. 이러한 성과척도를 이용하는 가장 큰 장점은 지역의 녹색성장 잠재력에 대한 정량적인 비교가 가능하다는 점이다. 녹색성장 잠재력 지

그림 2-5 녹색성장 잠재력 지수의 지표체계

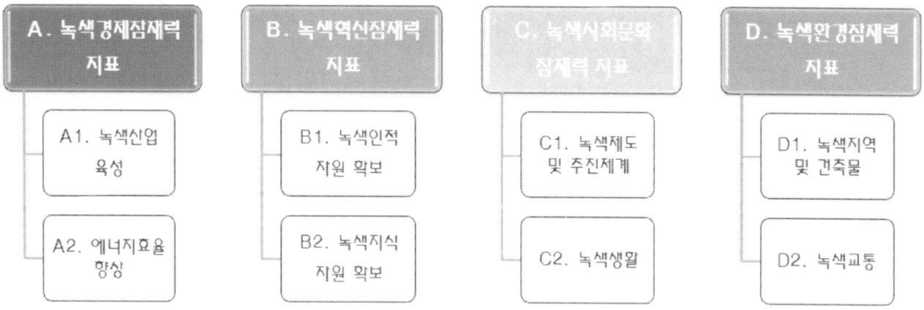

수를 구성하는 지표별 성과척도는 기본적으로 통계청과 시도통계연보 등에서 공표하는 정량적 자료를 이용하여 측정하였다.

구성요소별 성과척도는 자료구득 여부와 정량적 분석가능성, 그리고 용이성과 대표성 등을 고려하여 선정하였다. 이러한 선정기준에 따라 구축된 본 연구의 녹색성장 잠재력 지수의 지표체계와 성과척도 및 자료원은 구체적으로 〈표 2-21〉과 같다.

표 2-21 녹색성장 잠재력 지수의 성과척도와 자료출처

지 표	목 표	성과척도	자료출처	연 도
A. 녹색 경제 잠재력 지표	A1. 녹색 산업 육성	A11. 녹색에너지산업 육성 (인당 신재생에너지 잠재량)	에너지관리공단(신재생에너지백서 2008) 신재생에너지자원지도 데이터센터 홈페이지 자료	2009
		A12. 기존산업의 녹색화	-	-
		- 기업의 녹색경영 활성화 (인당 환경경영 인증기업 수, ISO 14001)	한국인정원	2010
		- 기술혁신형 중소기업 육성 (인당 Innobiz 기업 수)	중소기업청	2009
		- 환경친화기업 육성 (인당 환경친화기업 수)	환경부	2010
		- 녹색환경산업 육성(인당 하수폐기물 처리 원료재생 및 환경복원업 사업체 수)	각 시도통계연보	2008

A. 녹색 경제 잠재력 지표	A2. 에너지 효율향상	A21. 에너지소비 감소 (인당 총 에너지소비량)	지식경제부 · 에너지경제연구원 (지역에너지통계연보, 2009)	2008
		A22. 신재생에너지 소비비중 증대 (신재생에너지 소비비중)	지식경제부 · 에너지경제연구원 (지역에너지통계연보, 2009)	2008
B. 녹색 혁신 잠재력 지표	B1. 녹색인적 자원확보	B11. 인당 연구개발 연구원 수	교육과학기술부 (NTIS DB)	2008
		B12. 인당 기타 전문가 수	통계청(KOSIS)	2008
	B2. 녹색지식 자원확보	B21. GRDP당 연구개발투자총액	교육과학기술부 (NTIS DB)	2008
		B22. 인당 특허건수	특허청	2008
C. 녹색 사회 · 문화 잠재력 지표	C1. 녹색제도 및 추진 체계	C11. 녹색성장 관련 법규(조례) 제정	ELIS	2010
		C12. 온실가스 감축목표 수립여부	각 시도 홈페이지 및 관련 자료	2010
	C2. 녹색 생활	C21. 환경보호를 위한 시민참여율	통계청 (2009 사회조사보고서)	2008
		C22. 녹색교육 및 홍보 (그린스타트 네트워크 현황)	그린스타트 홈페이지	2010
D. 녹색 환경 잠재력 지표	D1. 녹색지역 및 건축물	D11. 지역 산림조성 및 녹지화 (용도지역의 도시지역 중 녹지지역 비율)	시도통계연보	2008
		D12. 자연환경보전지역 면적 (용도지역 중 자연환경 보전지역 비율)	시도통계연보	2008
		D13. GRDP당 건물부문 에너지 절약 투자액	지식경제부 · 에너지경제연구원 (지역에너지통계연보, 2009)	2008
	D2. 녹색교통	D21. 대중교통활성화 (대중교통 수단분담률)	국토해양부(국가교통 DB, 2009)	2007

D. 녹색 환경 잠재력 지표	D2. 녹색교통	D22. 녹색교통망 확충 (총 도로연장 중 자전거 도로연장 비율)	행정안전부 내부자료	2009
		D23. 저탄소 교통수단 보급실적 (인당 천연가스 시내버스 보급현황)	환경부(환경통계연감, 2009)	2008

먼저 녹색경제 잠재력 지표 중에서 녹색산업 육성은 녹색에너지산업 육성과 기존산업의 녹색화로 정하여 측정하는데, 녹색에너지산업 육성의 성과척도는 한국에너지기술연구원의 신재생에너지자원지도 자료와 에너지관리공단에서 발간하는 신재생에너지백서를 활용하여 지역별 인당 신재생에너지 잠재량을 산정하여 이용한다. 이때 신재생에너지 잠재량은 현재 생산량이 아닌 활용가능한 지역별 에너지량을 가리킨다. 또한, 기존산업의 녹색화에 대한 성과척도는 위의 〈표 2-21〉에서 보는 바와 같이 환경경영 인증기업 수[5]와 기술혁신형 중소기업 수, 환경친화 기업수, 그리고 하수폐기물 처리 원료재생 및 환경복원업 사업체 수를 이용한다. 녹색경제 잠재력 지표 중 에너지 효율 향상을 위한 성과척도는 인당 총 에너지 소비량과 신재생에너지 소비비중이다.

다음으로 녹색혁신 잠재력 지표는 지역의 혁신성을 나타낼 수 있는 지표로 구성되는데, 녹색혁신 잠재력의 목표, 즉 녹색 인적자원과 지식자원 확보에 따른 성과척도는 각각 연구개발 연구원 및 전문가 수, 그리고 연구개발 투자 총액과 특허건수로 측정한다.

녹색사회문화 잠재력 지표는 녹색제도 및 추진체계 구축에 따른 성과척도는 온실가스 감축목표 수립여부와 녹색성장 관련 법률 제정여부로 구성되고, 녹색실천 및 생활화 성과척도는 통계청에서 발간하는 사회조사보고서상 환경보호를 위한 시민참여율 및 녹색홍보 관련 현황으로 구성된다.

5) 녹색경영 인증기업은 한국인정원에서 제시하는 ISO 14001, 즉 환경경영을 기업경영 방침으로 설정한 후 이를 달성하기 위해 구체적인 목표와 수단을 정해 환경개선을 이루어나가는 기업에게 부여하는 국제표준이다.

마지막으로 녹색환경 잠재력 지표는 용도지역의 도시지역 중 녹지지역 비율과 자연환경보전지역 비율, 그리고 건물부문 에너지 절약 투자액으로 녹색지역 및 건축물을 측정하고, 녹색교통의 경우에는 총 도로연장 중 자전거 도로연장 비율과 천연가스 시내버스 보급현황 및 대중교통 수단분담율로 측정한다.

제2절 지방자치단체 녹색성장 잠재력 평가

1. 녹색성장 잠재력 평가방법론

상충되는 목적을 갖는 대안을 평가하는 수학적인 의사결정기법은 비용편익분석과 퍼지 의사결정기법(Fuzzy decision making), 베이시안 의사결정기법(Bayesian decision making), 그리고 다원기준 의사결정기법(multi-criteria decision making) 등을 들 수 있다. 이때 비용편익분석과 같은 단일목적 의사결정기법은 계획과정에서 발생되는 여러 복잡한 문제를 적절하게 다루지 못한다는 한계가 있다.

녹색성장이나 지속가능한 발전 측면에서 경제적·사회적·환경적 요소 등 다양한 측면을 종합적으로 고려하여 상충되는 목적을 가진 대안을 동시에 평가하고자 할 때에는 다양한 목적과 이해관계를 종합적으로 고려함으로써, 상충되는 다양한 목적을 합리적으로 충족시킬 수 있도록 평가체계가 구축되어야 한다. 이에 본 연구에서는 다원기준 의사결정기법 중의 하나인 다원속성 효용이론(Multi-Attribute Utility Theory, MAUT)을 이용하여 녹색성장 잠재력을 평가하도록 한다.[6] 이는 대안을 평가할

6) 다원기준 의사결정기법은 AHP(Analytical Hierarchy Process), 공조분석법(concordance analysis), 목표달성도 행렬법(goal-achievement method), 다원속성 효용이론, outranking method 등이 있으며, 이중에서 가장 일반적으로 이용되는 다원기준 의사결정기법은

때 비교적 단순하고, 직관적이며, 가중치를 할당할 수 있다는 장점이 있다.

다원속성 효용이론(MAUT)은 기본적으로 대안을 선택하는 의사결정문제에 효용(utility)이 존재하고, 의사결정자는 실행가능한 대안 집합에서 효용을 극대화한다고 설정하며, 각 대안의 효용값은 식 (1)과 같이 계산된다.

$$U_j = \sum_{k=1}^{n_k} w_k n_{kj} \tag{1}$$

여기서, U_j: 대안 j의 효용

w_k: k번째 기준의 가중치

n_{kj}: 대안 j의 정규화시킨 기준 k값

MAUT는 각 대안에 가중치(weights)를 부여하여 집계하는 과정을 거치는데, 가장 간단하고 널리 이용되는 집계 방법은 선형 가중 합(weighted linear average)을 취하는 것이다. Zietsman et al.(2006)에 따른 MAUT는 [그림 2-6]과 같은 단계로 요약된다.

그림 2-6 MAUT 분석단계

다원속성 효용이론과 AHP, outranking method를 들 수 있다.

녹색성장 잠재력의 성과척도와 상대적인 중요도로 매겨진 속성의 순위는 각기 다른 단위를 가지기 때문에 정규화하여야 한다. 속성값이 단조 증가하는 효용함수라고 가정하면, 식 (2)의 선형 형태와 식 (3)의 벡터 형태로 취할 수 있다. 정규화된 성과척도 또는 속성의 순위, r_{ij}는 0과 1 사이의 값을 갖는다.

$$r_{ij} = \frac{x_{ij}}{x_j^*}, \qquad (2)$$

$$i = 1, \ldots, m, \; j = 1, \ldots, n$$

여기서, x_j^*: j번째 속성의 최댓값

$$r_{ij} = \frac{x_{ij}}{\sqrt{\sum_{i=1}^{m} x_{ij}^2}}, \qquad (3)$$

$$i = 1, \ldots, m, \; j = 1, \ldots, n$$

다음으로 각 성과척도의 가중치를 산정하는 방법은 가장 간단한 방법인 선호도 비교를 통한 속성 순위법(attribute ranking method)을 이용하여 도출한다(Yoon and Hwang, 1995). 속성을 비교하여 가장 중요한 속성에 1을 부여하고, 가장 중요하지 않은 속성에 n을 부여하면, 성과척도의 가중치는 식 (4)와 같이 도출된다.

$$w_j = \frac{1/r_j}{\sum_{k=1}^{n} 1/r_k} \qquad (4)$$

여기서, r_j: j번째 속성의 순위

식 (2) 또는 식 (3)을 이용하여 정규화시킨 성과척도는 식 (4)에 제시된 가중치를 이용하여, 식 (5)와 같이 녹색성장 잠재력 지수(index)로 집계할 수 있다. 가중치를 이용하는 것은 어느 정도의 주관성이 분석에 개입되기 때문에 논쟁의 여지가 있으나, 여러 가지 기준을 상대적인 중요도에 따라 할당하는 중요한 도구가 될 수 있다.

$$G_i = E_i W_E + I_i W_I + S_i W_S + C_i W_C \tag{5}$$

여기서, G_i: 녹색성장 잠재력 지수

i=16개 시・도

E_i, I_i, S_i, C_i: 경제지표, 혁신지표, 사회문화지표, 환경지표에 대한 정규화된 기준값

W_E, W_I, W_S, W_C: 경제지표, 혁신지표, 사회문화지표, 환경지표의 가중치

2. 가중치 산정

본 연구에서 개별 지표의 가중치는 교수, 국토연구원, 산업연구원, 서울시정개발연구원, 한국개발연구원 등의 녹색성장 관련 전문가 및 행정안전부 녹색성장과 공무원을 대상으로 설문조사[7]를 시행하여 산정하였다.

표 2-22 응답자의 일반사항

성 별	남 성		여 성	
비율(%)	82.9		17.1	
연 령	20대	30대	40대	50대
비율(%)	5.7	40.0	40.0	14.3
직 종	교수	연구원	공무원	기타
비율(%)	22.9	57.1	20.0	0.0

7) 부록의 지역 녹색잠재력 지수 설문조사 참조.

가중치 산정에 이용된 유효설문지는 총 70부에 해당한다. 성별로는 남성 응답자의 비율이 82.9%로, 여성 응답자의 비율 17.1%에 비해 훨씬 높게 나타나고 있으며, 연령대별로는 30대와 40대가 40.0%로 가장 많고, 직종별로는 연구원이 57.1%로 많게 나타났다.

본 연구에서 가중치는 식 (4)에서 제시한 선호도 비교를 통한 속성 순위법(attribute ranking method)을 이용하여 도출한다. 녹색성장 잠재력 지수의 네 가지 구성요소, 즉 녹색경제 잠재력지표, 녹색혁신 잠재력지표, 녹색사회문화 잠재력지표, 그리고 녹색환경 잠재력지표에 대한 순위와 식 (4)에 의해 계산된 가중치는 〈표 2-23〉과 같다. 순위는 점수를 1순위에 4점, 2순위에 3점, 3순위에 2점, 4순위에 1점을 부여하여 정하였다.

표 2-23 녹색성장 잠재력 지수의 지표별 순위와 가중치

지 표	종합순위		가중치
A. 녹색경제 잠재력지표	1위	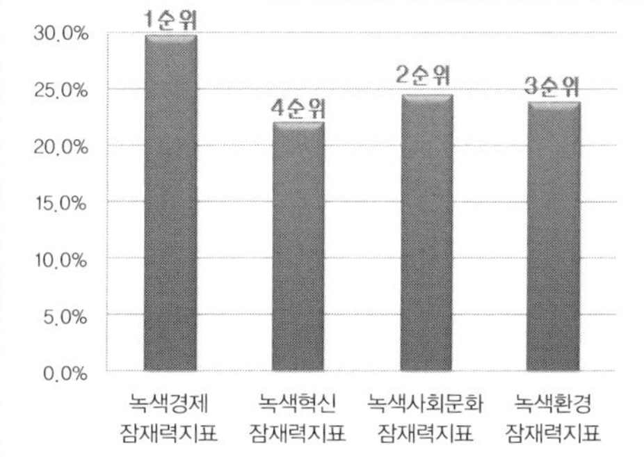	0.480
B. 녹색혁신 잠재력지표	4위		0.120
C. 녹색사회문화 잠재력지표	2위		0.240
D. 녹색환경 잠재력지표	3위		0.160

다음으로 각각의 지표별 가중치는 〈표 2-24〉~〈표 2-27〉과 같다. 먼저 녹색경제 잠재력지표의 두 가지 목표, 즉 녹색산업 육성과 에너지 효율 향상의 우선순위는 녹색산업 육성이 에너지 효율 향상보다 더 높은 것으로 나타났다. 또한, 녹색산업 육성의 성과척도 중에서는 신재생에너지산업을 육성하는 것을 산업의 녹색화보다 더 중요한 요소로 보았고,

표 2-24 녹색경제 잠재력지표의 목표별 성과척도의 순위와 가중치

목 표	순위	가중치	성과척도의 목표		순위	가중치
A1. 녹색 산업 육성	1위	0.667	A11. 신재생에너지산업 육성		1위	0.667
			A12. 산업의 녹색화	환경경영기업 육성(ISO 14001)	2위	0.160
				기술혁신형 중소기업육성(Innobiz)	5위	0.040
				환경친화기업 육성	3위	0.080
				하수폐기물 처리 원료재생 및 환경복원업 기업 육성	4위	0.053
A2. 에너지 효율 향상	2위	0.333	A21. 최종에너지소비량 감소		1위	0.667
			A22. 신재생에너지 소비비중 증대		2위	0.333

산업의 녹색화 중에서는 환경경영기업수인 ISO 14001로 응답하였다.

따라서 녹색경제 잠재력지표 중 녹색산업 육성 부문에서, 신재생에너지산업 육성의 가중치는 0.667이 되고, 산업의 녹색화는 0.337이 부여되므로 0.337이 산업의 녹색화 항목의 우선순위에 따라서 식 (4)에 의해 항목별로 배분된다.

녹색혁신 잠재력지표의 목표는 녹색인적자원과 녹색지식자원의 확보이다. 이중에서 전문가 응답자는 녹색인적자원 확보를 녹색지식자원의 확보보다 더 중요한 요소로 선정하였으며, 녹색인적자원 중에서는 연구개발 연구원을 확보하는 것을, 그리고 녹색지식자원 중에서는 연구개발 투자를 확대하는 것을 더 중요하다고 응답하였다.

표 2-25 녹색혁신 잠재력지표의 목표별 성과척도의 순위와 가중치

목 표	순위	가중치	성과척도의 목표	순위	가중치
B1. 녹색 인적자원 확보	1위	0.667	B11. 연구개발 연구원 확보	1위	0.667
			B12. 기타 전문가 확보	2위	0.333
B2. 녹색 지식자원 확보	2위	0.333	B21. 연구개발 투자 확대	1위	0.667
			B22. 특허건수 확보	2위	0.333

표 2-26 녹색사회문화 잠재력지표의 목표별 성과척도의 순위와 가중치

목 표	순위	가중치	성과척도의 목표	순위	가중치
C1. 녹색 제도 및 추진체계	2위	0.333	C11. 녹색성장 관련 법규(조례) 제정	1위	0.667
			C12. 온실가스 감축목표 수립	2위	0.333
C2. 녹색 생활	1위	0.667	C21. 환경보호 시민참여율 확대	1위	0.667
			C22. 녹색교육 홍보	2위	0.333

녹색사회문화 잠재력지표의 목표 중에서는 녹색생활을 녹색제도나 추진체계를 확립하는 것보다 더 중요한 요소로 선정하였고, 녹색환경 잠재력지표의 목표 중에서는 녹색교통을 녹색지역 및 건축물 확보보다 더 중요한 요소로 보았다. 또한, 녹색사회문화 잠재력 중에서는 환경보호를 위한 시민참여율이 가장 중요한 요소로 선정되었고, 녹색환경 잠재력 중에서는 대중교통분담률을 향상시키는 것이 가장 중요한 요소로 판단되었다.

표 2-27 녹색환경 잠재력지표의 목표별 성과척도의 순위와 가중치

목 표	순위	가중치	성과척도의 목표	순위	가중치
D1. 녹색 지역 및 건축물	2위	0.333	D11. 도시지역 중 녹지지역 면적 확대	3위	0.273
			D12. 용도지역 중 자연환경보전지역 확대	1위	0.182
			D13. 건물부문 에너지절약 투자액 확대	2위	0.545
D2. 녹색 교통	1위	0.667	D21. 대중교통분담률 향상	1위	0.545
			D22. 총 연장당 자전거도로연장 확대	3위	0.182
			D23. 천연가스버스 보급 확대	2위	0.273

이상의 지표별, 목표별 순위에 따른 가중치를 종합하여 녹색성장 잠재력 지수의 전체적인 가중치를 제시하면 〈표 2-28〉과 같다.

표 2-28 녹색성장 잠재력 지수의 종합 가중치

지 표	가중치	목 표	가중치	성과척도	가중치
A. 녹색 경제 잠재력 지표	0.480	A1. 녹색 산업 육성	0.667	A11. 인당 신재생에너지 잠재량	0.213
				A12. ① 인당 환경경영 인증기업 수 (ISO 14001)	0.051
				② 인당 기술혁신형 중소기업 수 (Innobiz)	0.013
				③ 인당 환경친화기업 수	0.026
				④ 인당 하수폐기물 처리 원료재생 및 환경복원업 사업체 수	0.017
		A2. 에너지 효율향상	0.333	A21. 인당 최종에너지 총 소비량	0.107
				A22. 신재생에너지 소비비중	0.053
B. 녹색 혁신 잠재력 지표	0.120	B1. 녹색인적 자원확보	0.667	B11. 인당 연구개발 연구원 수	0.053
				B12. 인당 기타 전문가 수	0.027
		B2. 녹색지식 자원확보	0.333	B21. GRDP당 연구개발투자총액	0.027
				B22. 인당 특허건수	0.013
C. 녹색 사회·문화 잠재력 지표	0.240	C1. 녹색제도 및 추진 체계	0.333	C11. 녹색성장 관련 법규(조례) 제정 여부	0.053
				C12. 온실가스 감축목표 수립 여부	0.027
		C2. 녹색생활	0.667	C21. 환경보호를 위한 시민참여율	0.107
				C22. 그린스타트 네트워크 현황	0.053
D. 녹색 환경 잠재력 지표	0.160	D1. 녹색지역 및 건축물	0.333	D11. 용도지역의 도시지역 중 녹지지역 비율	0.015
				D12. 용도지역 중 자연환경보전지역 비율	0.010
				D13. GRDP당 건물부문 에너지 절약 투자액	0.029
		D2. 녹색교통	0.667	D21. 대중교통 수단분담률	0.058
				D22. 총 도로연장 중 자전거도로연장 비율	0.019
				D23. 인당 천연가스 시내버스 보급대수	0.029
합 계					1.000

3. 구성요소별 지표 산정

가. 녹색경제 잠재력지표

1) 녹색경제 잠재력지표 산정에 사용된 자료

먼저 녹색 잠재력 분석에서 가장 중요도가 높은 항목인 신재생에너지 잠재량 자료는 한국에너지기술연구원의 신재생에너지자원지도 자료[8]와 에너지관리공단에서 발간하는 『신재생에너지백서 2008』 자료[9]를 활용하였다. 『신재생에너지백서 2008』에서는 우리나라에 존재하는 신재생에너지 자원량을 부존잠재량, 가용잠재량 및 기술적 잠재량으로 구분하여 제시하고 있는데, 본 연구는 에너지활용을 위한 설비가 입지할 수 있는 지리적인 여건을 고려한 값이 녹색 잠재력 자원으로 적절하다고 판단하여 가용잠재량 자료를 산정하여 이용하였다.[10]

『신재생에너지백서 2008』은 기본적으로 한국에너지기술연구원에서 제공하는 신재생에너지자원지도 자료[11]를 활용하여 신재생에너지 잠재량을 제공하고 있으므로, 본 연구에서는 신재생에너지자원지도 자료를 기본자료로 구축하되, 신재생에너지자원지도 자료에서 제공되지 않는 자료나 단위가 다른 자료의 경우 『신재생에너지백서 2008』을 활용하여 별도로 계산하였다.

---

8) http://kredc.kier.re.kr/kier/참조.

9) 『신재생에너지백서 2008』은 한국에너지기술연구원에서 제공하는 신재생에너지자원지도 자료를 이용하여 신재생에너지자원의 잠재량을 구축하여 제공하고 있으나, 모든 신재생에너지자원별, 시도별 자료가 제공되고 있지는 않다.

10) 첫째, 부존잠재량은 국토 전면적에 부존하는 에너지 총량을 가리키고, 둘째, 가용잠재량은 지역의 면적 중에서 도시, 수계, 도로, 국립공원 및 급경사지 면적 등 개발부적합한 면적을 제외하고 활용가능한 에너지량을 가리키며, 기술적 잠재량은 현재의 기술수준으로 산출될 수 있는 최종 에너지량, 즉 기기의 시스템 효율 등을 적용하여 산정한 에너지량을 말한다. 현재의 기술수준은 향상될 여지가 존재하기 때문에 본 연구에서는 기술적 잠재량 대신 가용잠재량을 활용하였다.

11) 태양열, 태양광, 소수력, 바이오매스, 지열에너지 자료만 2010년 현재 제공되고 있음.

표 2-29 신재생에너지 잠재량 원자료

구분	태양열에너지 가용잠재량 (10^6Gcal)	태양광에너지 가용잠재량 (10^3GWh)	소수력 가용잠재량 (GWh)	지열에너지 부존잠재량 (10^6kTOE)	바이오매스 가용잠재량 (10^6Gcal)	풍력에너지 기술적잠재량 (MWh)
서울	587	683	1,594	14	195	–
부산	367	427	1,997	23	455	–
대구	376	437	2,313	22	588	–
인천	501	583	2,646	16	551	–
광주	319	371	1,305	11	318	–
대전	221	256	1,437	11	294	–
울산	377	438	2,777	31	767	–
경기	6,368	7,404	26,578	253	9,460	4,451
강원	3,096	3,602	43,598	391	19,554	13,012
충북	2,612	3,038	19,517	170	6,091	61
충남	4,717	5,486	22,592	195	7,674	6,263
전북	3,779	4,397	21,129	197	7,640	4,002
전남	5,761	6,703	31,737	222	8,677	13,990
경북	5,461	6,349	49,941	510	16,784	2,207
경남	3,707	4,312	27,604	277	9,100	4,209
제주	1,287	1,497	4,082	–	1,704	1,706
합계	39,535	45,982	260,847	2,345	89,852	49,901

자료: 태양열, 태양광, 소수력, 바이오매스 가용잠재량과 지열에너지 부존잠재량 자료 –한국에너지기술연구원 신재생에너지자원지도 자료(2009년 기준)
풍력에너지 자료–에너지관리공단, 『신재생에너지백서 2008』.

먼저 태양열과 태양광에너지, 소수력에너지, 바이오매스 및 지열에너지는 2009년을 기준으로 신재생에너지자원지도 데이터센터 홈페이지에서 제공되는 자료를 시도별로 구축하였다. 이때 태양열과 태양광에너지, 소수력에너지 및 바이오매스는 단위가 다르긴 하지만 부존잠재량과 가용잠재량을 별도로 제공하고 있으나, 지열에너지의 경우 부존잠재량만을 제공하고 있다. 이에 지열에너지의 경우 『신재생에너지백서 2008』에서 지열에너지 부존잠재량 : 가용잠재량 비율을 적용하여 가용잠재량 자료를 구축하였다.[12] 또한, 풍력에너지의 경우에도 신재생에너지자원지도 데이터센터 홈페이지에서 제공되고 있지 않아, 『신재생에너지백서 2008』에 나와 있는 기술적 잠재량 자료를 활용하여 가용잠재량을 계산하였다.

산정된 각각의 신재생에너지 가용잠재량은 태양전지와 풍력, 소수력

표 2-30 신재생에너지 가용잠재량

(단위: 10^3kTOE)

구분	가용잠재량							폐기물 에너지 생산량	합 계
	태양열	태양광	수력	지열	바이오매스	풍력	소 계		
서울	59	171	0.40	975	1.60	–	1,207	0.15	1,207
부산	37	107	0.50	1,551	3.73	–	1,699	0.08	1,699
대구	38	109	0.58	1,501	4.82	–	1,654	0.04	1,654
인천	50	146	0.66	1,105	4.52	–	1,306	0.22	1,307
광주	32	93	0.33	767	2.61	–	895	0.03	895
대전	22	64	0.36	784	2.41	–	873	0.04	873
울산	38	110	0.69	2,145	6.29	–	2,300	0.56	2,300
경기	637	1,851	6.64	17,282	77.57	6.13	19,861	0.59	19,861
강원	310	900	10.90	26,726	160.35	17.92	28,125	0.41	28,125
충북	261	759	4.88	11,623	49.95	0.08	12,698	0.28	12,698
충남	472	1,372	5.65	13,312	62.93	8.62	15,232	0.06	15,232
전북	378	1,099	5.28	13,448	62.65	5.51	14,998	0.13	14,998
전남	576	1,676	7.93	15,182	71.15	19.27	17,532	1.50	17,534
경북	546	1,587	12.49	34,817	137.63	3.04	37,104	0.29	37,104
경남	371	1,078	6.90	18,913	74.62	5.80	20,449	0.16	20,449
제주	129	374	1.02	–	13.98	2.35	520	0.02	520
합계	3,953	11,496	65.21	160,132	736.79	68.72	176,452	4.57	176,456

12) 『신재생에너지백서 2008』, p. 133에서, 지열에너지 부존잠재량은 2,352.8×10^6천TOE일 때 가용잠재량은 160.132×10^6천TOE이므로, 이 비율을 적용하여 가용잠재량을 산정하였음.

의 경우 에너지관리공단의 변환계수를 사용하여 TOE 단위로 환산하였다.[13]

폐기물에너지의 경우에는 신재생에너지자원지도 홈페이지에는 제공되고 있지 않고, 『신재생에너지백서 2008』에 2005년 우리나라 전체의

표 2-31 신재생에너지 생산량

(단위: kTOE)

구분	태양열	태양광	수력	지열	바이오매스	풍력	소계	폐기물에너지	합계	총계
서울	2.2	1.1	–	1.2	32.0	0.0	36.5	146.3	182.8	183.3
부산	0.6	0.5	–	0.2	6.8	0.1	8.2	79.2	87.4	87.4
대구	1.4	0.8	0.1	0.3	39.5	0.0	42.0	44.2	86.2	86.2
인천	0.9	0.7	1.8	0.7	79.9	0.0	84.0	216.3	300.3	300.3
광주	1.1	1.4	–	0.4	4.6	–	7.5	29.1	36.6	37.0
대전	1.2	0.4	–	0.3	2.0	0.1	3.9	41.0	44.9	44.9
울산	0.7	0.4	0.4	0.2	64.0	0.0	65.7	560.9	626.7	626.7
경기	6.2	2.8	134.0	3.7	75.9	0.0	222.5	593.4	816.0	816.4
강원	1.7	1.3	207.6	2.3	27.3	57.2	297.4	411.2	708.6	708.6
충북	1.5	1.1	154.8	1.1	8.4	0.0	166.9	284.9	451.8	451.8
충남	2.6	4.3	4.1	1.4	4.0	0.0	16.4	59.4	75.8	75.9
전북	1.7	8.8	59.2	1.3	41.6	2.1	114.7	134.3	248.9	250.2
전남	1.7	25.1	18.7	0.3	27.7	0.2	73.8	1,499.0	1,572.8	1,572.8
경북	1.6	8.6	33.7	1.1	8.0	18.8	71.7	286.2	357.9	359.4
경남	2.3	3.3	45.7	1.1	2.8	0.3	55.5	163.8	219.4	219.4
제주	0.7	0.6	–	0.0	2.4	15.0	18.8	19.5	38.2	38.2
합계	28.0	61.1	660.1	15.7	426.8	93.7	1,285.5	4,568.6	5,854.1	5,858.5

주: 소계=태양열+태양광+수력+지열+바이오매스+풍력에너지 생산량의 합
합계=소계+폐기물에너지 생산량의 합
총계=합계+연료전지 생산량의 합
자료: 지식경제부·에너지경제연구원, 『2009 지역에너지 통계연보』.

13) 1TOE=4~4.3MWh

폐기물 에너지 잠재량 5,050kTOE만이 제공되고 있을 뿐 시도별로 구분하여 제공되고 있지는 않다. 이에 지식경제부 · 에너지경제연구원에서 발간하는 『2009 지역에너지 통계연보』에 나와 있는 신재생에너지 생산량 자료를 활용하여 구축하였다.[14)]

앞서 제시한 신재생에너지 가용잠재량과 생산량을 비교해서 살펴보면, 현재 생산량은 전라남도와 경기도 및 강원도가 각각 1,573kTOE와 816kTOE 및 709kTOE로 가장 많지만, 가용잠재량은 경상북도와 강원도, 그리고 경상남도가 37백만kTOE와 28백만kTOE, 20백만kTOE로 가장 많기 때문에 경상남 · 북도의 신재생에너지 가용자원 활용도를 보다 높일 수 있는 방법을 강구해야 할 것으로 판단된다. 또한, 신재생에너지 가용잠재량과 기술적 잠재량 및 생산량의 상관분석 결과 가용잠재량과 기술

그림 2-7 시도별 신재생에너지 잠재량과 생산량 비교

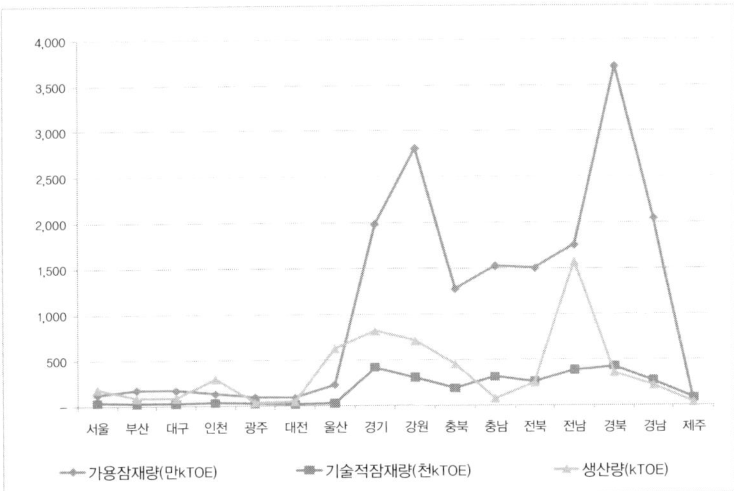

14) 환경부(2009)의 2008 전국폐기물 발생 및 처리현황 자료에 따르면, 2005년과 2008년의 매립과 소각 폐기물 처리량은 각각 18,048천 톤/년과 20,620천 톤/년이고, 2008년의 폐기물에너지 생산량은 4,569kTOE이므로 단위에 큰 차이가 없어 폐기물에너지 생산량 자료를 이용하였다.

적 잠재량의 상관계수는 0.91로 상당히 높지만, 가용잠재량과 생산량의 상관계수는 0.43으로 추정되고 있으므로, 가용잠재량이 높은 지방자치단체의 신재생에너지 생산량이 그리 많지 않은 것으로 분석되고 있다.

두 번째로 산업의 녹색화에 이용된 자료는 한국인증원에서 제공하는 환경경영 국제표준인 ISO 14001 기업 수와 중소기업청에서 제공하는 기술혁신형 Innobiz 기업 수, 환경부에서 제공하는 환경친화기업 수(녹색기업 수), 그리고 각 시도통계연보에서 제공하는 하수폐기물 처리 원료재생 및 환경복원업 사업체 수 자료이다.

환경경영을 실천하는 기업 수는 2010년 4월을 기준으로 경기도가 1,937개로 가장 많지만, 지역 인구당 ISO 14001 기업 수로 따져보았을 경우에는 경상남도가 206개/백만 인으로 가장 많은 것으로 나타났다. 기술혁신형 중소기업 수 역시 2009년 12월을 기준으로 경기도가 58개로 가장 많고, 그 다음으로 서울특별시가 57개로 많아서 지역 인구당 Innobiz 수는 서울특별시가 5.6개/백만 인으로 가장 많았다. 환경친화기업, 즉 녹색기업 수는 2010년 4월을 기준으로 경기도(31개)와 전라남도(22개)가, 하수폐기물 처리 원료재생 및 환경복원업 사업체 수는 2008년을 기준으로 제주도(15,658개)와 경기도(1,167개)가 가장 많았으나, 이를 지역인구로 나누어 살펴보면 녹색기업 수는 울산광역시(21.6개/백만 인)와 전라남도(11.5개/백만 인) 및 충청북도(11.2개/백만 인)가, 하수폐기물 처리 원료재생 및 환경복원업 사업체 수는 제주도(27,930개/백만 인)와 강원도(178개/백만 인)가 가장 많은 것으로 조사되었다.

세 번째로 에너지 효율향상에 이용된 자료는 인당 최종에너지 소비량(천 톤)과 신재생에너지가 차지하는 소비 비중(%)이다. 인당 최종에너지의 부문별 소비량은 〈표 2-32〉와 같은데, 산업부문의 소비비중이 높은 광역자치단체는 전라남도로 92.1%에 달하며, 그 다음으로 울산광역시(85.2%)와 충청남도(81.5%) 및 경상북도(75.0%) 순으로 나타났다. 이들 지자체의 경우 녹색잠재력을 증대시키기 위해서는 산업부문의 최종에

표 2-32 부문별 최종에너지 소비량

(단위: 천 톤, %)

구분	산업부문		수송부문		가정산업부문		공공기타부문		최종에너지 소비량 합계
	소비량	비중	소비량	비중	소비량	비중	소비량	비중	
서울	1,380	8.9	4,942	31.9	8,493	54.9	666	4.3	15,481
부산	1,628	23.8	2,845	41.7	2,151	31.5	205	3.0	6,829
대구	1,120	26.6	1,168	27.7	1,728	41.0	195	4.6	4,211
인천	3,330	34.9	4,174	43.7	1,804	18.9	234	2.5	9,542
광주	366	17.0	732	34.0	961	44.7	91	4.2	2,150
대전	363	14.4	763	30.2	1,292	51.1	110	4.4	2,528
울산	17,799	85.2	2,016	9.6	824	3.9	253	1.2	20,892
경기	7,116	29.9	7,372	31.0	8,367	35.2	909	3.8	23,764
강원	4,248	61.9	1,153	16.8	1,265	18.4	194	2.8	6,860
충북	3,321	56.0	1,259	21.2	1,202	20.3	146	2.5	5,928
충남	15,949	81.5	1,861	9.5	1,542	7.9	229	1.2	19,581
전북	1,944	41.8	1,279	27.5	1,247	26.8	179	3.9	4,649
전남	31,371	92.1	1,493	4.4	1,051	3.1	139	0.4	34,054
경북	13,288	75.0	2,133	12.0	2,039	11.5	256	1.4	17,716
경남	3,028	40.3	2,274	30.3	1,959	26.1	251	3.3	7,512
제주	190	21.7	325	37.1	309	35.2	53	6.0	877
합계	106,441	58.3	35,789	19.6	36,234	19.8	4,110	2.3	182,574

자료: 지식경제부·에너지경제연구원, 『2009 지역에너지 통계연보』.

너지 소비량을 큰 폭으로 감축하는 전략을 수립해야 할 것으로 판단된다. 특히, 서울특별시의 경우 가정산업부문의 최종에너지 소비량이 54.9%로 가장 많은 비중을 차지하고 있으며, 부산과 대구, 인천광역시와 경기도, 그리고 전라북도와 경상남도 및 제주도는 산업부문과 수송부문 및 가정산업부문이 비슷한 비중을 차지하고 있다.

그림 2-8 시도별 부문별 최종에너지 소비량 비중 비교

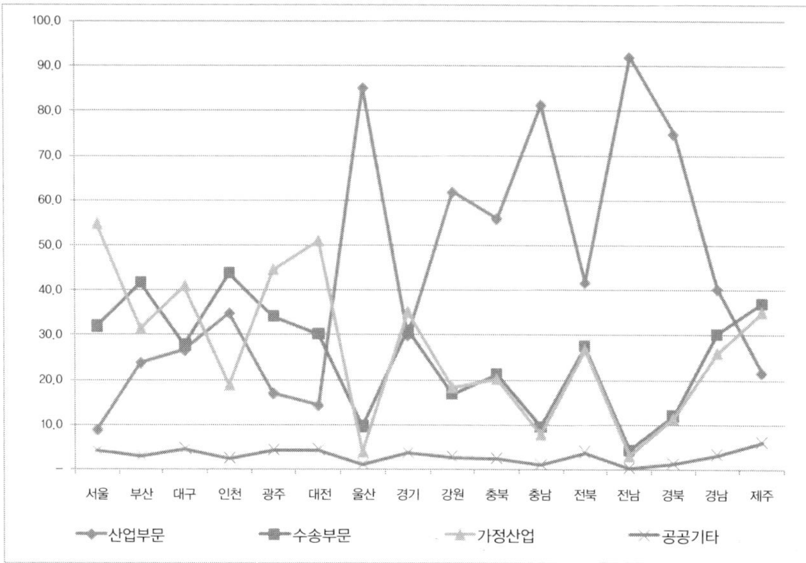

이상의 광역자치단체별로 녹색경제 잠재력지표 산정에 사용된 계량화가 가능한 자료를 종합하여 제시하면 〈표 2-33〉과 같다. 신재생에너지 소비량이 전체 최종에너지 소비량에서 차지하는 비중은 강원도가 6.47%로 가장 높고, 그 다음으로 충청북도(4.99%), 전라남도(4.49%) 순으로 나타났다.

표 2-33 녹색경제 잠재력지표 산정에 사용된 자료

구분	A1. 녹색산업 육성					A2. 에너지효율향상	
	A11. 인당신재생 에너지 잠재량 (kTOE/천 인)	A12. 산업의 녹색화				A21. 인당 최종에너지 소비량 (천 톤/천 인)	A22. 신재생 에너지 소비비중 (%)
		인당 ISO 14001 (개/백만 인)	인당 Innobiz 기업 수 (개/백만 인)	인당 환경친화 기업 수 (개/백만 인)	인당 하수폐기물 사업체 수 (개/백만 인)		
서울	118	63	5.6	0.4	35	1.52	0.61
부산	477	62	1.7	0.8	87	1.92	1.20
대구	663	83	3.2	–	81	1.69	1.66
인천	485	168	3.3	4.5	102	3.54	2.32
광주	629	94	2.1	2.8	80	1.51	1.63
대전	589	79	2.0	4.7	63	1.71	1.78
울산	2,068	111	1.8	21.6	103	18.78	3.00
경기	1,759	172	5.1	2.7	103	2.10	2.43
강원	18,644	53	2.0	3.3	178	4.55	6.47
충북	8,356	147	3.3	11.2	170	3.90	4.99
충남	7,546	162	3.5	8.4	135	9.70	0.35
전북	8,082	68	4.3	7.0	113	2.51	3.85
전남	9,137	83	2.6	11.5	147	17.75	4.49
경북	13,876	131	3.0	7.1	170	6.63	1.68
경남	6,340	206	1.6	3.1	137	2.33	2.14
제주	928	16	–	1.8	27,930	1.56	2.62
합계	79,698	1,699	45.1	90.9	29,635	81.69	41.23
최대	18,644	206	5.6	21.6	27,930	18.78	6.47
최소	4,981	106	2.8	5.7	1,852	5.11	2.58
평균	118	16	–	–	35	1.51	0.35

2) 녹색경제 잠재력지표 산정

위의 〈표 2-33〉에 제시되어 있는 녹색경제 잠재력지표 산정에 사용되는 자료는 각기 다른 단위를 가지고 있다. 따라서 각각의 세부지표별

최댓값 또는 최솟값[15]을 이용하여 정규화하는 과정을 거쳐 세부지표별 가중치를 곱하면 녹색경제 잠재력지표를 구할 수 있다. 이때 정규화 방법은 식 (2)의 선형형태를 이용하였으며, 각 세부지표의 값은 0과 1 사이의 값을 갖는다.

녹색성장 잠재력 지수 중 녹색경제 잠재력지표는 강원도(0.324), 경상북도(0.245), 충청북도(0.235), 전라북도(0.224) 순으로 계측되었으며, 이외에 경상남도(0.218)와 전라남도(0.191)가 평균을 상회하는 것으로 분석되었다. 다음의 녹색경제 잠재력지표의 세부지표 비교 [그림 2-9]는 이와 같은 시도별 세부지표를 보다 명확하게 도시화하기 위하여 최댓값을 1의 값을 가지도록 정규화하는 과정을 거쳐 나타낸 결과에 해당한다.

표 2-34 녹색경제 잠재력지표

구분	A1. 녹색산업육성	A2. 에너지효율향상	녹색경제 잠재력지표
서울	0.030	0.111	0.141
부산	0.026	0.094	0.120
대구	0.036	0.109	0.145
인천	0.060	0.065	0.125
광주	0.039	0.120	0.159
대전	0.037	0.109	0.146
울산	0.081	0.033	0.114
경기	0.078	0.097	0.174
강원	0.235	0.089	0.324
충북	0.153	0.082	0.235
충남	0.145	0.020	0.164
전북	0.128	0.096	0.224
전남	0.145	0.046	0.191

15) 인당 최종에너지 소비량의 경우 소비를 최소화하는 것이 목표이므로 다른 세부지표와 달리 가장 소비량이 적은 지자체가 1의 값을 갖도록 정규화 함.

경북	0.207	0.038	0.245
경남	0.131	0.087	0.218
제주	0.034	0.125	0.158
최대	0.235	0.125	0.324
평균	0.098	0.082	0.180
최소	0.026	0.020	0.114

강원도와 경상북도는 녹색경제 잠재력지표 중 인당 신재생에너지 잠재량이 높기 때문에 녹색경제 잠재력지표가 높게 산출되었다. 한편, 전라남도의 경우 녹색산업 육성 지표(0.145)는 높지만, 에너지효율 향상 지표(0.046)가 평균에 미치지 못하여 전체 녹색경제 잠재력지표는 낮게 분석되었다.

그림 2-9 녹색경제 잠재력지표의 세부지표 비교

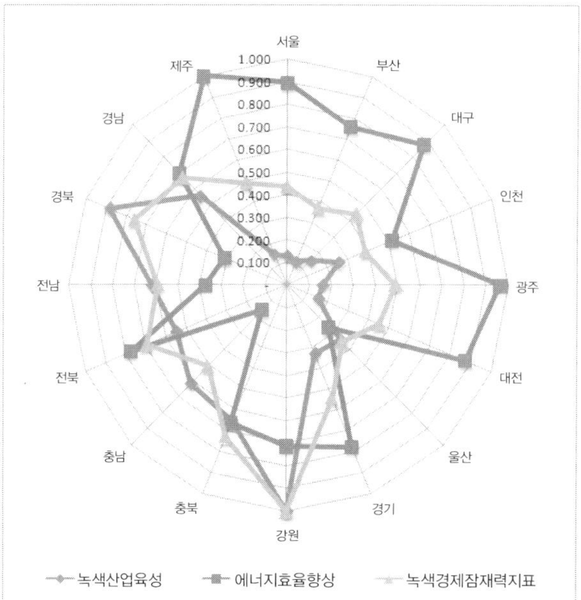

나. 녹색혁신 잠재력지표

1) 녹색혁신 잠재력지표 산정에 사용된 자료

녹색혁신 잠재력지표 산정에는 녹색인적자원과 녹색지식자원 확보 목표를 달성할 수 있는 성과척도를 포함한다. 이를 위한 연구개발 연구

표 2-35 녹색혁신 잠재력지표 산정에 사용된 자료

구분	B1. 녹색인적자원 확보		B2. 녹색지식자원 확보	
	B11. 인당 연구개발 연구원 수 (명/백만 인)	B12. 인당 기타 전문가 수 (명/백만 인)	B21. GRDP당 연구개발 투자총액 (억 원/천억 원)	B22. 인당 특허건 수 (개/백만 인)
서울	8,130	125	28.9	1,976
부산	2,863	77	13.2	400
대구	2,985	79	15.5	515
인천	4,115	88	24.6	849
광주	4,004	98	23.0	717
대전	15,158	112	170.0	2,611
울산	3,128	68	7.8	448
경기	8,568	106	68.1	1,785
강원	2,746	58	9.8	399
충북	5,065	63	21.4	742
충남	6,823	55	29.8	1,070
전북	2,856	53	20.9	373
전남	1,398	47	6.3	285
경북	4,830	51	20.8	1,263
경남	3,905	65	19.2	486
제주	1,639	66	9.1	244
합계	78,213	1,212	488.4	14,161
최대	15,158	125	170.0	2,611
최소	4,888	76	30.5	885
평균	1,398	47	6.3	244

원 수와 연구개발 투자총액은 2008년 기준년도인 교육과학기술부의 NTIS DB를 활용하였으며, 기타 전문가 수는 통계청 자료를, 그리고 특허건수는 특허청(2008년) 자료를 이용하였다.

연구개발 연구원 수와 연구개발 투자총액이 가장 많은 지자체는 경기도(96,747명과 135,505억 원)와 서울특별시(82,928명과 71,747억 원)이며, 특허건수가 가장 많은 지자체는 서울특별시로 20,156건에 해당한다. 그러나 이를 지역인구로 나누어 살펴보면 대전광역시가 연구개발 연구원 수(8,568명/백만 인), 연구개발 투자총액(170억 원/GRDP 천억 원) 및 특허건수(2,611개/백만 인)가 가장 많은 것으로 나타나고 있다.

2) 녹색혁신 잠재력지표 산정

위의 〈표 2-35〉의 자료를 바탕으로 녹색혁신 잠재력지표를 산정한 결과를 제시하면 〈표 2-36〉과 같다. 녹색혁신 잠재력지표의 세부 성과척도인 녹색인적자원 확보와 녹색지식자원의 확보 지표는 모두 대전광역시가 각각 0.077과 0.040으로 가장 높은 것으로 분석되었고, 경기도와 서울특별시 역시 일관되게 높게 나타나고 있다. 인적자원과 지식자원은 [그림 2-10]에서 보는 바와 같이 거의 똑같은 경향을 띠고 있는 것을 알 수 있다.

한편, 녹색인적자원과 녹색지식자원 잠재력이 가장 낮은 지자체는 모두 전라남도로 각각 0.015와 0.002의 값을 갖는 것으로 분석되어 전체적으로 녹색혁신 잠재력지표가 가장 낮은 지자체로 분석되었다. 이 밖에 제주도(0.022)와 강원도 및 전라북도(0.026) 역시 녹색혁신 잠재력지표가 낮게 나타났다.

표 2-36 녹색혁신 잠재력지표

구분	B1. 녹색인적자원 확보	B2. 녹색지식자원 확보	녹색혁신 잠재력지표
서울	0.055	0.015	0.070
부산	0.026	0.004	0.031
대구	0.027	0.005	0.032
인천	0.033	0.008	0.041
광주	0.035	0.007	0.042
대전	0.077	0.040	0.117
울산	0.026	0.004	0.029
경기	0.053	0.020	0.072
강원	0.022	0.004	0.026
충북	0.031	0.007	0.038
충남	0.036	0.010	0.046
전북	0.021	0.005	0.026
전남	0.015	0.002	0.017
경북	0.028	0.010	0.038
경남	0.028	0.005	0.033
제주	0.020	0.003	0.022
최대	0.077	0.040	0.117
평균	0.033	0.009	0.043
최소	0.015	0.002	0.017

다. 녹색사회문화 잠재력지표

1) 녹색사회문화 잠재력지표 산정에 사용된 자료

녹색사회문화 잠재력지표의 목표는 녹색성장과 관련된 법규, 즉 저탄소 녹색성장 관련 조례와 지속가능 관련 조례, 그리고 기후변화대응과 관련되는 조례 등을 제정하는 것과 온실가스 감축목표를 수립하는 것, 그리고 녹색생활 측면에서 시민들의 환경보호 참여율을 증대시키고 녹색교육 및 홍보를 강화하는 것이다.

그림 2-10 녹색혁신 잠재력지표의 세부지표 비교

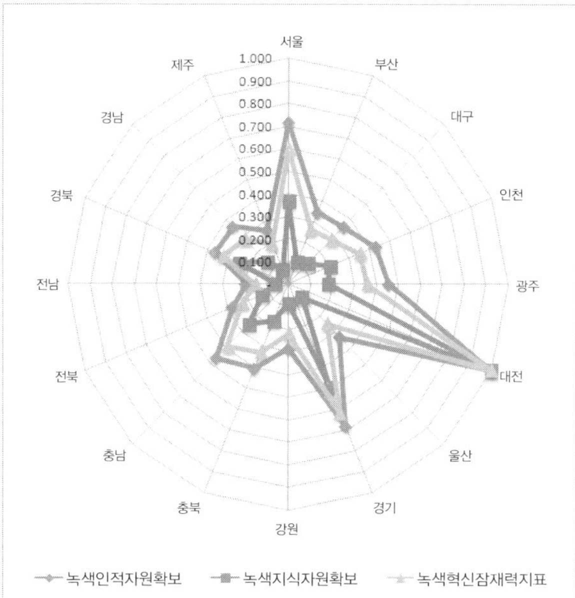

저탄소 녹색성장과 관련된 조례는 자치법규 정보시스템과 인터넷 자료를 검색하여 입법예고된 법규를 함께 고려하였으며, 녹색교육 및 홍보는 그린스타트 홈페이지 중 지역녹색성장 관련 자료를 참고하여 작성하였다. 환경보호를 위한 시민노력은 통계청에서 공표하고 있는 2008년 사회조사보고서 자료를 활용하여 작성하였다. 환경보호와 관련된 항목은 분리배출, 음식물 낭비 저감, 합성세제 사용 저감, 일회용품 사용 저감, 환경친화상품 구입, 그리고 환경 및 자연보호 운동 참여 및 환경보호 부담금 의향의 7가지 항목으로 구성되어 있다. 이 항목은 매우, 약간, 보통, 별로, 전혀의 5가지를 선택하도록 하고 있는데, 이중에서 매우 노력함과 약간 노력함을 합한 비율을 이용하여 정규화시킨 값을 사용하였다.

표 2-37 시도별 저탄소 녹색성장 관련 법규

구분	법규명	개제정일
서울	· 서울특별시 저탄소 녹색성장 기본조례안 입법예고	10. 7. 23
	· 서울특별시 구로구 녹색구로 환경위원회 설치 및 운영조례	10. 2. 10
	· 서울특별시 송파구 녹색송파위원회 설치운영조례	05. 3. 30
	· 서울특별시 기후변화대응조례	08. 9. 30
	· 서울특별시 구로구 기후변화대응조례	10. 2. 10
	· 서울특별시 송파구 기후변화대응조례	09. 4. 6
부산	· 부산광역시 저탄소 녹색성장 기본조례	10. 7. 7
	· 부산광역시 서구 녹색도시서구21 추진협의회 설치운영 및 지원조례	06. 6. 30
	· 부산광역시 해운대구 에너지이용합리화와 온실가스 배출 감소를 위한 조례	08. 6. 20
대구	· 대구광역시 저탄소 녹색성장 기본조례안 입법예고	10. 5. 20
인천	· 인천광역시 저탄소 녹색성장 기본조례안 입법 예고	10. 4. 16
	· 인천광역시 기후변화대응조례	10. 7. 29
광주	· 광주광역시 저탄소 녹색성장 기본조례	10. 6. 30
	· 광주광역시 북구 저탄소 녹색건축물 지원조례	10. 2. 26
	· 광주광역시 기후변화대응조례	09. 11. 16
	· 광주광역시 남구 기후변화대응조례	09. 9. 30
대전	· 대전광역시 저탄소 녹색성장 기본조례안 입법예고	10. 5. 28
	· 대전광역시 지속가능발전 기본조례	09. 4. 13
	· 대전광역시 서구 기후변화대책 기본조례	08. 11. 11
울산	· 울산광역시 저탄소 녹색성장 기본조례 입법예고	10. 7. 22
경기	· 경기도 저출산 고령사회 대응과 지속발전을 위한 조례	08. 7. 4
	· 안산시 지속가능발전위원회 설치 및 운영조례	10. 1. 19
	· 가평군 청정가평 지속가능발전협의회 설치, 운영 및 지원조례	07. 12. 12
	· 수원시 기후변화대책 조례	10. 3. 25
	· 연천군 저탄소 녹색성장 기본조례안 입법예고	10. 7. 1
	· 양평군 저탄소 녹색성장 기본조례안 입법예고	10. 6. 16
	· 파주시 저탄소 녹색성장 기본조례안 입법예고	10. 8. 6
	· 광명시 저탄소 녹색성장 기본조례안 입법예고	10. 6. 21
강원	· 강원도 저탄소 녹색성장 기본조례안 입법예고	10. 6. 16
	· 원주시 저탄소 녹색성장 기본조례	10. 6. 29
	· 원주시 저탄소 녹색건축물 지원조례	09. 12. 31
	· 평창군 저탄소 녹색성장 기본조례	10. 7. 9

지역	조례	일자
강원	· 고성군 저탄소 녹색성장 기본조례 · 강원도 기후변화대책 조례 · 동해시 저탄소 녹색성장 기본조례안 입법예고	10. 8. 9 08. 12. 29 10. 7. 9
충북	· 충청북도 저탄소 녹색성장 기본조례 · 충청북도 지속가능발전위원회 설치 운영조례 · 청주시 녹색사업 육성기금 설치 및 운용조례 · 충청북도 지속가능발전위원회 설치, 운영조례	10. 6. 30 08. 7. 1 09. 11. 6 08. 7. 1
충남	· 충청남도 저탄소 녹색성장 기본조례	10. 6. 30
전북	· 전라북도 녹색성장위원회의 설립 및 운영에 관한 규정 · 부안군 저탄소 녹색성장 기본조례안 입법예고 · 고창군 저탄소 녹색성장 기본조례안 입법예고	10. 7. 30 10. 8. 10 10. 7. 23
전남	· 전라남도 저탄소 녹색성장 기본조례 제정안 입법예고 공고 · 전라남도 녹색축산육성기금 조례 · 목포시 녹색목포21 협의회 설치운영조례 · 담양군 지속가능발전위원회 및 생태도시 담양21 협의회 설치 조례 · 담양군 지속가능발전투자유치촉진조례 · 목포시 기후변화대응 조례 · 신안군 기후변화대응에 관한 조례	10. 7. 20 10. 1. 8 10. 3. 29 03. 4. 15 02. 12. 31 09. 12. 28 09. 8. 6
경북	· 경상북도 저탄소 녹색성장 기본조례 · 구미시 저탄소 녹색성장 기본조례 · 영천시 저탄소 녹색성장 기본조례 · 안동시 저탄소 녹색성장 기본조례 입법예고 · 영주시 저탄소 녹색성장 기본조례안 입법예고	10. 7. 8 10. 8. 4 10. 7. 28 10. 7. 16 10. 6. 30
경남	· 경상남도 저탄소 녹색성장 기본조례안 입법예고 · 경상남도 녹색경남21 추진협의회 운영규칙 · 거제시 저탄소 녹색성장 기본조례 제정안 입법예고 · 고성군 저탄소 녹색성장 기본조례 제정 조례안 입법예고 · 통영시 저탄소 녹색성장 기본조례안 입법예고	10. 5. 20 10. 4. 29 10. 7. 15 10. 7. 10 10. 7. 28
제주	· 제주도 저탄소 녹색성장 기본조례안 입법예고	10. 5. 11

자료: 자치법규 정보시스템, http://www.elis.go.kr/

표 2-38 시도별 온실가스 감축목표

구분	온실가스 감축목표
서울	· '90년 대비 온실가스 배출량 '20년까지 20%, '30년까지 40% 감축
부산	· '20년까지 에너지 3% 절감, 신재생에너지 보급률 4.2% 확대
대구	· '05년 대비 온실가스 배출량 5% 감축
인천	· '13년까지 온실가스 배출량 수요전망 대비 9% 절감
광주	· '05년 대비 2015년에 온실가스 배출량 10% 감축
대전	· '20년까지 온실가스 배출량 BAU 대비 30% 감축
울산	· '12년까지 온실가스 배출량 '05년 수준으로 감축
경기	· 산하 시군별 온실가스 배출량 3% 이내 감축
강원	· '12년까지 '03년 대비 6% 감축
충북	-
충남	· 향후 5년 간('09~'13) 이산화탄소 발생량 '05년 대비 5% 절감
전북	-
전남	· '20년까지 온실가스 배출량 BAU 대비 30% 감축
경북	· '05년 대비 '20년까지 온실가스 8% 감축
경남	· '07과 '08년 평균 이산화탄소 배출량을 '12년까지 연 5% 안팎으로 감축
제주	· '05년 대비 10% 감축

표 2-39 녹색사회문화 잠재력지표 산정에 사용된 자료

구분	C1. 녹색제도 및 추진체계		C2. 녹색생활	
	지자체수 당 녹색성장 법규(조례) 제정 비율(%)	온실가스 감축목표 수립 여부	환경보호 시민참여율(%)	녹색홍보교육 (그린스타트 네트워크 비율)
서울	23.1	1	0.87	31
부산	17.6	1	0.83	100
대구	11.1	1	0.83	100
인천	18.2	1	0.80	100
광주	66.7	1	0.78	100
대전	50.0	1	0.83	100

울산	16.7	1	0.85	100
경기	25.0	1	0.78	100
강원	36.8	1	0.95	100
충북	30.8	–	0.92	100
충남	5.9	1	0.99	100
전북	20.0	–	0.86	100
전남	30.4	1	0.87	100
경북	20.8	1	0.85	100
경남	23.8	1	0.92	100
제주	33.3	1	0.79	100
합계	430.3	14	13.73	1,531
최대	66.7	1	0.99	100
최소	26.9	1	0.86	96
평균	5.9	–	0.78	31

2) 녹색사회문화 잠재력지표 산정

이들 자료로부터 산정된 녹색사회문화 잠재력지표는 〈표 2-40〉과 같다. 〈표 2-40〉에서 알 수 있는 바와 같이 녹색사회문화 잠재력지표의 성과척도 중에서 가중치가 더 높은 녹색생활지표의 경우 충청남도가 0.160으로 가장 높지만, 제도 및 추진체계가 미흡하여 전체 녹색사회문화 잠재력지표는 7위(0.191)로 분석되었다.

제도 및 추진체계 측면에서 광주광역시는 온실가스 감축목표를 2005년 대비 2015년에 온실가스 배출량을 10% 감축하는 것으로 설정하고, 저탄소 녹색성장 기본조례와 기후변화대응조례 및 북구와 남구가 각각 조례를 제정하여 녹색제도 및 추진체계 지표가 가장 높게 분석되었으며, 전체적으로 녹색사회문화 잠재력지표 역시 1위로 나타났다. 2위는 강원도, 3위는 대전광역시가 차지하였다.

표 2-40 녹색사회문화 잠재력지표

구분	C1. 녹색제도 및 추진체계	C2. 녹색생활	녹색사회문화 잠재력지표
서울	0.045	0.111	0.156
부산	0.041	0.143	0.184
대구	0.036	0.144	0.179
인천	0.041	0.140	0.182
광주	0.080	0.138	0.218
대전	0.067	0.144	0.210
울산	0.040	0.146	0.186
경기	0.047	0.137	0.184
강원	0.056	0.156	0.212
충북	0.025	0.153	0.177
충남	0.031	0.160	0.191
전북	0.016	0.147	0.163
전남	0.051	0.147	0.198
경북	0.043	0.145	0.188
경남	0.046	0.153	0.198
제주	0.053	0.139	0.193
최대	0.080	0.160	0.218
평균	0.045	0.144	0.189
최소	0.016	0.111	0.156

그림 2-11 녹색사회문화 잠재력지표의 세부지표 비교

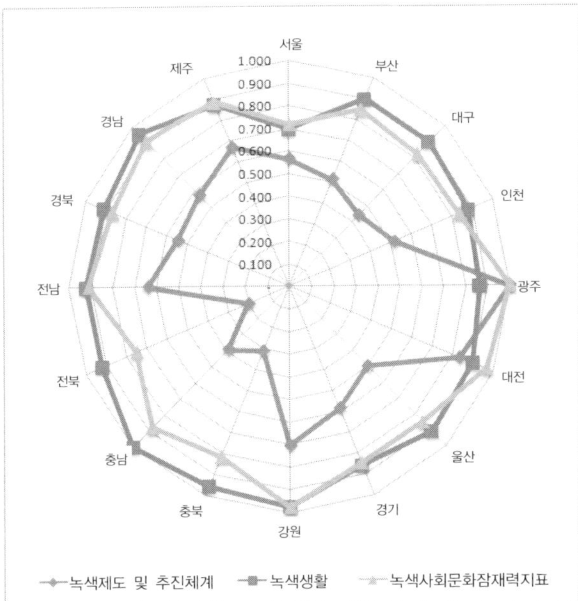

라. 녹색환경 잠재력지표

1) 녹색환경 잠재력지표 산정에 사용된 자료

마지막으로 녹색성장 잠재력 지수 중 녹색환경 측면에서의 잠재력 지표는 녹색지역 및 건축물과 녹색교통 측면에서 산정되었다. 녹색지역 및 건축물은 2008년 기준의 각 시도통계연보에 제시되어 있는 용도지역[16]을 참조하였는데, 첫 번째는 도시지역 면적 중에서 녹지지역이 차지하는 면적의 비율을 이용하였고, 두 번째는 총 용도지역 면적 중에서 자연환경보전지역의 면적 비율을 이용하였으며, 세 번째는 『지역에너지 통

16) 용도지역은 도시지역과 비도시지역 및 미지정지역으로 구분되는데, 도시지역의 경우 주거지역과 상업지역, 공업지역 및 녹지지역으로 구분된다. 비도시지역의 경우에는 계획관리지역, 생산관리지역, 보전관리지역, 미세분관리지역, 농림지역과 자연환경보전지역으로 구분된다.

계연보 2009』에 제시되어 있는 2008년의 건물부문 에너지 절약투자액 자료를 활용하였다. 이중에서 가중치가 가장 높은 건물부문 에너지 절약투자액의 경우 서울특별시가 56,715백만 원이고, 경기도가 11,774백만 원으로 가장 많이 투자를 하고는 있으나, GRDP로 나누어 살펴보면 강원도와 광주광역시가 각각 33.7과 29.6백만 원/천억 원으로 가장 많았다.

녹색교통 측면에서는 국가교통 DB에 제시되어 있는 버스와 지하철 및 철도의 분담률과 환경통계연감에 제시되어 있는 천연가스버스 보급현황 및 녹색교통망, 즉 자전거 도로연장을 활용하여 구하였으며, 지표 산정에 이용된 자료는 〈표 2-41〉과 같다.

표 2-41 녹색환경 잠재력지표 산정에 사용된 자료

구분	D1. 녹색지역 및 건축물			D2. 녹색교통		
	D11. 도시지역 중 녹지지역 면적(%)	D12. 용도 지역 중 자연환경보전 지역 비율(%)	D13. 건물부문 에너지 절약투자액 (백만 원/천억 원)	D21. 대중교통 분담률(%)	D22. 총 연장당 자전거도로 비율(%)	D23. 인당 천연가스버스 보급현황 (대/백만 인)
서울	40.4	–	22.8	66.5	9.4	154.3
부산	61.0	5.3	16.8	45.9	10.3	115.6
대구	78.8	5.5	4.9	36.8	23.0	101.1
인천	52.6	0.0	4.1	43.8	18.7	94.3
광주	78.2	–	29.6	32.0	31.7	60.4
대전	81.3	1.2	13.2	31.9	26.6	64.2
울산	70.8	3.7	1.0	31.0	12.7	70.1
경기	82.4	4.2	5.9	43.5	19.8	60.4
강원	82.2	11.3	33.7	22.4	8.1	27.2
충북	80.7	10.6	7.6	26.1	10.3	32.9
충남	64.1	8.2	1.3	25.9	7.8	17.3
전북	68.6	9.0	0.9	27.1	8.3	30.2
전남	71.1	26.7	0.0	27.2	6.8	23.4
경북	80.9	6.6	0.7	23.6	6.1	55.7

경남	82.3	17.9	2.9	21.6	5.8	53.3
제주	84.9	21.4	13.0	26.9	20.3	-
합계	1,160.5	131.7	158.6	532.1	225.6	960.5
최대	84.9	26.7	33.7	66.5	31.7	154.3
최소	72.5	8.2	9.9	33.3	14.1	60.0
평균	40.4	-	0.0	21.6	5.8	-

2) 녹색환경 잠재력지표 산정

산정된 녹색환경 잠재력지표 결과는 〈표 2-42〉와 같은데, 녹색교통의 가중치가 녹색지역 및 건축물에 비해 더 높게 설정되어 있다. 녹색교통지표가 가장 높은 광역자치단체는 서울특별시로 대중교통 분담률과 인당 천연가스 보급대수가 모두 가장 높게 나타났기 때문이다. 또한 녹색지역 및 건축물지표가 가장 높은 지자체는 강원도로 녹지지역과 자연환경보전지역의 면적도 넓지만 건물부문의 에너지절약 투자액이 가장 많기 때문이다.

대체적으로 울산광역시를 제외하고, 서울특별시와 광주, 부산, 대구, 인천광역시 등 광역시와 경기도가 인프라와 환경 측면에서의 녹색잠재력이 높게 산정되었다.

표 2-42 녹색환경 잠재력지표

구분	D1. 녹색지역 및 건축물	D2. 녹색교통	녹색환경 잠재력지표
서울	0.027	0.093	0.120
부산	0.027	0.068	0.095
대구	0.020	0.065	0.085
인천	0.013	0.068	0.080
광주	0.039	0.059	0.098
대전	0.026	0.056	0.082
울산	0.014	0.048	0.062

경기	0.021	0.062	0.082
강원	0.047	0.030	0.077
충북	0.024	0.035	0.060
충남	0.015	0.031	0.046
전북	0.016	0.034	0.050
전남	0.022	0.032	0.054
경북	0.017	0.035	0.052
경남	0.023	0.033	0.056
제주	0.033	0.036	0.070
최대	0.047	0.093	0.120
평균	0.024	0.049	0.073
최소	0.013	0.030	0.046

그림 2-12 녹색환경 잠재력지표의 세부지표 비교

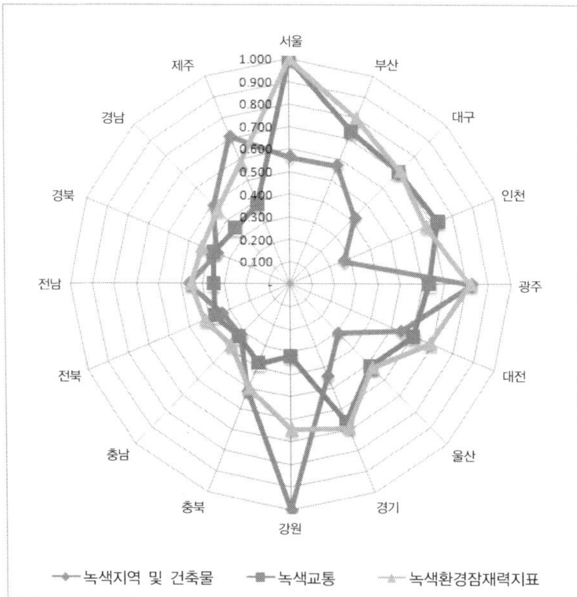

4. 녹색성장 잠재력 지수 도출 및 지역 유형화

가. 녹색성장 잠재력 지수 도출

앞서 산정한 광역자치단체의 녹색경제 잠재력지표, 녹색혁신 잠재력지표, 녹색사회문화 잠재력지표 및 녹색환경 잠재력지표를 각각의 가중치인 0.480, 0.120, 0.240, 0.160을 이용하여 식 (5)에 의해 하나의 값인 녹색성장 잠재력 지수(index)로 집계하여 나타내면 〈표 2-43〉과 같다.

표 2-43 녹색성장 잠재력 지수

구분	A. 녹색경제 잠재력지표	B. 녹색혁신 잠재력지표	C. 녹색사회문화 잠재력지표	D. 녹색환경 잠재력지표	종합지수
서울	0.141	0.070	0.156	0.120	0.487
부산	0.120	0.031	0.184	0.095	0.429
대구	0.145	0.032	0.179	0.085	0.441
인천	0.125	0.041	0.182	0.080	0.428
광주	0.159	0.042	0.218	0.098	0.517
대전	0.146	0.117	0.210	0.082	0.555
울산	0.114	0.029	0.186	0.062	0.391
경기	0.174	0.072	0.184	0.082	0.513
강원	0.324	0.026	0.212	0.077	0.639
충북	0.235	0.038	0.177	0.060	0.511
충남	0.164	0.046	0.191	0.046	0.447
전북	0.224	0.026	0.163	0.050	0.463
전남	0.191	0.017	0.198	0.054	0.461
경북	0.245	0.038	0.188	0.052	0.523
경남	0.218	0.033	0.198	0.056	0.505
제주	0.158	0.022	0.193	0.070	0.443
최대	0.324	0.117	0.218	0.120	0.639
평균	0.180	0.043	0.189	0.073	0.485
최소	0.114	0.017	0.156	0.046	0.391

본 연구에서 녹색성장 잠재력은 정의상 지역의 특화발전을 도모하는데 필요한 유무형의 자원, 즉 지역의 특화발전을 도모하는데 반드시 필요하거나, 적어도 기반이 될 수 있는 능력과 역량을 중시하기 때문에 녹색성장형 지역특화발전전략을 수립하는 궁극적인 목표에 해당하는 산출물, 즉 삶의 질 향상이나 신성장동력 창출 등은 고려하지 않는다.

그림 2-13 녹색성장 잠재력 지수

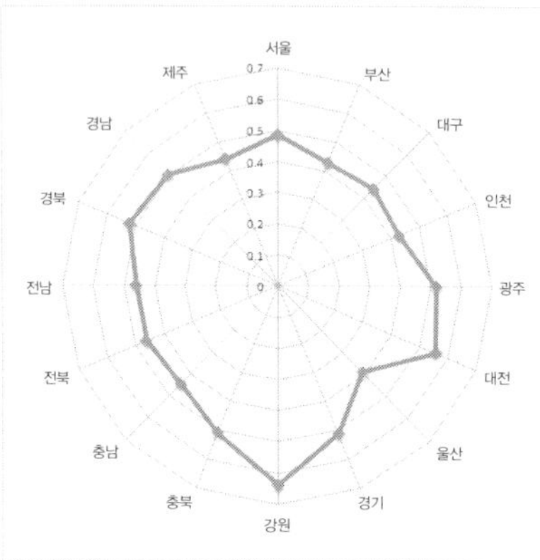

〈녹색성장 잠재력 지수〉

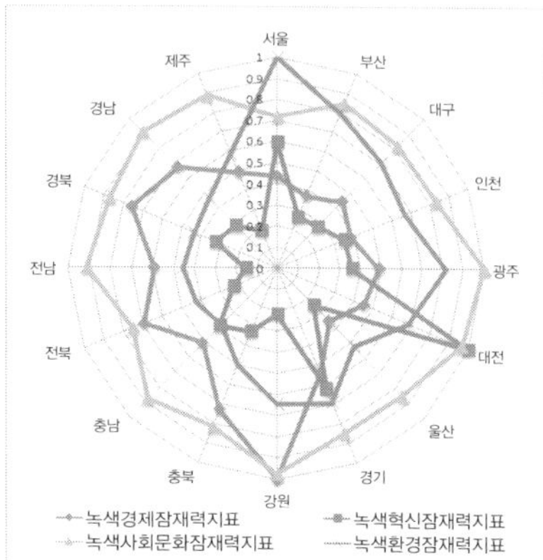

〈구성요소별 개별지표〉

위의 〈표 2-43〉에서 보는 바와 같이 녹색성장 잠재력이 가장 높은 광역자치단체는 녹색경제 잠재력과 녹색사회문화 잠재력이 모두 높은 강원도(1위)이며, 그 다음으로 대전광역시(2위)와 경상북도(3위) 순으로 나타났다. 대전광역시의 경우 녹색혁신 잠재력이 가장 높고, 녹색사회문화 잠재력의 경우에도 3위로 높게 나타났으며, 경상북도의 경우에는 가중치가 가장 높은 녹색경제 잠재력이 2위로 상당히 높기 때문에 전체적인 종합지수 측면에서도 높게 분석되었다고 볼 수 있다.

반면, 녹색성장 잠재력이 가장 낮은 지자체는 울산광역시(16위)와 인천광역시(15위), 부산광역시(14위) 및 대구광역시(13위)로 분석되었는데, 울산광역시의 경우 녹색성장 잠재력은 가장 낮은 반면 온실가스 배출량은 전국에서 가장 높은 지자체에 해당한다. 반면, 인천, 부산, 대구광역시의 경우 상대적으로 녹색환경 및 인프라 측면의 잠재력이 비교적 양호한 것으로 분석되었다. 녹색성장 잠재력지표별 상・하위 3개 지자체를 정리하여 제시하면 〈표 2-44〉와 같다.

표 2-44 잠재력지표별 상・하위 3개 지자체

지수(지표)	상위 3개 지자체	하위 3개 지자체
녹색성장 잠재력 지수	강원, 대전, 경북	울산, 인천, 부산
녹색경제 잠재력지표	강원, 경북, 충북	울산, 부산, 인천
녹색혁신 잠재력지표	대전, 경기, 서울	전남, 제주, 강원
녹색사회문화 잠재력지표	광주, 강원, 대전	서울, 전북, 충북
녹색환경 잠재력지표	서울, 광주, 부산	충남, 전북, 경북

나. 녹색성장 잠재력에 따른 지역유형화

다원-속성 효용이론을 이용하여 집계된 녹색성장 잠재력 지수의 지표별 분석결과를 이용하여 그 특성에 따라 지역유형을 다음과 같이 구분한다. 먼저 지역유형을 구분하는 방법은 녹색성장 잠재력 지수의 네 가지 지표별로 자료를 각각 표준화(z-score)시켜, 평균을 기준으로 특성간 등급을 파악하기 용이하도록 만든 다음 그 특성에 따라 구분하는 것이다. 〈표 2-45〉에서 보는 바와 같이 녹색성장 잠재력지표별 표준화 점수를 고려하여 유형 1, 유형 2, 유형 3, 유형 4, 그리고 유형 5의 다섯 가지로 구분이 가능하다.

표 2-45 잠재력지표별 표준화 점수(z-score)

구 분		A. 녹색경제 잠재력지표	B. 녹색혁신 잠재력지표	C. 녹색사회문화 잠재력지표	D. 녹색환경 잠재력지표	종합지수
유형 1	강원	2.552	−0.680	1.409	0.190	2.566
	전남	0.190	−1.008	0.579	−0.915	−0.394
	경남	0.670	−0.385	0.577	−0.847	0.339
유형 2	서울	−0.688	1.091	−1.964	2.274	0.042
	대전	−0.613	2.984	1.295	0.439	1.175
	경기	−0.104	1.193	−0.290	0.454	0.473
유형 3	충북	0.980	−0.169	−0.684	−0.654	0.437
	전북	0.774	−0.647	−1.557	−1.107	−0.353
	경북	1.148	−0.201	−0.025	−1.034	0.633
유형 4	부산	−1.074	−0.484	−0.285	1.074	−0.921
	대구	−0.632	−0.410	−0.581	0.587	−0.723
	인천	−0.983	−0.052	−0.437	0.348	−0.946
	광주	−0.380	−0.013	1.763	1.203	0.537
유형 5	울산	−1.169	−0.543	−0.193	−0.515	−1.551
	충남	−0.283	0.128	0.158	−1.326	−0.622
	제주	−0.388	−0.806	0.236	−0.170	−0.692

유형 1의 경우 녹색경제 잠재력과 녹색사회문화 잠재력이 타 지자체에 비해서 상대적으로 양호한 강원도와 경남, 전남으로 구분되고, 유형 2의 경우 녹색혁신 잠재력과 녹색환경 잠재력이 상대적으로 양호한 경기, 서울, 대전으로 구분된다. 유형 3과 유형 4는 각각 녹색경제 잠재력과 녹색환경 잠재력이 상대적으로 양호한 유형에 속하는데, 대체적으로 부산, 대구, 인천 등 광역시의 경우 녹색성장 잠재력 종합지수는 대체적으로 낮은 반면 인프라, 즉 녹색환경 측면에서 잠재력이 높게 나타났다. 한편, 대부분의 잠재력이 상대적으로 취약하게 나타난 울산광역시와 제주도 및 충청남도를 유형 5로 구분하였다.

충청남도의 경우 녹색혁신 잠재력이 대전, 경기, 서울특별시에 이어 높게 나타났으나, 이들 지자체에 비해 녹색혁신 잠재력의 지표값이 상당히 낮아 별도로 구분하였다.

그림 2-14 녹색성장 잠재력에 따른 지역 유형화 결과

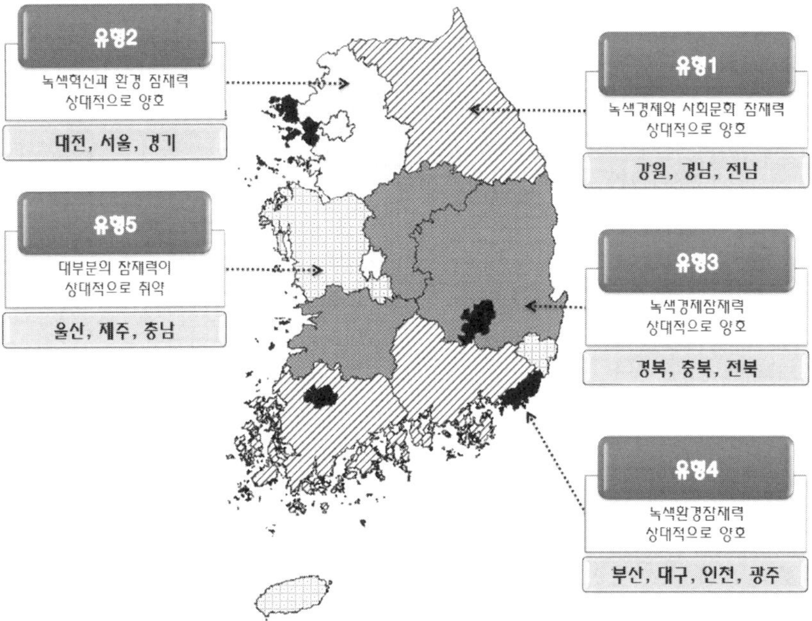

다. 녹색성장 잠재력 지수와 산출물 간 관계 분석

본 연구에서는 지역의 녹색성장 잠재력을 투입물(input)과 프로세스를 나타내는 중간투입물(throughput)까지의 유무형의 자원으로 정의하였고, 이에 따른 결과물, 즉 산출물(output)은 기후변화대응과 신성장동력 창출 및 지역주민의 삶의 질 향상으로 보았다.

이때 신성장동력 창출은 최근 우리나라에서 가장 중요시하고 있는 녹색일자리 창출 등으로 고려할 수 있겠으나, 현재 환경부에서는 환경산

업의 연간 매출액 및 종사자 수[17]를 시도별로 산정하고 있지 않기 때문에 정량적인 자료를 구득하기가 힘들다. 또한, 지역주민의 삶의 질 역시 정량화하는데 무리가 있기 때문에 본 연구에서는 기후변화대응 측면에서 산출물을 온실가스 배출량과 기타 대기오염물질 배출량으로 보고 녹색성장 잠재력 지수와의 관련성을 분석하도록 한다.

표 2-46 녹색성장 잠재력 지수와 산출물 간 관련성 비교

구분	인당 온실가스배출량		인당 대기오염물질 배출량					녹색성장 잠재력 지수
	CO_2 (천 톤/천 인)	배출량 지수	CO (톤/천 인)	SOx (톤/천 인)	NOx (톤/천 인)	VOC (톤/천 인)	배출량 지수	
서울	5.14	0.105	14.03	0.77	11.09	8.97	0.190	0.487
부산	7.32	0.150	14.71	9.22	17.66	11.34	0.268	0.429
대구	6.57	0.135	15.35	2.19	14.13	12.46	0.230	0.441
인천	11.42	0.234	21.55	6.42	24.08	21.65	0.368	0.428
광주	5.52	0.113	10.83	0.75	10.01	10.39	0.164	0.517
대전	6.59	0.135	15.30	1.61	13.45	10.96	0.220	0.555
울산	48.79	1.000	31.12	56.73	57.71	87.06	1.000	0.391
경기	7.73	0.159	13.11	2.42	18.37	14.31	0.237	0.513
강원	26.30	0.539	21.52	15.68	53.76	15.52	0.519	0.639
충북	19.41	0.398	22.50	10.22	41.96	21.87	0.470	0.511
충남	18.97	0.389	21.94	25.71	52.16	27.76	0.595	0.447
전북	11.28	0.231	15.95	5.79	22.84	17.49	0.303	0.463
전남	38.08	0.780	18.88	37.46	51.18	40.20	0.654	0.461
경북	24.24	0.497	21.96	14.84	37.33	19.79	0.460	0.523
경남	9.99	0.205	15.87	8.92	32.29	25.53	0.380	0.505
제주	8.27	0.170	17.22	5.29	20.10	11.53	0.282	0.443
최대	48.79	1.000	31.12	56.73	57.71	87.06	1.000	0.639
평균	15.98	0.327	18.24	12.75	29.88	22.30	0.396	0.485
최소	5.14	0.105	10.83	0.75	10.01	8.97	0.164	0.391

17) 환경부(2009)의 『2009 환경통계연감』에 제시되어 있는 우리나라 환경산업의 매출액과 종사자 수는 2007년을 기준으로 각각 34,111,652백만 원과 180,079명임.

그림 2-15 녹색성장 잠재력 지수와 산출물과 관련성 비교

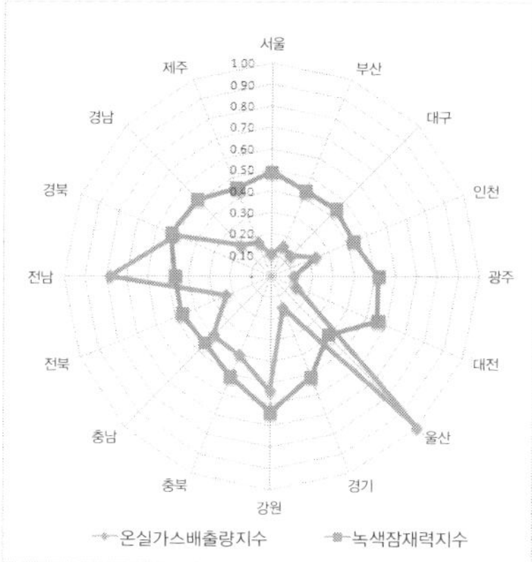

〈온실가스 배출량 지수와 비교〉

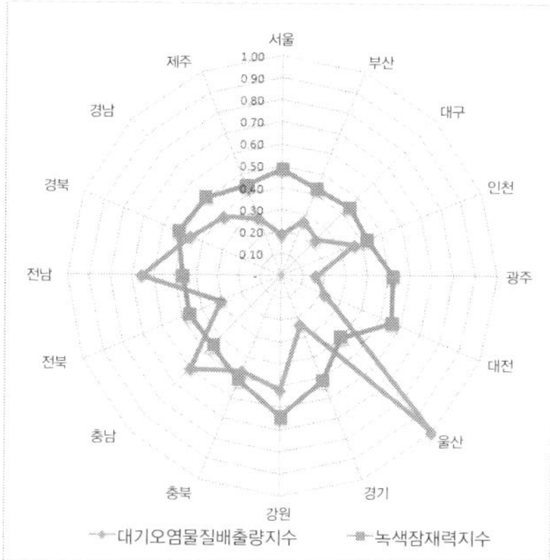

〈대기오염물질 배출량 지수와 비교〉

인당 온실가스 및 대기오염물질 배출량은 울산광역시(1위), 전라남도(2위), 강원도(3위) 순으로 높고, 서울특별시(16위)와 광주광역시(15위), 대구광역시와 대전광역시(14위)가 적게 나타났다. 따라서 녹색 잠재력은 가장 낮은 반면 온실가스 및 대기오염물질 배출량 지수는 가장 높은 울산광역시와는 달리, 전라남도와 강원도는 녹색 잠재력과 배출량 지수가 모두 높은 지자체에 해당한다. 제주도의 경우에는 녹색 잠재력은 다소 낮지만, 온실가스 배출량 역시 상당히 낮아 울산광역시와는 차별화된 녹색성장전략 수립이 요구된다.

제3장 녹색성장 잠재력 효과

제1절 분석의 개요 및 방법

1. 분석의 개요

본 연구의 지역 녹색잠재력은 녹색경제, 녹색혁신, 녹색사회문화, 녹색환경 4개 분야로 구분된다. 지역 녹색잠재력 중 첫째로 녹색경제는 녹색산업 육성과 에너지 효율향상을 위한 녹색 에너지산업 육성, 에너지소비 감소 등으로 구성하여 평가되며, 둘째, 녹색혁신은 연구개발 부문 연구원 수 등 녹색인적자원과 GRDP 대비 연구개발투자금액 등을 고려하여 작성하여 인적자원과 지식자원확보 달성 정도를 평가한다. 셋째, 녹색사회문화는 녹색성장 관련 조례 제정, 온실가스 감축목표 수립으로서 녹색제도 추진체계 성립여부와 녹색 관련 시민참여와 교육 및 홍보로 인한 녹색생활 실천을 평가한다. 끝으로 녹색환경은 건축물의 에너지 절감 정도, 지역 녹지화율의 녹색지역 및 건축물, 대중교통을 포함한 녹색교통의 활성화 등과 관련된 녹색교통으로 구성된다.

지역의 녹색잠재력은 단순히 잠재력의 존재 유무로 지역의 발전가능성 및 개발효과의 추정이 이루어지는 것이 아니라, 지역 녹색잠재력을 산업별로 분류하여 나타나는 효과로 추정할 수 있다. 이중 지역 녹색잠재력은 특정 지역의 지역발전효과 외에 지역내-지역간으로 지역발전효과가 구분되어 발생한다. 또한, 지역 녹색잠재력으로 인한 지역별 효과는 특정 지역으로 국한되는 지역내 효과와 주변 지역과의 교류로 인해 발생할 수 있는 지역간 효과로 구분된다. 이중 지역간 효과를 발생시키는 지역과의 교류는 지역간 산업의 무역으로 인한 산업간 교역에 의해서 주로 발생하며, 이는 단순히 지역의 녹색잠재력의 평가로 지역의 발전 가능성 및 발전 정도를 파악하는 것에는 한계가 있음을 시사한다.

본 연구에서 사용하고 있는 4개 부문, 21개 측정지표을 활용하여 녹색잠재력이 확보되었을 경우에의 지역의 발전효과 측정은 다양한 방법으로 추정이 가능하다. 그러나 본 연구에서는 지역의 발전효과로 단일지역모형(single-regional input output table), 지역간 투입산출표(inter-regional input output table), 다지역 투입산출표(multi-regional input output table)를 이용한 3가지 경우로 구분하여 분석을 시도하였다.[1] 이중 지역간 파급모형과 다지역 파급모형을 이용한 경우는 단일지역모형을 사용한 경우와는 달리 지역내 파급효과와 지역간 파급효과로 구분된다. 이는 단일지역모형의 분석 한계인 지역간 교역을 고려함으로써 녹색잠재력 성과를 달성했을 때 지역으로 파급되는 효과의 측정이 가능하며, 사업체 및 산업을 고려함으로써 지역간 파급모형과 다지역 파급모형으로 구분될 수 있다.

1) 〈표 2-28〉의 녹색성장 잠재력 지수는 정량지표인 녹색경제 잠재력지표, 녹색혁신 잠재력지표, 성과측정지표인 녹색사회·문화 잠재력지표, 녹색환경잠재력지표로 구성된다. 반면, 녹색경제 잠재력지표, 녹색혁신 잠재력지표만 정량적으로 자료 확보가 가능하기 때문에 이를 활용하여 지역 투입산출표 및 지역간, 다지역 투입산출표를 작성하였다. 단, 분석에 사용된 모든 정량화 지표들은 〈표 2-28〉에서 제시한 가중치를 적용하여 분석하였다.

그림 3-1 분석 모형별 차이

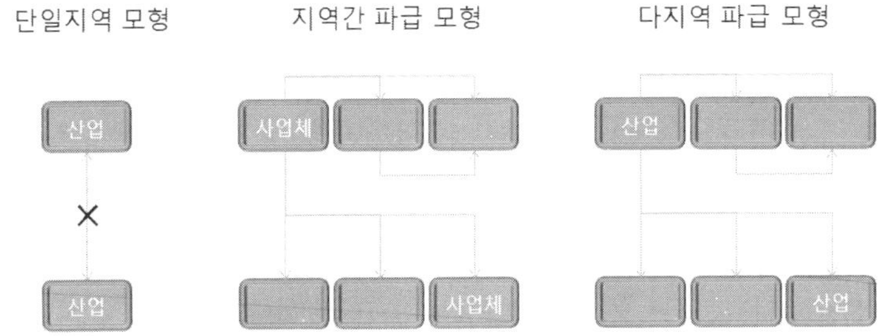

지역의 녹색잠재력으로 인한 장래 예측치의 추정은 단일지역, 지역간, 다지역 모형으로 구분하여 추정하였으며, 이는 정태적 및 동태적으로 분석되어 단일시점과 시점간의 분석에서 발생할 수 있는 장·단점을 상

그림 3-2 분석의 틀

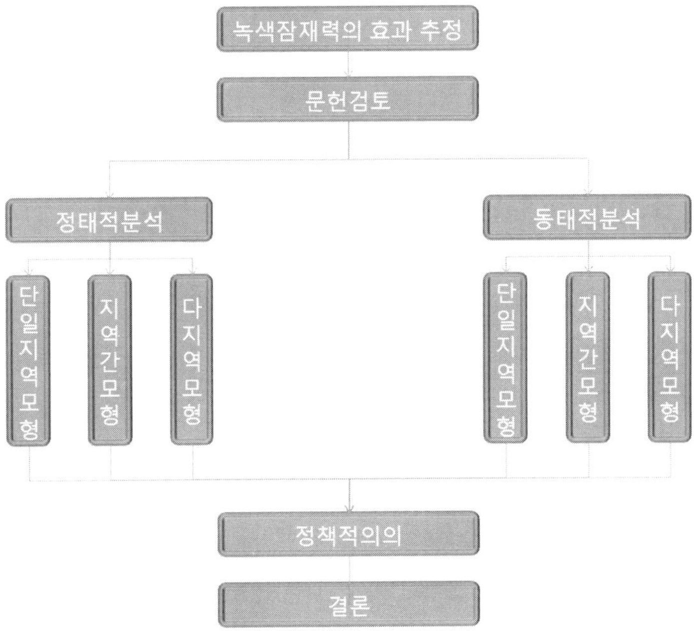

호 보완할 수 있는 장점이 있다. 정태적 분석은 한국은행에서 발간한 지역간 투입산출표를 사용하여 분석하였으며, 이는 직접조사법 등 전국 투입산출표에서 추출하여 지역간 투입산출표를 작성할 때 발생할 수 있는 작성의 오차를 배제하여 사용하는데 의의가 있다. 반면, 정태적 분석은 현재 시점인 2010년 기준 2008년 지역간 투입산출표를 사용하지 못하여 발생하는 시점간의 오류가 지적될 수 있으나, 가장 최근 연도인 2005년의 자료를 사용하였고, 또한 동태적 분석은 2005년의 정태적 자료를 사용한데서 발생하는 시점간의 오류를 현 시점으로 연장하여 파급효과를 추정하는데 그 의의가 있다.

2. 단일지역모형을 이용한 분석

가. 단일지역모형의 개요

한 산업에서 생산된 상품이 다른 산업의 상품생산을 위한 원재료로 투입됨으로써, 각 산업은 직·간접으로 서로 밀접한 연관관계를 형성하고 있다. 즉, 산업과 산업간의 연관관계를 수량적으로 파악하고자 하는 분석기법이 산업연관분석(input-output analysis)이며, 이중 단일지역을 사용한 산업연관분석이 단일지역모형이다. 단일지역모형을 이용한 산업연관분석은 생산활동을 통하여 각 산업간에 이루어지는 원재료의 매매거래를 토대로 하며, 한 나라에서 생산되는 모든 재화와 서비스의 산업간 거래관계를 체계적으로 기록한 통계표인 투입산출표의 작성으로부터 분석한다. 즉, 단일지역모형을 이용한 산업연관분석은 각 산업의 투입과 산출관계를 통한 상호연관관계에 기초한 분석기법으로써, 한 산업에 대한 수요변화는 관련되는 다른 산업의 공급변화를 의미한다.

단일지역모형은 국민경제의 수요와 공급을 산업별로 세분하여 고려해야 하는 경제예측이나 계획수립 등에도 유용한 분석도구로 활용 가능하며, 특히 생산기술이나 산업구조면에서 급격한 변화를 경험하고 있는 경제에서는 거시경제모형에 의한 총량분석과 산업연관분석이 상호보완적으로 이루어질 때 보다 효율적인 국민경제분석이 가능하다.

산업연관표는 일정기간 동안 국민경제 내에서의 재화와 서비스의 생산 및 처분과정에서 발생하는 모든 거래를 일정한 원칙과 형식에 따라 기록한 종합적인 통계표이며, 산업연관표에서는 이와 같은 재화와 서비스의 거래를 산업 상호간의 중간재 거래부분, 각 산업부문에서의 노동, 자본 등 본원적 생산요소의 구입부분, 각 산업부문 생산물의 최종소비자에게로의 판매부분의 세 가지로 구분한다. 산업연관표 내의 재화와 서비스의 산업부문 상호간의 거래인 중간수요와 중간투입을 기록하는 부분을 내생부문이라 하고, 최종수요와 부가가치를 기록하는 부분을 외생부문이라고 한다. 이중 내생부문이란 외생부문의 수치가 모형 밖에서 주어지면 이에 따라 수동적으로 모형 내에서 그 값이 결정되는 부분이며, 외생부문은 내생부문과는 관계없이 모형 밖에서 값이 결정된다.

표 3-1 단일지역모형의 구조

<table>
<tr><th colspan="2" rowspan="2">구 분</th><th colspan="5">중간재수요</th><th colspan="4">최종재수요</th><th rowspan="2">수입
(공제)</th><th rowspan="2">총생산</th></tr>
<tr><th>1</th><th>…</th><th>j</th><th>…</th><th>n</th><th>소비</th><th>투자</th><th>정부</th><th>수출</th></tr>
<tr><td rowspan="5">생
산
부
문</td><td>1</td><td>X_{11}</td><td>…</td><td>X_{1j}</td><td>…</td><td>X_{1n}</td><td>C_1</td><td>I_1</td><td>G_1</td><td>E_1</td><td>M_1</td><td>X_1</td></tr>
<tr><td>…</td><td>…</td><td>…</td><td>…</td><td>…</td><td>…</td><td>…</td><td>…</td><td>…</td><td>…</td><td>…</td><td>…</td></tr>
<tr><td>i</td><td>X_{i1}</td><td>…</td><td>X_{ij}</td><td>…</td><td>X_{in}</td><td>C_i</td><td>I_i</td><td>G_i</td><td>E_i</td><td>M_i</td><td>X_i</td></tr>
<tr><td>…</td><td>…</td><td>…</td><td>…</td><td>…</td><td>…</td><td>…</td><td>…</td><td>…</td><td>…</td><td>…</td><td>…</td></tr>
<tr><td>n</td><td>X_{n1}</td><td>…</td><td>X_{nj}</td><td>…</td><td>X_{nn}</td><td>C_n</td><td>I_n</td><td>G_n</td><td>E_n</td><td>M_n</td><td>X_n</td></tr>
<tr><td rowspan="2">부가
가치</td><td>노동</td><td>L_1</td><td>…</td><td>L_j</td><td>…</td><td>L_n</td><td>L_C</td><td>…</td><td>…</td><td>L_E</td><td>…</td><td>L</td></tr>
<tr><td>자본</td><td>K_1</td><td>…</td><td>K_j</td><td>…</td><td>K_n</td><td>K_C</td><td>…</td><td>…</td><td>K_E</td><td>…</td><td>K</td></tr>
<tr><td colspan="2">총생산</td><td>X_1</td><td>…</td><td>X_j</td><td>…</td><td>X_n</td><td>C</td><td>I</td><td>G</td><td>E</td><td>M</td><td>X</td></tr>
</table>

산업연관표를 이용한 산업간 연관관계의 파악은 산업 j 생산을 위해 투입된 산업 i의 중간 수요량을 이용하여 경제구조와 함께 산업간 구체적인 연관관계가 파악된다. 즉, 산업 j의 제품 1단위 생산을 위해 투입되는 산업 i제품의 양을 $a_{ij} = \frac{X_{ij}}{X_j}$라 하며, 이를 직접 투입계수(direct input coefficient), 투입계수(input coefficient), 투입산출계수(input-output coefficient) 또는 기술계수(technical coefficient)라 하며, 투입계수를 이용한 산업구조를 이용하여 파악할 수 있는 생산의 파급효과는 $(I+A+A^2+A^3+\cdots+A^n+\cdots)F=X$와 같다. 이를 이용해 파악할 수 있는 $X=\frac{1}{I-A}F=(I-A)^{-1}F$ 중 $(I-A)^{-1}$행렬은 산업의 최종수요 한 단위 변화에 의해 발생하는 직접효과와 간접효과의 합을 나타내며 이를 생산유발계수라고 한다.

나. 단일지역모형의 파급효과

단일지역모형을 이용한 산업연관분석으로 산출가능한 파급효과는 생산승수, 소득승수, 고용승수가 있다. 첫째, 생산승수(O_j)는 산업 j제품에 대한 1단위 최종 수요의 변화가 경제 전체에 미치는 생산효과를 나타내며, 산업간의 연관 정도를 나타내는 산업 j의 생산승수는 승수 행렬 중 산업 j에 해당하는 열의 합($O_j = \Sigma_i \lambda_{ij}$)이며, 산업 j의 생산승수가 높을 때는 산업 j와 타 산업간의 연관관계가 높은 것을 의미한다. 둘째, 소득승수는 각 산업 제품에 대한 외부 수요의 변화가 생산에 미치는 효과를 측정하는 것이 아닌, 최종 수요의 변화가 가계부문의 소득에 미치는 효과를 측정하는 것을 나타낸다. 산업 j제품에 대한 1단위 수요의 변화가 가계부문의 소득 변화에 미치는 영향은 $H_j = \sum_i a_{n+1,i}\lambda_{ij}$로 산출이 가능하다. 셋째, 고용승수는 산업의 생산량과 산업의 고용자와의 관계가 측정 가능하다면 각 산업제품에 대한 외부 수요의 변화가 고용에 미치는 영향을 나타낼 수 있다. 고용승수를 측정하기 위해서는 고용자 투입산출계수($Z_{n+1,j}$)의 측정이 선행되어야 하며, 고용 투입산출계수($a_{n+1,j}$)는 산업 j

제품 1단위 생산에 투입되는 고용의 가치를 의미한다. 끝으로 고용계수 ($Z_{n+1,j}=\frac{e_j}{X_j}$)는 산업 j제품 1단위 생산에 고용되는 고용자의 수(e_j)를 나타내며, 산업 j에 고용된 종사자 수($e_j=\frac{W_j}{w_j^{avg}}$)는 산업 j의 평균 노동임금(w_j^{avg})과 투입산출표에서 가계부문의 노동 소득을 이용하여 측정한다.

또한, 단일지역모형을 이용한 산업간 연계효과는 전방효과 및 후방효과로 구분하여 분석되며, 이중 전방계수(V_i)는 산업의 전방연계효과 (forward linkage effect)의 상대적 영향 정도를 측정하는 수단이며, 산업 i의 제품이 다른 산업들의 새로운 제품을 생산하게 하는 효과를 의미한다. 전방효과 $V_i=\frac{\sum_j \lambda_{ij}}{\frac{1}{n}\sum_i\sum_j \lambda_{ij}}$는 1보다 큰 경우 경제여건에 상대적으로 민감하게 반응하는 산업을 의미하는 반면, 1보다 작은 산업은 경제여건에 상대적으로 둔감하게 반응하는 산업을 의미한다. 특히, 전방계수가 1보다 큰 산업은 다른 산업 제품들에 대한 최종수요가 1단위씩 증가하였을 때, 그 산업의 생산이 1단위 이상으로 증가하는 산업을 나타낸다.

후방계수(U_j)는 산업의 후방연계효과(backward linkage effect)의 상대적 영향 정도를 측정하는 수단이며, 이는 산업 j의 성장이 산업 j의 생산과정에 투입되는 중간재를 생산하는 산업들의 성장을 유도하는 효과를 의미한다. 후방계수 $U_j=\frac{\sum_i \lambda_{ij}}{\frac{1}{n}\sum_i\sum_j \lambda_{ij}}$가 1보다 큰 산업은 그 산업재화에 대한 최종 수요가 경제 전체에 미치는 영향이 다른 산업에 비해 상대적으로 크다는 것을 나타낸다.

3. 지역간모형을 이용한 분석

가. 지역간모형의 개요

지역의 특징 및 산업 특징을 나타내는 모형은 단일지역모형과 다지역모형으로 구분된다. 이는 전국 산업연관표의 활용은 지역별로 산업이 구분되어 있지 않기 때문에 수요의 변화와 같은 외부 충격에 의해 지역별로 미치는 영향을 파악하기가 쉽지 않기 때문이다. 따라서 지역별 효과 추정에 대한 보완으로써 공간의 개념을 적용한 분석이 필요하며 이는 전국 산업연관표와 구분된다. 또한, 동일한 산업제품에 대한 생산구조는 지역에 따라 차이가 있을 수도 있으며, 지역별 산업연관표의 추정에는 생산구조의 지역적 특성을 고려하는 것이 필요하다. 즉, 지역간 상품의 흐름인 지역간 교역을 고려함으로써, 전국 산업연관표 및 특정 지역의 산업연관표에서 제시하지 못하는 지역간 상호연관관계에 대한 추가적인 고려가 가능하다.

투입산출계수는 지역의 투입산출계수와 순투입산출계수로 구분되며, 지역의 투입산출계수는 지역내 산업 j제품 1단위 생산에 의해 투입되는 산업 i제품의 양을 의미하며, 순투입산출계수는 지역내 산업 j의 제품 1단위 생산을 위해 동일 지역내 산업 i에서 투입되는 양을 의미한다. 지역의 투입산출계수와 순투입산출계수의 차이는 투입되는 산업 제품이 해당 지역내 또는 지역외에 따라서 구분된다.

단일지역모형의 투입산출계수를 산출하는 방법으로는 직접공급비율법, 직접조사법, 제품혼합법이 있으며, 이중 지역별 투입산출계수 추출을 위해 사용되는 직접공급비율법은 산업의 투입 구조가 지역마다 동일함을 가정하며 생산 구조의 지역별 차이를 고려하지 못하기 때문에 본 연구의 목적과는 상이하다. 반면, 직접조사법은 지역내 산업연관관계를 직접 조사함으로써, 지역 투입 구조의 특성을 명확하게 고려할 수 있는 장점이 있다. 제품혼합법은 동종의 산업임에도 불구하고 지역의 투입구조가 상이할 때 지역별 투입산출계수를 추정하는데 용이하나, 지역의 순투입산출계수가 아니며 지역간 흐름을 고려하지 못하는 단점이 있다.

따라서 지역의 투입산출계수의 추정은 지역간 연관관계와 지역간 흐름을 고려하지 못하는 단점이 있어 분석의 정확성을 높이기 위하여 이를 보정할 수 있는 다지역 모형이 필요하다. 또한, 지역의 연관관계는 지역간 산업 제품의 흐름으로 파악이 되며, 다지역 경제의 투입산출표를 이용하여 분석이 가능하다. 반면, 한국은행에서 공표한 2005년 지역간 투입산출표를 활용함으로써, 전국 투입산출표에서 지역별 투입산출표를 추계하지 않고 공식 28개 부문 투입산출표를 사용한다. 단, 본 연구에서는 기존의 28개 대부문을 14개로 축소시켜 분석의 용이함을 도모하였다.

지역간 투입산출은 지역간 접근법(interregional approach)과 다지역 접근법(multi-regional approach)에 의해서 구분된다. 지역 B의 산업 j에 투입된 지역 A의 산업 i의 양은 X_{ij}^{AB}와 같으며 이를 이용한 지역간 산업연관표는 〈표 3-2〉와 같다.

표 3-2 지역간 산업연관표

투입 \ 배분		서울(S)			…			제주(J)		
		산업1	…	산업14	산업1	…	산업14	산업1	…	산업14
서울(S)	산업1	X_{11}^{SS}	…	X_{114}^{SS}	…	…	…	X_{11}^{SJ}	…	X_{114}^{SJ}
	…	…	…	…	…	…	…	…	…	…
	산업14	X_{141}^{SS}	…	X_{1414}^{SS}	…	…	…	X_{141}^{SJ}	…	X_{1414}^{SJ}
…	산업1	…	…	…	…	…	…	…	…	…
	…	…	…	…	…	…	…	…	…	…
	산업14	…	…	…	…	…	…	…	…	…
제주(J)	산업1	X_{11}^{JS}	…	X_{114}^{JS}	…	…	…	X_{11}^{JJ}		X_{114}^{JJ}
	…	…	…	…	…	…	…	…	…	…
	산업14	X_{141}^{JS}	…	X_{1414}^{JS}	…	…	…	X_{141}^{JJ}	…	X_{1414}^{JJ}

나. 지역간모형의 파급효과

지역간모형을 이용했을 때 추정 가능한 파급효과는 생산승수, 소득승수, 고용승수가 있다. 생산승수는 지역의 순투입산출계수행렬과 승수

행렬을 이용하여 지역 산업 j제품에 대한 1단위 최종 수요 변화가 지역 경제에 미치는 영향을 의미한다. 지역의 생산에 미치는 효과는 O_j^A에 의해 측정되며, O_j^A는 $O_j^A = \sum_i \lambda_{ij}^{AA}$로 산출된다.

소득승수는 j제품 1단위 최종 수요의 변화로 인해 지역경제의 가계 소득에 미치는 영향을 의미하며, 지역의 가계 소득에 미치는 효과는 H_j^A에 의해 측정되며, 산업별 소비계수 a_{n+1}^A를 고려한 H_j^A는 $H_j^A = \sum_i a_{n+1}^A \lambda_{ij}^{AA}$에 의해서 산출된다.

고용승수는 j제품 1단위 최종 수요의 변화에 의한 고용의 증가를 의미하며, 고용승수는 E_j^A에 의해서 산출되며, 산업별 고용계수 z_{n+1}^A를 고려한 E_j^A는 $E_j^A = \sum_i z_{n+1}^A \lambda_{ij}^{AA}$에 의해서 산출된다.

4. 다지역모형을 이용한 분석

가. 다지역모형의 개요

지역간모형은 지역의 사업체를 기초로 작성된 반면 다지역모형은 다지역간 산업의 관계를 이용하여 작성하며, n개 산업에 대한 지역의 다지역 산업연관표는 지역별/산업별로 구분된다. 지역으로 유입되는 산업 i제품의 총량 중 해당지역 A로 유입되는 비율을 지역간 유입계수라고 하며, 이는 산업 i제품의 지역간 교역계수(C)를 의미한다.

지역간 유입계수를 고려한 지역의 중간재수요와 최종재수요는 지역별로 배분되며, 이를 통해 다지역 경제의 투입산출 체계가 구성되며, 다지역 경제의 투입산출 체계는 $X - CAX = CF$로 나타낼 수 있다. 따라서 다지역 경제의 지역별 산업 생산량은 지역 승수 행렬과 최종 수요 행렬에 의해서 $X = (I - CA)^{-1} CF$로 작성된다.

표 3-3 다지역 산업연관표(제품 i)

투입 \ 배분		지역						
		1	…	3	…	A	…	n
지역	1	Z_i^{11}	…	Z_i^{13}	…	Z_i^{1A}	…	Z_i^{1n}
	…	…	…	…	…	…	…	…
	3	Z_i^{31}	…	Z_i^{33}	…	Z_i^{3A}	…	Z_i^{3n}
	…	…	…	…	…	…	…	…
	B	Z_i^{B1}	…	Z_i^{B3}	…	Z_i^{BA}	…	Z_i^{Bn}
	…	…	…	…	…	…	…	…
	n	Z_i^{n1}	…	Z_i^{n3}	…	Z_i^{nA}	…	Z_i^{nn}
합계		S_i^1	…	S_i^3	…	S_i^A	…	S_i^n

나. 다지역모형의 파급효과

지역 생산의 변화에 따라 지역간모형의 효과는 지역내효과(intraregional effect)와 지역간효과(interregional effect)로 구분된다. 지역내효과는 최종 수요 1단위 변화에 따라 지역내에 미치는 효과를 의미하며, 지역간효과는 최종 수요 1단위 변화에 따라 지역간에 미치는 효과를 의미한다. 또한, 지역내효과와 지역간효과의 합은 전국효과(national effect)로 최종 수요 1단위 변화에 따라 국가에 미치는 효과를 나타낸다. 지역내효과와 지역간효과는 생산효과, 소득효과, 고용효과로 세분화되어 구분이 가능하며, 지역내파급효과(intraregional effect), 지역간확산효과(interregional spillover effect), 그리고 지역간환류효과(interregional feedback effect)로 세분화된다.

다지역모형의 파급효과는 지역내효과와 지역외효과로 구분이 되며, 지역내/지역외의 생산승수, 소득승수, 고용승수로 구분된다. 지역내 생산승수는 O_j^{AA}와 O_j^{BB}에 의해 측정되며, O_j^{AA}와 O_j^{BB}는 $O_j^{AA}=\sum_i \lambda_{ij}^{AA}$, $O_j^{BB}=\sum_i \lambda_{ij}^{BB}$로 산출된다. 지역내 가계 소득에 미치는 효과는 H_j^{AA}와 H_j^{BB}에 의해 측정되며, 산업별 소비계수 a_{n+1}^{A}와 a_{n+1}^{B}를 고려한 H_j^{AA}와

H_j^{BB}는 $H_j^{AA}=\sum_i a_{n+1}^A \lambda_{ij}^{AA}$와 $H_j^{BB}=\sum_i a_{n+1}^B \lambda_{ij}^{BB}$에 의해 추정된다. 지역내 고용승수는 j제품 1단위 최종 수요의 변화에 의한 고용의 증가를 의미하며 E_j^{AA}와 E_j^{BB}에 의해서 산출되며, 산업별 고용계수 z_{n+1}^A와 z_{n+1}^B를 고려한 E_j^{AA}와 E_j^{BB}는 $E_j^{AA}=\sum_i z_{n+1}^A \lambda_{ij}^{AA}$와 $E_j^{BB}=\sum_i z^B \lambda_{ij}^{BB}$에 의해서 산출된다. 지역간 생산승수는 O_j^{AB}에 의해 측정되며, O_j^{AB}는 $O_j^{AB}=\sum_i \lambda_{ij}^{AB}$로 구성된다. 지역내 가계 소득에 미치는 효과는 H_j^{AB}에 의해 측정되며, 산업별 소비계수 a_{n+1}^A를 고려한 H_j^{AB}는 $H_j^{AB}=\sum_i a_{n+1}^A \lambda_{ij}^{AB}$에 의해서 산출된다. 지역내 고용승수는 j제품 1단위 최종 수요의 변화에 의한 고용의 증가를 의미하고 E_j^{AB}에 의해서 산출되며, 산업별 고용계수 z_{n+1}^A를 고려한 E_j^{AB}는 $E_j^{AB}=\sum_i z_{n+1}^A \lambda_{ij}^{AB}$에 의해서 산출된다.

또한, 지역간 상호 관계를 고려함으로써 확산효과(spillover effect)와 환류효과(feedback effect)를 추가적으로 고려 가능하다. 특히, 지역의 투입산출표는 지역의 제품 생산에 있어서 지역의 투입과 산출만을 고려함으로써, 지역간 교역에 의한 확산효과와 환류효과에 대한 고려가 배제되기 때문에 이를 극복하기 위한 지역간 투입산출표의 작성은 확산효과와 환류효과를 추가적으로 고려함으로써, 지역간 교역을 고려한 보다 정확한 파급효과의 추정이 가능한 장점이 있다. 또한, 지역간 투입산출 모형은 각 산업 제품의 지역간 흐름을 지역내 산업으로부터 직접 조사하지만, 다지역 투입산출 모형은 각 산업의 지역간 교역을 고려한 점에서 차이가 있다.

제2절 모형별 지역발전효과 추정

본 연구에서 개발한 녹색성장 잠재력 지수는 4개의 대분류, 8개의 중분류, 그리고 21개의 소분류로 구성되어 있다. 반면, 녹색성장 잠재력 지수는 지수를 구성하고 있는 요인들의 가중치를 산출한 것으로써 지수

구성 요인들 중 어떤 요인의 중요도가 상대적으로 더 고려해야하는 지를 밝히는데 의의가 있다. 그러나 지수의 성격적 한계[2)]로 인하여 지역으로 지수를 투과했을 때의 효과 추정은 불가능하다. 이를 극복하기 위하여 한국은행에서 작성한 16개 시도의 투입산출표를 이용하여 개별 시도의 효과, 시도간 효과로 구분하여 제시하고자 한다.[3)]

녹색성장 잠재력으로 인한 16개 시도의 지역 및 지역간 투입산출표를 산출하기 위해서는 본 연구에서 사용하고 있는 21개 소분류로 구성된 녹색성장 잠재력 지수 중 정량적 자료를 제외한 제도 및 생활방식, 용도지역 및 교통은 지역간 연계방식이 존재하지 않기 때문에 이를 제외하고 지역 및 지역간 투입산출표를 작성하였다. 지역, 지역간, 그리고 다지역간 투입산출표의 작성 방식은 〈표 3-3〉~〈표 3-5〉에 근거하여 작성하였으며, 녹색성장 잠재력을 구성하는 요인들에 의한 파급효과는 크게 생산효과, 소득효과, 고용효과로 구분하였다.

1. 단일지역모형을 이용한 효과 측정

16개 시도의 단일지역의 투입산출표를 이용한 지역별 효과 추정은 지역간 관계 및 다지역의 지역내효과, 지역간효과, 그리고 국가효과를 추정하기 전 사전 검토 작업으로써 분석의 의의가 있다. 또한, 16개 시도의 단일지역 투입산출표는 16개 시도의 지역간 투입산출표 및 다지역 투입산출표의 작성을 위한 기초 자료로 활용되는 거래자료이기 때문에 한국은

---

2) 본 장에서 개발한 녹색성장 잠재력 지수의 지역 파급효과를 추출하기 위해서는 지표들의 가중치가 아닌 개별 지표들을 구성하는 16개 시도의 원자료를 활용하였다. 즉, 〈표 2-28〉에서 제시하고 있는 A11~B22의 정량적 자료를 이용하여 16개 시도별로 지역 투입산출표 및 지역간 투입산출표를 각각 작성하였다.

3) 시도의 지역별 효과 및 시도간의 지역간 효과는 단일지역모형, 지역간모형, 다지역모형으로 순차적으로 지역의 산출량간 인과관계를 추가적으로 확대하여 고려함으로써 분석의 다변화를 시도하였으며, 이를 통해 궁극적으로 지역내효과와 지역간효과를 총합한 국가효과를 산출하는 것을 본 장의 목표로 한다.

행에서 발표한 공식자료를 토대로 16개 시도의 효과 분석을 실시하였다.

가. 지역별 승수효과 분석 결과

단일지역모형을 이용한 최종 수요 1단위 증가에 따른 지역별 생산활동은 대체로 증가하는 것으로 분석되었다. 농림수산품으로 통합하여 분석을 시행한 1차 산업의 생산효과는 1.63~2.10으로 특히 부산, 경기의 농업부분 생산효과가 큰 것으로 나타났다. 반면, 전통적인 1차 산업 특화지역인 전남, 전북, 강원의 생산효과는 전체 16개 시도 1차 산업 평균인 1.78에는 못 미치는 것으로 나타났으며, 전반적으로 생산효과는 낮은 것으로 분석되었다.

광산품과 제조업으로 구성된 2차 산업은 부산, 서울 대도시 중심에서 생산효과가 높은 것으로 나타나 원료 가공에 대한 산업 중심으로 생산효과가 큰 것으로 나타났다. 반면, 광산품의 경우 원료 생산지로 알려진 강원이 전체 16개 시도 평균인 1.81에 못 미치는 것으로 나타났으며, 16개 시도의 생산효과는 원료 생산지보다는 원료 가공지에서 보다 큰 효과가 발생하는 것으로 분석되었다. 또한, 제조업의 경우에서도 울산을 제외한 특·광역시의 생산효과가 나머지 시도의 평균생산효과와 2.09로 동일하게 나타나 특·광역시 및 일반 시도에서의 제조업 생산효과에 구분은 이루어지지 않는 것으로 분석되었다. 따라서 16개 시도의 제조업 생산효과는 시도의 차이가 없이 고르게 증가하는 것으로 나타났다.

3차 산업의 생산효과는 일반 시도보다는 광역시에서 일반적으로 생산효과가 큰 것으로 분석되었다. 반면, 도소매, 운수 및 보관은 일반 시도에서 생산효과가 보다 큰 것으로 나타났다. 특히, 금융 및 보험은 광역시보다는 일반 시도에서의 생산효과가 큰 것으로 나타났으며, 일반적으로 고려할 수 있는 광역시에서의 생산효과가 클 것이라는 사전정보와는 다른 것으로 나타났다. 그러나 광역시와 일반 시도와의 생산효과 차이는 0.01로 매우 미미한 것으로 분석되었다.

전체 시도의 산업별 생산효과가 크게 유발되는 산업으로는 사회 및 기타서비스로써, 전체 산업의 평균 생산효과인 1.80보다 0.56만큼의 생산효과가 부가적으로 유발되는 것으로 분석되었다. 또한, 광역시와 일반 시도의 생산효과 역시 사회 및 기타서비스에서 가장 크게 유발되는 것으로 나타났으며, 이는 부가적인 투자가 이루어졌을 때 전체 시도의 생산효과가 가장 크게 증가하는 것을 의미한다.

반면, 전체 시도의 생산효과가 가장 낮은 산업은 부동산 및 사업서비스로써, 전체 시도의 평균 생산승수보다 0.31만큼 생산효과가 낮은 것으로 나타났다. 이는 역시 광역시와 일반 시도에서도 같게 나타났으나, 광역시는 광역시 평균보다 0.30, 일반 시도는 0.32의 생산효과가 낮게 형성되어, 광역시보다는 일반 시도에서의 생산효과가 보다 낮게 유발되는 것으로 분석되었다.

표 3-4 지역별 생산승수 분석 결과

구 분	서울	인천	경기	대전	충북	충남	광주	전북	전남	대구	경북	부산	울산	경남	강원	제주
농림수산품	1.76	1.83	1.91	1.63	1.73	1.73	1.64	1.79	1.67	1.77	1.75	2.10	1.76	1.82	1.70	1.85
광산품	1.94	1.78	1.91	1.76	1.80	1.82	1.93	1.96	1.68	1.75	1.83	1.95	1.41	1.88	1.79	1.79
제조업	2.03	2.08	2.04	1.90	2.10	1.98	2.13	2.30	1.86	2.32	2.08	2.39	1.78	2.23	2.04	2.21
전력, 가스 및 수도	1.93	1.27	1.31	1.62	1.54	1.57	1.70	1.69	1.72	1.87	1.69	1.62	1.65	1.29	1.54	1.63
건설	2.00	2.01	1.98	1.94	2.04	1.98	2.02	2.09	1.94	2.10	2.03	2.12	1.90	2.07	2.00	2.06
도소매	1.66	1.69	1.67	1.63	1.66	1.64	1.66	1.68	1.64	1.67	1.67	1.67	1.65	1.68	1.68	1.66
음식점 및 숙박	2.05	2.09	2.08	1.98	2.05	2.00	2.11	2.16	2.01	2.14	2.05	2.10	1.92	2.05	1.77	1.98
운수 및 보관	1.57	1.79	1.71	1.84	1.87	1.73	1.86	1.94	1.61	1.93	1.83	1.77	1.62	1.80	1.85	1.91
통신 및 방송	1.83	1.81	1.79	1.80	1.83	1.83	1.84	1.88	1.88	1.82	1.84	1.84	1.84	1.86	1.83	1.86
금융 및 보험	1.51	1.63	1.61	1.59	1.62	1.59	1.66	1.65	1.63	1.70	1.72	1.70	1.72	1.70	1.76	1.66
부동산 및 사업서비스	1.62	1.49	1.49	1.48	1.50	1.45	1.52	1.48	1.45	1.46	1.47	1.51	1.47	1.47	1.51	1.49
공공행정 및 국방	1.49	1.51	1.52	1.45	1.49	1.45	1.50	1.52	1.42	1.56	1.47	1.59	1.68	1.78	1.50	1.55
교육 및 보건	1.57	1.57	1.54	1.52	1.51	1.48	1.54	1.58	1.53	1.60	1.55	1.64	1.55	1.59	1.56	1.55
사회 및 기타서비스	2.26	2.40	2.24	2.32	2.39	2.43	2.32	2.44	2.40	2.39	2.48	2.46	2.39	2.49	2.19	2.13

지역별로는 전북, 부산, 대구, 경남의 생산효과가 일반적으로 다른 시도에 비해서 높은 것으로 분석되었다. 반면, 전남과 울산의 생산효과는 상대적으로 낮게 유발되는 것으로 나타났으며, 특히 울산은 영남권의 타 지역과 비교했을 때 고용효과가 매우 낮게 유발되었다.

16개 시도의 자체 투입산출표는 생산효과 외에 소득효과가 추가적으로 유발된다. 16개 시도의 소득효과를 소득승수로 분석한 결과 이중 농림수산품으로 통합하여 분석한 1차 산업의 소득효과는 0.08~0.71로 분석되었다. 농림수산품에 대한 소득효과는 대체적으로 특·광역시가 일반 시도보다 높은 것으로 나타났다. 반면, 전통적인 1차 산업 특화지역인 전남, 전북, 충남의 소득효과가 전체 16개 시도 1차 산업 평균인 1.91에 못 미치는 것으로 나타났으며, 16개 시도 중 가장 소득효과가 적게 유발되는 지역으로 분석되었다.

2차 산업 중 광산품은 일반 시도가 특·광역시보다 소득효과가 큰 것으로 분석되어 원료 공급이 주로 발생하는 일반 시도에서의 소득이 보다 더 창출되는 것으로 나타났다. 반면, 특·광역시와 차이가 0.033으로 원료 생산지 못지 않게 원료 가공에 의한 소득 창출도 큰 것으로 나타났다. 2차 산업 중 제조업은 특·광역시의 소득효과가 일반 시도에 비해 높은 것으로 분석되어 원료 가공에 대한 산업 중심으로 소득효과가 큰 것으로 나타났다.

3차 산업의 소득효과는 일반 시도보다는 광역시에서 큰 것으로 분석되었다. 이는 모든 산업에서 동일하게 나타났으며, 특히 공공행정 및 국방, 통신 및 방송, 전력, 가스 및 수도에서 광역시의 소득효과가 보다 큰 것으로 분석되었다.

전체 시도의 산업별 소득효과가 크게 유발되는 산업으로는 교육 및 보건으로써, 전체 산업의 평균 생산효과인 0.36보다 0.29만큼의 소득효과가 부가적으로 유발되는 것으로 분석되었다. 교육 및 보건에 대한 광역시와 일반 시도의 소득효과는 각각 평균 소득효과보다 0.26, 0.30만큼 큰 것으로 나타났으며, 일반 시도의 소득효과가 광역시보다는 크게 유발되는 것으로 나타났다. 이는 교육 및 보건에 부가적인 투자가 동시에 이루어졌을 때 일반 시도에서의 소득이 광역시보다는 다소 크게 증가함을 의미한다.

반면, 전체 시도의 소득효과가 가장 낮은 산업은 농림수산품으로써 전체 시도의 평균 소득승수 0.36보다 0.17만큼 소득이 적게 창출되는 것으로 분석되었다. 이는 광역시와 일반 시도에서도 같게 나타났으나, 광역시는 광역시 평균보다 0.15, 일반 시도는 0.18의 소득효과가 낮게 형성되어 광역시보다는 일반 시도에서의 소득효과가 보다 낮게 유발되는 것으로 분석되었다.

지역별로는 서울, 대구, 대전, 부산의 소득효과가 다른 시도에 비해서 높은 것으로 분석되었다. 반면, 전남과 울산의 소득효과는 상대적으로 낮게 유발되는 것으로 나타나 영남권의 생산효과와 유사한 결과를 나타냈다. 또한, 광역시 중에서는 서울, 대구, 대전, 일반 시도에서는 충북, 강원, 전북의 소득효과가 보다 크게 창출되는 것으로 분석되었다.

단일지역모형을 이용한 최종 수요 1단위 증가에 따른 지역별 고용은 대체로 증가하는 것으로 분석되었다. 농림수산품으로 통합하여 분석을 시행한 1차 산업의 고용효과는 0.03~0.73으로 나타났으며, 특히 경기(0.73)을 제외한 15개 시도의 농업부분 고용효과는 대체로 유사하게 증가하는 것으로 나타났다. 광역시와 일반 시도의 농림수산품의 고용효과는 일반 시도가 광역시보다 약 0.06만큼 높은 0.12로 나타나 1차 산업에 대한 특·광역시의 고용효과는 상대적으로 낮은 것으로 분석되었다.

광산품과 제조업에 대한 2차 산업은 특·광역시보다는 일반 시도에서 고용효과가 높은 것으로 나타났으며, 특·광역시의 높은 생산효과와 소득효과에 반해 일반 시도에 비해서 고용효과가 낮은 것으로 나타났다. 특히, 제조업에서의 특·광역시와 일반 시도의 고용효과 차이는 0.32로 전체 산업 중에서 가장 큰 고용 차이를 보이고 있어, 투자에 따른 일반

표 3-5 지역별 소득승수 분석 결과

구 분	서울	인천	경기	대전	충북	충남	광주	전북	전남	대구	경북	부산	울산	경남	강원	제주
농림수산품	0.33	0.19	0.18	0.16	0.15	0.13	0.15	0.14	0.13	0.18	0.15	0.41	0.18	0.20	0.17	0.20
광산품	0.34	0.29	0.32	0.31	0.34	0.30	0.38	0.32	0.43	0.32	0.30	0.34	0.12	0.31	0.45	0.29
제조업	0.37	0.27	0.29	0.26	0.28	0.20	0.26	0.26	0.13	0.36	0.22	0.36	0.16	0.33	0.26	0.26
전력, 가스 및 수도	0.30	0.08	0.11	0.24	0.29	0.15	0.29	0.29	0.19	0.28	0.21	0.22	0.17	0.12	0.25	0.22
건설	0.47	0.42	0.43	0.43	0.43	0.39	0.43	0.42	0.36	0.46	0.40	0.46	0.38	0.44	0.42	0.41
도소매	0.41	0.36	0.38	0.39	0.37	0.35	0.38	0.36	0.34	0.39	0.36	0.39	0.36	0.37	0.36	0.36
음식점 및 숙박	0.41	0.35	0.36	0.34	0.34	0.31	0.33	0.33	0.28	0.37	0.33	0.38	0.31	0.36	0.30	0.34
운수 및 보관	0.31	0.32	0.40	0.44	0.45	0.35	0.46	0.44	0.23	0.52	0.37	0.37	0.29	0.39	0.43	0.40
통신 및 방송	0.39	0.25	0.29	0.37	0.32	0.29	0.34	0.31	0.28	0.31	0.28	0.32	0.29	0.30	0.31	0.33
금융 및 보험	0.36	0.35	0.36	0.39	0.36	0.36	0.38	0.36	0.35	0.41	0.38	0.41	0.39	0.39	0.40	0.36
부동산 및 사업서비스	0.39	0.29	0.32	0.42	0.26	0.29	0.27	0.23	0.23	0.25	0.28	0.27	0.27	0.26	0.23	0.22
공공행정 및 국방	0.71	0.63	0.59	0.68	0.50	0.52	0.60	0.58	0.57	0.64	0.53	0.65	0.54	0.49	0.53	0.55
교육 및 보건	0.64	0.63	0.64	0.65	0.66	0.66	0.66	0.66	0.63	0.66	0.66	0.65	0.62	0.65	0.66	0.67
사회 및 기타서비스	0.43	0.35	0.35	0.37	0.36	0.32	0.36	0.35	0.29	0.39	0.33	0.39	0.30	0.36	0.33	0.34

시도의 고용 증대 유인이 존재하는 것을 의미한다고 판단할 수 있다. 반면, 특·광역시 중 울산의 경우는 고용효과가 존재하지 않는 것으로 나타났으며, 생산효과와 소득효과가 낮은 것에 대해 일관성이 존재하는 것으로 나타났다.

3차 산업의 고용효과는 특·광역시보다는 일반 시도에서 고용효과가 큰 것으로 분석되었다. 특히, 특·광역시의 3차 산업 고용효과는 0.02로 일반 시도의 고용효과 평균인 0.10보다 5배 가량 작게 유발되는 것으로 나타났다.

전체 시도의 산업별 고용효과가 크게 유발되는 산업은 시도의 규모에 따라 다르게 나타나며, 특·광역시의 경우에는 농림수산품, 음식점 및 숙박에서의 고용효과가 다른 산업에 비해서 크게 증가하는 것으로 분석되었다. 반면, 일반 시도의 경우에는 제조업, 부동산 및 사업서비스 분야에서 타 산업에 비해 고용효과가 큰 것으로 나타났다. 이는 특・광역시에서 주로 고용 증가가 발생하는 산업은 이용 측면의 산업을 의미하며, 일반 시도에서의 고용 증가는 주로 기초 설비 제조에서 발생하는 것을 의미한다. 반면, 전체 시도의 고용효과가 가장 낮은 산업은 특・광역시에서는 전력, 가스 및 수도, 일반 시도에서는 광산품인 것으로 나타났다.

지역별로는 경기, 전북, 대구, 강원, 제주의 고용효과가 일반적으로 다른 시도에 비해서 높은 것으로 분석되었다. 특히, 특・광역시 중에서는 대구, 일반 시도에서는 경기가 유사 규모의 타 지역에 비해서 고용증대가 이루어지는 것으로 나타났다. 반면, 울산과 인천의 고용효과는 상대적으로 낮게 유발되는 것으로 나타났다.

표 3-6 지역별 고용승수 분석 결과

구 분	서울	인천	경기	대전	충북	충남	광주	전북	전남	대구	경북	부산	울산	경남	강원	제주
농림수산품	0.04	0.07	0.73	0.09	0.05	0.05	0.07	0.06	0.05	0.07	0.05	0.03	0.05	0.05	0.06	0.03
광산품	0.01	0.01	0.57	0.02	0.01	0.01	0.02	0.01	0.01	0.01	0.01	0.01	0.00	0.01	0.02	0.01
제조업	0.02	0.01	3.22	0.01	0.02	0.01	0.01	0.02	0.01	0.02	0.01	0.02	0.00	0.01	0.02	0.02
전력, 가스 및 수도	0.01	0.00	0.89	0.01	0.01	0.00	0.01	0.01	0.01	0.01	0.01	0.01	0.00	0.00	0.01	0.01
건설	0.02	0.02	0.63	0.02	0.02	0.02	0.02	0.02	0.02	0.02	0.02	0.02	0.01	0.02	0.02	0.02
도소매	0.02	0.03	0.98	0.04	0.05	0.04	0.04	0.05	0.05	0.04	0.05	0.03	0.03	0.04	0.04	0.04
음식점 및 숙박	0.03	0.04	0.76	0.04	0.04	0.04	0.04	0.04	0.04	0.04	0.04	0.04	0.04	0.04	0.04	0.04
운수 및 보관	0.02	0.01	0.86	0.02	0.03	0.02	0.03	0.03	0.01	0.03	0.02	0.02	0.01	0.02	0.02	0.02
통신 및 방송	0.01	0.01	0.82	0.01	0.01	0.01	0.01	0.02	0.01	0.01	0.01	0.01	0.01	0.01	0.01	0.01
금융 및 보험	0.01	0.01	1.09	0.01	0.01	0.01	0.01	0.02	0.01	0.01	0.01	0.01	0.01	0.01	0.02	0.02
부동산 및 사업서비스	0.01	0.01	1.30	0.01	0.01	0.01	0.01	0.01	0.01	0.01	0.01	0.01	0.01	0.01	0.01	0.01
공공행정 및 국방	0.02	0.02	0.58	0.02	0.01	0.01	0.01	0.02	0.02	0.02	0.01	0.02	0.02	0.02	0.01	0.02
교육 및 보건	0.02	0.02	0.62	0.02	0.02	0.02	0.02	0.02	0.02	0.02	0.02	0.02	0.02	0.02	0.02	0.02
사회 및 기타서비스	0.02	0.03	0.96	0.03	0.03	0.03	0.03	0.04	0.03	0.03	0.03	0.03	0.03	0.03	0.03	0.03

나. 지역별 전·후방효과 분석 결과

16개 시도의 단일지역모형을 이용해 산업 생산에 영향을 미치는 산업들의 효과를 추정하였다. 1차 산업의 경우 제주와 강원의 전방효과가 각각 1.32, 0.94로 다른 시도보다 상대적으로 큰 것으로 나타났으며, 제주와 강원의 1차 산업으로 타 산업의 성장을 유도하는 것으로 분석되었다. 특히, 특·광역시보다 일반 시도의 농림수산품 전방효과가 큰 것으로 분석되어 일반 시도의 농림수산품 원료 제공지로써의 특성을 반영하는 것으로 나타났다.

1차 산업과 유사하게 2차 산업의 광산품은 울산과 강원에서 타 지역보다 타 산업으로의 전방효과가 큰 것으로 분석되었다. 즉, 1차 산업에서의 전방효과와 유사하게 원료 생산지에서 타 지역의 산업으로 원료 이동이 이루어지는 현상으로 볼 수 있다. 또한, 2차 산업 중 제조업의 전방효과는 평균 3.26으로써 타 산업 발전을 도모하는 것으로 나타났다. 이중 일반 시도보다는 특·광역시의 전방효과가 미미하지만 큰 것으로 분석되었으며, 특히 부산의 제조업 전방효과는 전체 시도 16개 중에서 가장 높은 3.68로써 타 산업의 성장에 크게 기여하는 것으로 분석되었다.

3차 산업의 전방효과는 특·광역시에서는 전력, 가스 및 수도, 도소매, 통신 및 방송 등이 타 산업의 성장을 견인하는 것으로 나타났으며, 특히 부동산 및 사업서비스 산업이 이중 가장 높은 전방효과 1.29를 갖는 것으로 나타났다. 일반 시도는 건설, 음식점 및 숙박, 운수 및 보관 등에서 타 산업의 성장을 견인하는 것으로 나타났으며, 이중 금융 및 보험의 전방효과가 1.03으로 타 산업의 성장을 유도하는 지원 산업인 것으로 분석되었다.

전체 시도의 산업별 전방효과가 크게 유발되는 산업은 제조업으로써, 산업 전체 전방효과 평균인 1.0보다 2.36만큼 크게 타 산업의 성장을 유도하는 것으로 나타났다. 반면, 공공행정 및 국방은 평균 전방효과보다 0.43만큼 작은 것으로 나타났으며, 타 산업의 성장에 대한 기여도는 낮

표 3-7 지역별 전방효과 분석 결과

구 분	서울	인천	경기	대전	충북	충남	광주	전북	전남	대구	경북	부산	울산	경남	강원	제주
농림수산품	0.65	0.70	0.73	0.71	0.83	0.79	0.70	0.99	0.79	0.69	0.72	0.70	0.69	0.74	0.94	1.32
광산품	0.56	0.57	0.57	0.58	0.58	0.58	0.56	0.55	0.59	0.55	0.56	0.54	0.68	0.56	0.65	0.61
제조업	2.90	3.25	3.22	3.30	3.27	3.32	3.38	3.37	3.25	3.61	3.47	3.68	3.13	3.58	2.78	2.69
전력, 가스 및 수도	1.15	0.86	0.89	0.94	0.94	0.99	0.96	0.91	0.83	0.95	0.80	0.78	0.89	0.81	0.93	0.90
건설	0.61	0.63	0.63	0.62	0.62	0.63	0.63	0.63	0.68	0.62	0.65	0.62	0.66	0.64	0.71	0.66
도소매	0.96	0.96	0.98	0.84	0.83	0.83	0.93	0.93	0.91	0.86	0.85	0.88	0.90	0.91	0.82	0.91
음식점 및 숙박	0.73	0.80	0.76	0.78	0.77	0.80	0.72	0.73	0.82	0.69	0.77	0.73	0.84	0.77	0.78	0.69
운수 및 보관	0.87	0.90	0.86	0.86	0.84	0.82	0.90	0.81	0.82	0.83	0.83	0.90	0.80	0.84	1.00	0.93
통신 및 방송	0.86	0.83	0.82	0.86	0.85	0.86	0.88	0.83	0.88	0.83	0.84	0.82	0.90	0.84	0.92	0.87
금융 및 보험	1.02	1.13	1.09	0.96	0.98	0.97	1.00	0.99	1.04	1.03	1.04	0.97	1.05	1.00	1.07	1.03
부동산 및 사업서비스	1.39	1.23	1.30	1.30	1.30	1.26	1.26	1.20	1.22	1.26	1.35	1.28	1.25	1.22	1.24	1.24
공공행정 및 국방	0.57	0.57	0.58	0.59	0.58	0.58	0.56	0.54	0.58	0.55	0.56	0.54	0.59	0.55	0.58	0.56
교육 및 보건	0.63	0.62	0.62	0.64	0.62	0.62	0.61	0.60	0.63	0.60	0.61	0.60	0.63	0.60	0.63	0.61
사회 및 기타서비스	1.10	0.96	0.96	1.03	0.98	0.96	0.94	0.92	0.94	0.94	0.94	0.96	0.99	0.94	0.96	0.98

은 것으로 분석되었다. 도시의 규모에 따른 전방효과 구분으로는 특·광역시가 제조업과 부동산 및 사업서비스에 의해 성장을 견인하는 반면, 일반 시도는 제조업, 금융 및 보험, 부동산 및 사업서비스에 의해 일반 시도의 타 산업 성장을 주도하는 것으로 나타났다.

지역별로는 서울, 인천, 광주의 산업 성장으로 인해 타 산업이 영향을 받는 것으로 분석되었으며, 전남의 산업 발전으로 인해 타 산업의 발전 견인 정도는 매우 낮은 것으로 나타났다.

16개 시도의 단일지역모형을 이용해 특정 산업의 생산에 영향을 미치는 중간재 생산 산업들의 효과를 추정하였다. 1차 산업의 경우 부산, 인천, 제주, 그리고 울산의 농림수산품 성장이 농림수산품 성장에 중간재를 공급하는 타 산업으로의 후방효과가 큰 것으로 분석되었다. 이는 특·광역시보다는 일반 시도의 농림수산품 성장이 중간재 기여 산업의 발전을 유도하는 것으로 나타났다.

또한, 2차 산업을 구성하는 광산품과 제조업의 경우에서도 일반 시도의 광산품과 제조업의 발전이 특・광역시의 동일 산업 발전보다 타 산업의 성장을 동반 유도하는 것으로 나타났으며, 대규모 도시보다는 중・소규모 도시의 발전이 타 산업으로의 파급효과가 큰 것으로 분석되었다. 이중 광산품은 서울과 강원에서의 생산으로 인해 타 산업의 발전이 유도되는 것으로 나타났으며, 특・광역시 중에서는 서울, 일반 시도에서는 강원의 광산품 성장이 타 지역의 발전을 도모하는 것으로 나타났다. 또한, 2차 산업 중 제조업은 전체 16개 시도에서 타 산업의 발전을 모두 견인하는 것으로 분석되었으며, 이중 부산이 1.27로 가장 큰 후방효과를 갖는 것으로 분석되었다.

3차 산업의 후방효과는 일반 시도가 특・광역시의 산업보다 타 산업의 성장을 유도하는 것으로 나타났다. 특・광역시의 경우 전력, 가스 및 수도, 음식점 및 숙박, 교육 및 보건에서 일반 시도보다 중간재 공급 타 산업의 성장을 견인하는 것으로 나타났으며, 이중 음식점 및 숙박이 1.13으로 가장 큰 후방효과를 갖는 것으로 나타났다. 반면, 일반 시도의 경우 건설, 운수 및 보관, 통신 및 방송의 발전이 중간재 공급 타 산업의 성장을 유도하는 것으로 나타났으며, 다른 산업의 발전을 선도하는 것으로 나타났다.

전체 시도의 산업별 후방효과가 크게 유발되는 산업은 사회 및 기타 서비스로써 산업 전체 후방효과 평균인 1.0보다 0.31만큼 크게 타 산업의 성장을 선도하는 것으로 나타났다. 이에 반해 대표적인 기간 산업으로써의 전력, 가스 및 수도는 타 산업의 성장 견인에는 미흡한 것으로 나타났으며, 공공재의 외부성이 작용하는 것으로 나타났다. 또한, 이는 도시의 규모와는 상관없이 모두 사회 및 기타서비스가 선도산업인 것으로 분석되었다.

지역별로는 서울, 대구, 부산의 산업 성장으로 인해 중간재 공급 타

표 3-8 지역별 후방효과 분석 결과

구 분	서울	인천	경기	대전	충북	충남	광주	전북	전남	대구	경북	부산	울산	경남	강원	제주
농림수산품	0.98	1.03	1.08	0.93	0.97	0.98	0.91	0.95	0.96	0.95	0.96	1.11	1.01	0.99	0.96	1.02
광산품	1.08	1.00	1.08	1.01	1.00	1.03	1.06	1.05	0.96	0.94	1.00	1.03	0.81	1.03	1.01	0.99
제조업	1.13	1.17	1.15	1.09	1.17	1.12	1.17	1.23	1.07	1.25	1.14	1.27	1.03	1.22	1.15	1.22
전력, 가스 및 수도	1.07	0.71	0.74	0.93	0.86	0.89	0.93	0.91	0.99	1.01	0.93	0.86	0.95	0.70	0.87	0.90
건설	1.11	1.13	1.12	1.11	1.13	1.12	1.11	1.12	1.11	1.13	1.12	1.12	1.10	1.13	1.13	1.14
도소매	0.92	0.95	0.94	0.93	0.92	0.93	0.91	0.90	0.94	0.90	0.92	0.88	0.95	0.91	0.95	0.92
음식점 및 숙박	1.14	1.17	1.17	1.13	1.14	1.13	1.16	1.16	1.15	1.15	1.13	1.11	1.10	1.11	1.00	1.10
운수 및 보관	0.87	1.01	0.97	1.05	1.04	0.98	1.02	1.04	0.92	1.03	1.01	0.94	0.93	0.98	1.04	1.05
통신 및 방송	1.01	1.01	1.01	1.03	1.02	1.04	1.02	1.01	1.07	0.98	1.01	0.97	1.06	1.01	1.04	1.03
금융 및 보험	0.84	0.92	0.91	0.91	0.90	0.90	0.91	0.88	0.93	0.92	0.94	0.90	0.99	0.92	1.00	0.92
부동산 및 사업서비스	0.90	0.84	0.84	0.85	0.84	0.82	0.83	0.79	0.83	0.78	0.81	0.80	0.85	0.80	0.85	0.82
공공행정 및 국방	0.83	0.85	0.86	0.83	0.83	0.82	0.83	0.81	0.82	0.84	0.81	0.84	0.96	0.97	0.85	0.85
교육 및 보건	0.87	0.88	0.87	0.87	0.84	0.84	0.85	0.84	0.88	0.86	0.85	0.87	0.89	0.86	0.88	0.86
사회 및 기타서비스	1.26	1.34	1.26	1.33	1.33	1.38	1.28	1.31	1.37	1.28	1.37	1.30	1.37	1.36	1.24	1.18

산업의 성장이 견인되는 것으로 분석되었으며, 반면 강원이 가장 적게 타 산업의 성장을 견인하는 것으로 나타났다.

2. 지역간모형을 이용한 효과 측정

단일지역모형으로 분석된 결과는 해당 지역의 발달 이외에 지역간의 교역을 고려하지 못하는 단점이 있다. 따라서 이를 보완하기 위한 지역간모형은 지역 내 산업별 기업 단위를 기초 자료로 활용하여 작성한 투입산출표를 사용한다. 지역간모형의 적용은 지역간의 수출, 수입 교역을 고려함으로써, 지역의 순투입산출계수와 지역간교역계수가 산출되며, 이는 지역내효과와 지역간효과로 구분하여 최종수요 증가에 따른 파급효과를 구분함으로써, 단일지역의 파급효과를 산출할 때 발생하는 지역간 연관관계에 대한 보완이 가능하다.

지역간모형을 적용했을 때의 효과는 지역내효과와 지역외효과로 구분 되며, 이중 단일 지역을 의미하는 지역내효과는 단일지역모형을 적용한 경우보다 절대값이 작은 것으로 분석된다. 반면, 지역간모형의 승수가 지역내효과와 지역외효과의 합을 의미함으로써, 지역간 교역을 의미하는 지역외효과를 고려한 경우 단일지역모형을 고려했을 때의 효과보다 더욱 큰 파급효과를 나타낸다.

본 연구의 제2장에서 구성된 녹색성장 잠재력 지수는 정량지표를 대상으로 한 녹색경제 잠재력지표, 녹색혁신 잠재력지표, 성과측정지표를 대상으로 한 녹색사회·문화 잠재력지표, 녹색환경 잠재력지표로 구성된다. 4가지 대분류 중 녹색경제 잠재력지표, 녹색혁신 잠재력지표은 정량적으로 16개 시도에 대한 측정치가 제공되지만, 녹색사회·문화 잠재력지표와 녹색환경 잠재력지표는 비정량 지표로써 정량적인 자료의 제공이 불가능하다. 이는 녹색사회·문화 잠재력지표와 녹색환경 잠재력지표의 경우에도 수량화된 자료는 제공이 되나 제공된 자료를 이용하여 지역간 연관관계를 구성할 수 있는 자료로의 변환이 불가능하다.

따라서 본 장에서의 지역간모형을 적용할 때에는 녹색사회·문화 잠재력지표, 녹색환경 잠재력지표를 제외하고 정량적으로 자료 확보가 가능한 녹색경제 잠재력지표와 녹색혁신 잠재력지표의 구성 요인들에 대한 11개 소분류의 16개 전체 시도의 투입산출표를 각각 산출한 후 분석에 사용하였다. 11개 소분류에 대한 16개 전체 시도별 투입산출표 및 지역간 투입산출표는 한국은행에서 제공한 투입산출표를 기초로 하여 작성하였으며, 단일지역과 지역간의 차이는 지역간 교역의 유무에 따라 결정하였다.

표 3-9 지역간 투입산출표 작성을 위한 녹색성장 잠재력 지수 가중치

지 표	성과척도	가중치
녹색경제 잠재력지표	인당 신재생에너지 잠재량	0.213
	인당 환경경영 인증기업수(ISO14001)	0.051
	인당 기술혁신형 중소기업수(Innobiz)	0.013
	인당 환경친화기업수	0.026
	인당 하수폐기물 처리 원료재생 및 환경복원업 사업체수	0.017
	인당 최종에너지 총소비량	0.107
	신재생에너지 소비비중	0.053
녹색혁신 잠재력지표	인당 연구개발 연구원수	0.053
	인당 기타 전문가수	0.027
	GRDP당 연구개발투자총액	0.027
	인당 특허건수	0.013

가. 지역간 생산효과 분석 결과

녹색성장 잠재력을 반영한 지역간모형은 녹색성장으로 인하여 지역의 산업별의 성장정도를 나타내는 것으로써, 비단 녹색성장으로 인하여 산업의 성장이 절대적으로 이루어지지 않을 수 있다. 본 연구에서는 녹색성장 잠재력지수를 구성하는 구성 지표들을 구분하여 지역간 투입산출표를 작성함으로써, 해당 지표들의 지역간 투입관계에 의해 지역의 생산정도를 파악하였다.

지역간 투입산출표의 작성은 〈표 3-9〉의 해당 지표들의 지역간 투입산출표에서 유발된 생산승수를 도출하여 이에 가중치를 적용하여 산정하였다. 녹색성장 잠재력 중 정량화가 가능한 녹색경제 잠재력과 녹색혁신 잠재력의 지역간 투입산출표를 작성하여 분석한 결과 지역간 거래를 고려한 생산효과는 −9.41～5.26으로 생산효과의 폭이 넓게 분포되는 것으로 나타났다. 이는 광산품이 가지고 있는 자원 활용성에 의존한 결과로써, 광산품을 제외한 경우에는 지역간 생산효과는 −1.87～2.23로 수

렴하는 것으로 나타났다.

지역간 교역을 고려했을 때의 1차 산업의 지역간 생산효과는 −0.67~1.31로 부산에서의 생산효과가 가장 크게 나타난 반면 인천이 가장 작은 것으로 분석되었다.[4] 특히, 녹색성장 잠재력을 고려했을 때의 서울, 인천, 부산 특·광역시의 지역간 생산효과가 감소하는 것으로 나타났으며, 대도시에 대한 녹색성장 잠재력은 크게 의미가 없는 것으로 분석되었다. 반면, 타 시도에 비해서 발전 정도가 대체로 낮다고 평가되는 전남, 충남, 강원은 녹색성장 잠재력에 의해 생산효과가 증가하는 것으로 나타났다.

또한, 녹색성장 잠재력에 의한 생산효과는 2차 산업에서도 유사한 결과가 도출된다. 특히, 전남은 녹색성장 잠재력에 의해서 생산효과가 2.23만큼 증대되는 것으로 나타났으며, 전체 시도 평균인 0.31의 약 7배에 해당하는 생산유발이 발생하는 것으로 분석되었다. 또한, 서울을 제외한 특·광역시의 2차 산업의 생산효과가 증가하는 것으로 나타났으며, 서울의 녹색성장 잠재력은 유사한 도시 규모 및 타 시도와 차이가 큰 것으로 나타났다. 반면, 수도권 지역은 경기의 녹색성장 잠재력은 광산품에서는 전체 평균에 비해 월등하게 높은 생산효과를 유발시키는 것으로 나타났으며, 이는 경기 북부지역에 의한 녹색성장 잠재력 효과로 판단된다. 반면, 제조업에서는 전체 평균의 50% 정도의 생산효과를 유발하는 것으로 나타났다.

지역간 교역을 고려했을 때의 녹색성장 잠재력에 의한 3차 산업의 생산효과는 특·광역시에서 보다 크게 유발되는 것으로 분석되었다. 이 중 가장 크게 생산효과가 발생하는 산업은 특·광역시의 경우 건설업, 일반 시도는 통신 및 방송으로 나타났다. 녹색성장 잠재력을 고려함으로

---

4) 유사한 특성을 지닌 항만의 배후도시인 부산과 인천에서 상반된 결과가 나타난 결정 요인에 대한 분석은 본 연구의 연구 목적인 녹색성장 잠재력의 지역효과 추정의 범위에서 벗어나기 때문에 향후 연구 과제로 제시한다.

써 건설업의 생산효과는 전체 산업 생산효과의 2배인 0.38의 생산효과를 유발하는 것으로 나타났으며, 일반 시도의 통신 및 방송은 전체 평균의 2.3배인 생산효과를 유발하는 것으로 분석되었다. 반면, 3차 산업 중 교육 및 보건은 녹색성장 잠재력에 의해서 생산효과가 감소하는 것으로 나타났으며, 녹색성장 잠재력 보유 유무에 따른 영향과는 관계가 없는 것으로 분석되었다.[5)]

표 3-10 지역간모형의 생산승수 분석 결과

구 분	서울	인천	경기	대전	충북	충남	광주	전북	전남	대구	경북	부산	울산	경남	강원	제주
농림수산품	−0.12	−0.67	−0.18	−0.02	0.22	0.37	0.34	0.31	1.00	−0.03	−0.01	1.31	0.78	0.01	0.36	0.30
광산품	−0.05	−5.27	1.23	5.26	0.22	2.10	4.06	0.00	0.91	−0.93	0.01	−9.41	0.57	1.12	−0.04	0.32
제조업	−0.10	0.62	0.14	0.35	0.27	0.19	0.01	0.46	2.23	0.08	−0.28	0.01	0.57	0.03	0.24	0.29
전력, 가스 및 수도	−0.49	−0.05	0.03	0.29	0.37	0.46	−0.05	−1.87	1.26	0.54	−0.07	−1.06	0.10	0.20	1.00	0.22
건설	0.02	0.89	0.20	0.23	0.27	0.20	0.21	0.57	1.32	0.07	−0.29	1.18	0.59	0.04	−0.01	0.29
도소매	0.12	−0.63	0.23	0.43	0.38	1.06	0.62	0.30	0.75	0.04	−0.06	0.34	0.50	0.21	−0.18	0.42
음식점 및 숙박	0.15	0.26	0.23	0.15	0.33	0.33	0.34	0.19	1.39	0.16	−0.15	0.14	0.52	0.08	0.21	0.33
운수 및 보관	0.28	−0.80	0.36	0.66	0.30	0.42	0.62	0.26	0.97	0.06	−0.05	−0.51	0.53	0.18	0.06	0.30
통신 및 방송	0.15	1.04	0.21	0.34	0.59	0.35	−0.05	0.15	0.91	0.23	−0.13	0.08	0.21	0.52	0.40	0.39
금융 및 보험	0.46	−0.40	0.64	0.21	0.41	0.35	0.29	0.12	0.60	0.25	−0.11	0.09	0.49	0.31	0.31	0.37
부동산 및 사업서비스	−0.07	0.71	0.21	0.06	0.26	0.12	0.30	0.37	0.64	0.22	−0.04	0.85	0.44	0.08	0.01	0.33
공공행정 및 국방	−0.48	−1.38	−0.25	−0.06	0.26	0.43	0.83	−0.50	0.56	−0.21	−0.11	−0.58	0.97	−0.64	−0.02	−0.19
교육 및 보건	−0.19	0.17	0.01	−0.27	0.18	0.41	−0.38	−0.08	0.58	0.22	0.14	−1.24	0.80	−0.13	−0.04	0.26
사회 및 기타서비스	−0.73	0.40	−0.16	−0.04	0.22	0.21	0.50	−0.28	1.54	−0.07	−0.48	0.12	0.89	−0.45	−0.10	0.24

나. 지역간 소득승수 분석 결과

녹색성장 잠재력 중 정량화가 가능한 녹색경제 잠재력과 녹색혁신

5) 본 연구에서 설정한 녹색성장 잠재력의 범위에는 교육 및 보건에 대한 항목이 고려되지 않았다. 이는 성과측정에 대한 지표 중심으로 고려된 것에 기인하며, 만약 내생성장을 위한 교육측면에서의 인적자원 축적 지표가 고려되어 추가적으로 이루어졌다면 교육 및 보건에 대한 인과관계의 설정이 가능할 것이다.

잠재력의 지역간 투입산출표를 작성하여 지역간 소득효과를 분석한 결과 지역간 거래를 고려한 소득효과는 −3.94∼0.53으로 소득효과가 분포하는 것으로 분석되었다. 이는 광산품이 가지고 있는 자원 활용성에 의존한 결과로써, 광산품을 제외한 경우에는 지역간 소득효과는 −0.51∼0.53으로 수렴하는 것으로 나타났다. 이는 지역간 교역을 고려했을 때의 부산의 광산품 소득효과는 −3.94로 광산품에 의한 소득은 감소하는 것으로 나타났다. 이는 녹색성장을 위한 에너지 절감으로 인한 대체효과로 판단된다.

녹색성장 잠재력에 의한 2차 산업의 지역간 소득효과는 광산품의 경우 대부분 소득효과가 감소하는 것으로 분석되었다. 이는 일반 시도보다는 특·광역시에서 나타났으며, 일반 시도는 이와는 다르게 녹색성장 잠재력을 확보함으로써 평균적으로 0.02만큼의 소득효과가 부가적으로 유발되는 것으로 나타났다. 반면, 제조업은 경남을 제외한 전체 지역에서 녹색성장 잠재력을 확보함에 따라 변화가 없거나 소폭 소득효과가 존재하는 것으로 나타났다. 즉, 특·광역시에서는 부산, 일반 시도에서는 전북, 강원이 녹색성장 잠재력에 의해서 소득이 유발되는 것으로 나타났다. 그러나 승수효과의 변화가 없는 것은 성장의 역행하는 것이 아닌, 녹색성장 잠재력의 확보에 따라 일정 성장을 유지하는 것을 의미한다.

지역간 교역을 고려했을 때의 녹색성장 잠재력에 의한 3차 산업의 소득효과는 건설, 부동산 및 사업서비스를 제외한 모든 산업에서 전반적으로 감소하는 것으로 분석되었다. 이중 특·광역시에서는 건설, 도소매, 부동산 및 사업서비스, 사회 및 기타서비스와 같이 녹색성장 잠재력과 직접적인 연관이 적은 산업의 소득효과는 창출되는데 반해, 그렇지 않은 산업의 소득효과는 감소하였다. 이와는 다르게 일반 시도에서의 3차 산업 소득효과는 모두 감소하는 것으로 나타났으며, 녹색성장 잠재력의 확보 외에 산업 생산을 견인할 수 있는 다양한 산업 원천이 존재하는 특·광역시에서의 소득은 향상되는 것으로 분석되었다.

녹색성장 잠재력에 의한 산업별 성장이 가장 크게 나타난 산업은 전체 14개 산업 부문 중 농림수산품으로 전체 16개 시도에서 동일한 결과가 도출되었다. 반면, 지역의 특성상 특·광역시에서는 건설업, 일반 시도에서는 광산품에 의한 소득효과가 창출되는 것으로 나타났다.

표 3-11 지역간모형의 소득승수 분석 결과

구 분	서울	인천	경기	대전	충북	충남	광주	전북	전남	대구	경북	부산	울산	경남	강원	제주
농림수산품	0.10	0.03	0.02	0.02	0.00	0.03	0.01	0.02	0.20	0.01	0.03	0.53	0.04	0.01	0.05	0.02
광산품	0.00	−0.01	0.00	−0.03	0.01	−0.01	0.04	−0.03	−0.01	0.00	−0.02	−3.94	0.00	0.33	−0.04	0.03
제조업	0.00	0.00	0.00	0.00	0.00	0.00	0.00	0.03	0.00	0.00	0.00	0.02	0.00	−0.01	0.01	0.00
전력, 가스 및 수도	0.00	0.00	0.00	0.00	0.01	0.00	−0.01	−0.14	−0.12	0.00	0.00	−0.45	0.01	0.00	0.11	0.00
건설	0.00	0.00	0.00	0.00	0.00	−0.01	0.00	0.05	−0.04	0.00	−0.01	0.41	0.00	0.01	−0.03	0.00
도소매	0.00	0.00	0.00	0.00	0.01	0.00	0.00	0.03	−0.06	0.00	0.00	0.02	0.00	0.03	−0.07	0.02
음식점 및 숙박	0.00	0.00	0.00	0.00	0.00	0.00	0.00	−0.02	0.01	0.00	0.00	−0.04	0.00	0.00	0.00	0.00
운수 및 보관	0.00	0.00	0.00	0.00	0.01	0.00	0.00	−0.01	−0.01	0.00	0.00	−0.31	0.00	0.01	−0.03	0.00
통신 및 방송	0.00	0.00	0.01	0.00	0.00	0.00	−0.01	0.00	0.03	0.00	0.00	−0.05	0.00	−0.01	0.02	0.00
금융 및 보험	0.00	0.00	0.01	0.00	0.00	0.00	0.00	0.01	0.00	0.00	0.00	−0.04	0.00	0.00	0.00	0.00
부동산 및 사업서비스	0.00	0.00	0.00	0.00	0.00	0.00	0.00	0.04	−0.06	0.00	0.00	0.25	0.00	0.00	−0.04	0.00
공공행정 및 국방	0.00	−0.01	−0.01	0.00	0.01	0.01	0.00	−0.12	0.12	0.00	0.00	−0.20	0.00	−0.07	−0.03	−0.04
교육 및 보건	0.00	−0.01	−0.01	0.00	0.01	0.00	0.00	−0.04	0.00	0.00	0.00	−0.51	0.00	−0.03	−0.03	0.00
사회 및 기타서비스	0.00	0.00	−0.01	0.00	0.00	0.01	0.00	−0.10	0.09	0.00	0.00	0.02	0.00	0.00	−0.02	−0.01

다. 지역간 고용승수 분석 결과

지역의 생산으로 소득이 유발되는 과정 중 하나인 고용창출을 통한 고용효과는 현재 녹색성장 잠재력을 확보함으로써, 지역에서 지역성장을 위해 고려하는 최대의 효과이다. 고용효과도 생산효과 및 소득효과와 같이 녹색성장 잠재력 중 정량화가 가능한 녹색경제 잠재력과 녹색혁신 잠재력의 지역간 투입산출표를 작성하여 지역간 고용효과를 분석하였다.

지역간 고용효과를 분석한 결과 지역간 거래를 고려한 고용효과는

−30.43∼4.1로 고용효과가 분포하는 것으로 분석되었다.[6] 이중 녹색성장 잠재력을 고려했을 때의 산업생산 1단위 증가에 따라 고용효과가 약 30명 정도 감소하는 산업은 광산품으로서 이는 이상점(outlier)으로써의 역할을 한다고 할 수 있다. 따라서 광산품의 이상점을 제거한 후의 고용효과는 −3.9∼4.1의 분포를 갖는 것으로 나타났다. 이 역시 다른 효과와 동일하게 녹색성장을 위한 에너지 절감으로 인한 대체효과로 판단된다.

녹색성장 잠재력에 의한 2차 산업의 지역간 고용효과는 광산품의 경우 대부분 고용효과가 감소하는 것으로 분석되어 소득효과가 감소하는 결과와 동일한 효과를 제시하는 것으로 분석되었다. 이는 일반 시도보다는 특·광역시에서 보다 감소하는 것으로 나타났으며, 일반 시도는 이와는 다르게 녹색성장 잠재력을 확보함으로써, 평균적으로 0.0002만큼의 고용효과가 부가적으로 유발되는 것으로 나타났다. 반면, 제조업은 특·광역시의 경우 광주를 제외한 모든 지역에서 고용효과가 유발되는 것으로 분석되었다.[7] 반면, 일반 시도는 특·광역시에 비해서 약 3배 정도 고용효과가 낮은 것으로 나타났으며, 지역적인 특성을 반영하는 것으로 판단된다.

지역간 교역을 고려했을 때의 녹색성장 잠재력에 의한 3차 산업의 고용효과는 건설, 도소매, 통신 및 방송, 금융 및 보험, 부동산 및 사업서비스에서 주로 유발되는 것으로 분석되었다. 이중 특·광역시의 주요 고용유발 산업은 건설, 부동산 및 사업서비스로써 전체 평균을 크게 상회하는 것으로 나타났다. 반면, 일반 시도의 경우 도소매, 통신 및 방송에서 고용이 증대되는 것으로 분석되었다. 또한, 3차 산업 중 공공행정 및 국

6) 지역간 교역을 고려했을 때의 고용효과는 미미하게 도출되어 지면에 표시가능한 소숫점 자리를 초과하는 것으로 나타났기 때문에, 승수값에 1,000을 곱하여 표기하여 지역의 고용효과 패턴을 제시하였다.

7) 반면, 이러한 결과는 녹색성장 잠재력을 이용한 지역간 투입산출표를 고려하였기 때문에 발생한 것으로써, 이외에 고용환경과 같은 요인으로 인하여 부가적으로 발생하는 고용창출효과라고도 해석할 수 있다. 그러나 이를 위해서는 고용이 증가 및 감소한 지역에 따른 분석이 추가적으로 분석되어야 보다 정확한 원인의 도출이 가능할 것이다.

표 3-12 지역간모형의 고용승수 분석 결과

구 분	서울	인천	경기	대전	충북	충남	광주	전북	전남	대구	경북	부산	울산	경남	강원	제주
농림수산품	3.95	0.31	0.34	-	0.06	0.35	0.28	0.24	1.88	0.35	0.25	4.10	0.17	0.10	0.04	0.56
광산품	-0.12	-0.12	-0.06	-	0.14	-0.11	0.89	-0.34	-0.06	-0.03	-0.18	-30.43	-0.02	2.38	-0.03	0.82
제조업	0.07	0.00	-0.02	-	-0.03	-0.05	-0.07	0.32	-0.02	0.01	-0.02	0.17	0.00	-0.05	0.01	0.00
전력, 가스 및 수도	-0.16	0.00	0.02	-	0.11	0.03	-0.28	-1.73	-1.18	-0.06	-0.03	-3.50	0.04	0.00	0.09	-0.08
건설	0.06	0.00	-0.02	-	-0.04	-0.15	0.00	0.63	-0.33	0.00	-0.06	3.19	-0.01	0.04	-0.02	0.04
도소매	0.01	-0.02	-0.03	-	0.08	-0.02	0.07	0.39	-0.60	-0.02	-0.03	0.17	-0.01	0.24	-0.05	0.49
음식점 및 숙박	-0.01	0.00	-0.01	-	0.01	0.01	0.03	-0.28	0.05	-0.01	0.00	-0.31	0.00	0.03	0.00	0.03
운수 및 보관	0.06	-0.02	-0.05	-	0.09	-0.03	0.09	-0.10	-0.05	-0.01	-0.01	-2.42	-0.01	0.07	-0.02	0.12
통신 및 방송	0.03	0.03	0.12	-	0.06	0.01	-0.12	0.02	0.27	0.02	0.01	-0.38	0.01	-0.05	0.02	0.02
금융 및 보험	0.02	0.04	0.16	-	0.00	0.01	0.00	0.18	0.02	0.01	0.00	-0.28	0.00	0.01	0.00	0.05
부동산 및 사업서비스	0.02	0.01	-0.01	-	-0.03	0.00	0.00	0.51	-0.53	-0.01	-0.03	1.91	0.00	0.02	-0.03	0.06
공공행정 및 국방	-0.05	-0.12	-0.10	-	0.12	0.11	0.03	-1.55	1.15	-0.06	-0.01	-1.52	-0.02	-0.49	-0.02	-1.05
교육 및 보건	-0.06	-0.06	-0.10	-	0.11	0.04	-0.01	-0.53	0.02	-0.04	0.01	-3.90	-0.02	-0.22	-0.02	-0.14
사회 및 기타서비스	-0.05	-0.04	-0.12	-	0.03	0.11	-0.01	-1.31	0.80	-0.03	0.00	0.12	-0.01	-0.01	-0.01	-0.24

주: 고용승수의 절대적 크기가 매우 작기 때문에, 고용승수에 1,000을 곱하여 표시함으로써 지역 및 산업의 고용증가를 표시

방, 교육 및 보건은 전력, 가스 및 수도와 같은 공공재 성격을 갖는 산업으로 녹색성장 잠재력의 확보 유무와는 크게 관계가 없는 것으로 나타났다.

녹색성장 잠재력에 의한 산업별 성장이 가장 크게 나타난 산업은 전체 14개 산업 부문 중 농림수산품으로 전체 16개 시도에서 동일한 결과가 도출되었다. 반면, 농림수산품을 제외한 지역의 고용효과 유발 산업은 특·광역시는 건설업, 일반 시도는 광산품에 의해 고용이 창출되는 것으로 나타났다.

3. 다지역모형을 이용한 효과 측정

가. 다지역의 지역내효과 분석 결과

1) 다지역모형의 지역내 생산승수 분석 결과

다지역모형은 지역간모형의 보다 확장된 개념으로써, 지역간모형에서는 사업체를 대상으로 지역간 연관관계를 구성하는 투입산출표를 작성하는데 반해, 다지역모형은 지역의 모든 산업간 연관관계를 고려하는데 차이가 있다. 일반적으로 지역간 모형에 환류효과를 추가적으로 고려한 다지역모형의 적용은 지역의 지역내효과를 대상으로 비교한 결과 지역간 모형에 비해서 증가한 것으로 분석된다. 환류효과는 확산효과에 의해 지역에서의 생산변화가 타 지역의 생산에 변화를 발생시키는 것을 의미하며, 확산효과는 타 지역의 수요변화에 의한 지역의 생산에 미치는 효과를 의미한다. 반면, 이는 단일지역모형에 비해서는 낮은 생산승수의 절대값을 나타내나, 다지역모형에 의한 승수효과가 지역내효과 외에 지역외효과로 고려될 경우에는 승수가 보다 크게 증가하는 것으로 나타난다.

본 연구에서 사용하고 있는 정량화된 지역의 녹색성장 잠재력을 이용해 작성한 11개의 다지역 투입산출표는 산업간 거래를 기초로 하고 있으나, 거래액에 비해서 녹색성장 잠재력 개별 지표값의 절대값이 작기 때문에 과소계상이 될 여지가 있다. 그럼에도 불구하고 지역의 녹색성장 잠재력의 파급효과는 단일 지역으로 국한되어 발생하는 것이 아니라, 지역간으로 파급효과가 발생하기 때문에 지역간 거래를 고려한 다지역모형을 고려하는 것이 필요하다.

다지역모형을 이용한 분석의 승수효과는 단일지역 및 지역간모형의 결과와 같이 생산승수, 소득승수, 고용승수로 구분되나, 최종 수요 1단위 변화에 따른 지역에 미치는 영향은 지역내효과와 지역간 연관관계에 의해 특정 지역에서의 산업 수요 변화가 지역에 미치는 지역간효과로 구분된다. 또한, 지역내효과와 지역간효과의 합은 국가효과로써 산업 제품 1

단위 수요 변화에 따른 국가 경제에 미치는 영향을 의미한다.

다지역모형에 의한 녹색성장 잠재력의 지역내 생산효과는 1차 산업의 경우 충북, 강원, 제주에서 다른 지역에 비해서 상대적으로 크게 나타나는 것으로 분석되었다. 1차 산업인 농림수산품의 지역내 생산효과 분포가 −1.60∼0.90이고, 평균 지역내 생산효과가 0.065일 때 충북, 강원, 제주는 각각 14배, 7배, 5배 정도의 생산효과가 녹색성장 잠재력으로 인하여 유발되는 것으로 나타났다. 또한, 이는 특·광역시보다 일반 시도에서 지역내 생산효과가 크게 유발되는 것으로 나타났으며, 이는 특·광역시 대비 0.45만큼의 생산이 추가적으로 유발되는 것을 의미한다. 반면, 특·광역시 중 서울, 부산, 대구의 지역내 생산효과가 특·광역시의 평균 지역내 생산효과인 −0.19보다 크게 상회하는 것으로 나타나 지역간 확산효과로 인한 환류효과로 인해 생산이 부가적으로 창출되는 것으로 분석되었다.

녹색성장 잠재력을 고려했을 때의 다지역모형에 의한 2차 산업의 생산효과는 특·광역시가 일반 시도보다 생산효과가 증가하는 것으로 분석되었다. 이중 2차 산업 중 광산품 및 제조업으로 인해 생산효과가 크게 증가한 지역은 각각 대구, 충북으로써 각각 특·광역시, 일반 시도의 평균 지역내 생산효과보다 매우 큰 생산을 창출하는 것으로 나타났다. 특히, 특·광역시 중 서울은 지역간 환류효과로 인하여 지역내의 생산효과는 증가하는 것으로 나타났다.

반면, 녹색성장 잠재력을 고려했을 때 음식점 및 숙박을 제외한 일반 시도의 3차 산업 생산 증대는 특·광역시의 생산보다 크게 증가하는 것으로 분석되었다. 특히, 통신 및 방송에 의한 생산효과가 다른 산업에 비해서 크게 증가하는 것으로 나타났으며, 이는 일반 시도의 평균 지역내 생산효과 0.14의 약 7배에 해당하는 것으로 분석되었다. 또한, 특·광역시에서는 녹생성장 잠재력을 고려했을 때, 오히려 지역의 지역내 생산효과가 감소하던 부동산 및 사업서비스, 공공행정 및 국방 등에서도 생

표 3-13 다지역모형의 지역내 생산효과 분석 결과

구 분	서울	인천	경기	대전	충북	충남	광주	전북	전남	대구	경북	부산	울산	경남	강원	제주
농림수산품	0.17	-0.99	0.01	-1.60	0.90	0.70	0.40	-0.13	0.74	0.61	-0.68	0.63	-0.53	-0.01	0.47	0.35
광산품	0.36	0.03	-1.45	-1.70	1.80	-0.89	-0.70	1.63	-7.67	3.68	-2.09	-1.64	0.20	0.30	0.62	-1.54
제조업	0.09	0.19	0.13	0.14	1.08	0.67	0.39	-0.16	0.26	0.09	-0.58	0.80	0.26	0.04	0.21	0.22
전력, 가스 및 수도	-0.39	0.04	-0.09	-1.73	-0.28	0.59	0.86	-0.16	0.32	-0.10	-0.19	-0.39	1.86	0.49	-0.02	-0.07
건설	0.22	-0.56	0.30	0.87	1.03	0.61	0.34	-0.02	0.35	0.37	-0.57	0.72	-0.13	-0.01	0.46	0.36
도소매	-0.06	0.12	0.09	0.80	2.82	1.20	-0.18	0.09	0.36	1.88	-1.57	-0.81	-1.10	-0.58	1.80	0.09
음식점 및 숙박	0.47	-0.03	0.44	0.95	0.34	0.35	-0.23	-0.62	-1.29	2.86	-0.99	-1.09	0.13	-5.42	1.19	0.41
운수 및 보관	0.26	-0.61	-0.01	-0.28	1.06	0.45	0.24	0.26	-0.06	1.08	-0.38	-0.03	-0.11	0.08	0.16	-0.08
통신 및 방송	0.03	0.14	-0.40	1.86	6.28	3.73	-0.69	0.66	2.28	-0.41	-3.55	-0.43	-3.16	0.06	-0.09	0.24
금융 및 보험	-0.68	0.02	0.18	0.00	-2.28	1.65	0.43	-2.32	1.04	0.12	-2.04	0.27	-4.28	0.07	0.23	0.21
부동산 및 사업서비스	-0.37	-0.50	0.26	-0.12	1.49	0.63	0.21	-0.08	0.69	0.58	-0.57	0.16	-1.07	0.11	0.48	0.37
공공행정 및 국방	-0.63	-0.36	-0.15	-2.88	2.13	0.64	0.65	0.28	0.95	0.28	-0.89	0.16	-1.75	2.58	0.61	-0.17
교육 및 보건	-0.29	-0.23	0.18	-0.59	1.33	0.51	-0.28	-0.19	0.69	1.47	-0.62	-1.01	-0.47	-0.06	-0.40	0.49
사회 및 기타서비스	-0.69	-0.04	0.02	-1.38	2.53	0.83	0.42	-0.13	0.81	0.65	-1.32	0.31	-0.76	-0.24	0.25	0.30

산이 상대적으로 크게 유발되는 것으로 나타났다.

지역별로는 특·광역시 중에서는 대구, 광주의 지역내 생산효과가 녹색성장 잠재력을 고려함으로써 보다 증가하는 것으로 나타났으며, 일반 시도의 경우 충북, 충남, 강원의 지역내 생산효과가 증가하는 것으로 분석되었다. 반면, 경북의 경우 녹색성장 잠재력을 고려함에 따라 지역내 생산효과는 전 산업에서 감소하는 것으로 분석되었다. 그러나 다지역모형에 의한 승수효과는 지역내 및 지역간 승수의 총합으로 제시하기 때문에 지역내 생산효과 만으로 지역을 평가하는데에는 무리가 있다.

2) 다지역모형의 지역내 소득승수 분석 결과

다지역모형에 의한 지역내 소득효과는 1차 산업의 경우 대전, 광주, 강원을 제외한 13개 시도에서 녹색성장 잠재력에 의해 지역내 소득효과가 발생하는 것으로 분석되었다. 자연환경 및 자원이 다른 시도보다 상대적으로 우수하기 때문에 다른 지역보다 녹색성장 잠재력이 우수할 것이라고 가정되는 강원의 지역내 소득효과가 감소하는 이유는 〈표 2-28〉에서 가정한 녹색경제 잠재력지표 및 녹색혁신 잠재력지표 외의 지표로 지역간 거래를 수량화 할 수 없기 때문이다.[8] 또한, 특·광역시와 일반 시도와의 지역내 소득효과를 비교하면 약 2.1배 정도의 지역내 소득효과가 추가적으로 특·광역시에서 발생하는 것으로 나타났다.

녹색성장 잠재력을 고려했을 때의 다지역모형에 의한 2차 산업의 지역내 소득효과는 지역내 생산효과와 유사하게 특·광역시가 일반 시도보

표 3-14 다지역모형의 지역내 소득효과 분석 결과

구 분	서울	인천	경기	대전	충북	충남	광주	전북	전남	대구	경북	부산	울산	경남	강원	제주
농림수산품	0.10	0.08	0.02	−0.07	0.02	0.02	−0.01	0.01	0.02	0.01	0.01	0.10	0.04	0.02	−0.01	0.04
광산품	−0.02	0.16	0.01	0.01	0.07	−0.09	−0.01	0.11	−0.22	0.06	−0.02	−0.12	0.01	0.12	0.04	−0.40
제조업	0.00	−0.02	0.00	−0.01	0.01	0.00	0.01	0.00	0.00	0.00	0.00	0.04	0.00	0.01	−0.05	−0.01
전력, 가스 및 수도	0.02	0.00	0.00	0.01	0.01	0.00	0.01	0.00	0.00	0.00	0.00	0.01	0.00	−0.01	0.01	−0.05
건설	0.00	−0.02	0.00	−0.01	0.00	0.00	0.00	0.00	0.00	0.00	0.00	0.03	0.00	0.00	0.01	0.02
도소매	0.00	0.05	0.00	0.00	0.00	−0.03	−0.02	0.03	−0.03	0.01	−0.02	−0.06	0.00	−0.09	0.06	0.02
음식점 및 숙박	0.00	0.03	0.01	−0.01	−0.05	−0.04	−0.03	0.04	−0.07	0.00	−0.03	−0.14	0.00	−0.51	−0.07	0.13
운수 및 보관	0.00	0.06	0.00	−0.01	0.01	−0.01	0.00	0.02	−0.01	0.02	−0.01	−0.04	0.00	−0.01	0.02	−0.08
통신 및 방송	0.01	−0.01	−0.01	0.00	0.03	0.03	0.00	0.01	0.00	0.00	−0.01	0.00	0.00	0.03	−0.02	0.00
금융 및 보험	0.00	−0.01	0.00	0.00	−0.01	0.01	0.00	−0.01	0.00	0.00	0.00	0.00	−0.01	0.01	0.00	0.00
부동산 및 사업서비스	0.00	−0.01	0.00	0.00	0.01	0.00	−0.01	0.00	0.00	0.00	−0.01	0.01	0.00	−0.01	0.03	0.02
공공행정 및 국방	−0.01	0.00	0.00	0.00	0.03	0.00	0.02	−0.01	0.01	0.02	−0.02	−0.02	0.01	0.28	0.02	−0.23
교육 및 보건	0.00	0.01	0.00	−0.02	0.00	−0.01	−0.01	0.00	0.00	0.02	−0.02	−0.11	0.00	−0.02	0.04	0.08
사회 및 기타서비스	0.00	0.00	0.00	0.00	0.01	0.00	0.01	0.00	0.00	0.00	−0.02	−0.01	0.00	−0.01	0.03	−0.02

8) 즉, 〈표 2-28〉의 녹색환경 잠재력지표의 녹색지역 및 건축물, 녹색교통은 에너지 절감 및 CO_2 배출 수준을 낮춰줄 수 있는 지표와 연관되어 고려할 수 있다. 그러나 지역의 자연환경에 대한 대리지표로 사용한 녹지지역비율은 지역간 교역이 미미하거나 발생하지 않기 때문에 분석 대상에서 제외하였다.

다 큰 것으로 분석되었다. 이중 2차 산업 중 광산품 및 제조업으로 인해 생산효과가 크게 증가한 지역은 각각 서울, 부산으로써 전체 시도 평균인 -0.018보다 매우 큰 것으로 나타났다. 반면, 제조업의 경우 서울의 소득효과는 감소하는 것으로 나타났으나 이는 지역간 소득효과를 고려했을 때 종합적으로 증가하는 것으로 분석되었다. 반면, 녹색성장 잠재력을 고려했을 때 3차 산업의 지역내 소득효과는 건설, 부동산 및 사업서비스, 공공행정 및 국방을 제외한 나머지 산업에서 소득효과가 발생하지 않는 것으로 분석되었다. 이는 지역간 환류로 인한 효과를 추가적으로 보완함으로써 산업의 소득 창출 효과를 보다 엄밀하게 추정할 수 있다.

전체 산업에 대해 지역별로는 특·광역시 중에서는 인천, 대구, 울산의 지역내 소득효과가 녹색성장 잠재력을 고려함으로써 보다 증가하는 것으로 나타났으며, 일반 시도의 경우 충북, 경기, 전북, 강원의 지역내 소득효과가 증가하는 것으로 분석되었다.

3) 다지역모형의 지역내 고용승수 분석 결과

다지역모형에 의한 지역내 고용효과는 1차 산업의 경우 광주를 제외한 15개 시도에서 녹색성장 잠재력에 의해 지역내 고용효과가 발생하는 것으로 분석되었다. 특히, 서울은 0.003만큼의 고용증대가 유발되는 것으로 나타났으며, 서울을 포함한 특·광역시가 일반 시도보다 지역내 고용효과가 큰 것으로 분석되었다. 반면, 일반 시도의 평균 지역내 고용효과는 전체 16개 시도의 평균보다 낮은 것으로 나타났으며, 이는 녹색성장 잠재력을 고려하더라도 대도시 중심으로 고용증대가 이루어지는 것을 의미한다.

녹색성장 잠재력을 고려했을 때의 다지역모형에 의한 2차 산업의 지역내 고용효과는 지역내 생산효과와 유사하게 특·광역시가 일반 시도보다 큰 것으로 분석되었다. 이중 2차 산업 중 광산품 및 제조업으로 인해 생산효과가 크게 증가한 지역은 각각 인천, 부산으로써 전체 시도 평균

표 3-15 다지역모형의 지역내 고용효과 분석 결과

구 분	서울	인천	경기	대전	충북	충남	광주	전북	전남	대구	경북	부산	울산	경남	강원	제주
농림수산품	3.61	0.79	0.24	-	0.26	0.23	-0.13	0.15	0.21	0.12	0.08	0.76	0.15	0.17	0.00	1.07
광산품	-0.74	1.64	0.08	-	0.88	-1.22	-0.16	1.37	-2.08	1.48	-0.15	-0.90	0.03	0.89	0.03	-11.13
제조업	0.05	-0.18	-0.05	-	0.09	0.04	0.16	-0.03	0.01	-0.09	0.01	0.35	0.00	0.04	-0.04	-0.22
전력, 가스 및 수도	0.57	0.00	0.01	-	0.13	-0.06	0.15	-0.03	-0.02	-0.08	-0.02	0.07	0.01	-0.09	0.01	-1.46
건설	0.01	-0.25	-0.06	-	0.06	0.05	-0.09	-0.02	-0.02	-0.12	-0.01	0.25	0.00	-0.02	0.01	0.43
도소매	0.00	0.55	0.07	-	0.01	-0.35	-0.45	0.33	-0.25	0.33	-0.18	-0.47	0.01	-0.66	0.05	0.54
음식점 및 숙박	-0.12	0.28	0.09	-	-0.56	-0.54	-0.73	0.57	-0.69	0.07	-0.27	-1.09	-0.02	-3.71	-0.05	3.65
운수 및 보관	-0.08	0.58	0.05	-	0.08	-0.11	-0.02	0.22	-0.13	0.36	-0.08	-0.34	0.01	-0.04	0.02	-2.10
통신 및 방송	0.23	-0.14	-0.19	-	0.34	0.44	0.03	0.08	-0.02	-0.01	-0.06	-0.02	-0.02	0.24	-0.01	-0.03
금융 및 보험	-0.01	-0.06	0.03	-	-0.16	0.16	0.03	-0.17	0.01	-0.01	0.01	0.01	-0.04	0.09	0.00	-0.02
부동산 및 사업서비스	0.06	-0.09	0.05	-	0.06	-0.04	-0.16	-0.02	-0.01	-0.07	-0.10	0.08	-0.01	-0.09	0.02	0.65
공공행정 및 국방	-0.24	0.00	0.03	-	0.31	-0.01	0.43	-0.16	0.12	0.52	-0.15	-0.16	0.03	2.02	0.01	-6.50
교육 및 보건	0.04	0.14	0.05	-	0.06	-0.08	-0.20	0.00	-0.05	0.57	-0.16	-0.87	0.00	-0.17	0.03	2.19
사회 및 기타서비스	-0.08	-0.02	0.03	-	0.16	-0.05	0.12	-0.02	-0.02	0.09	-0.16	-0.07	0.00	-0.05	0.02	-0.54

주: 고용승수의 절대적 크기가 매우 작기 때문에, 고용승수에 1,000을 곱하여 표시함으로써 지역 및 산업의 고용증가를 표시

보다 매우 큰 고용을 창출하는 것으로 나타났다.

반면, 녹색성장 잠재력을 고려했을 때 3차 산업의 지역내 고용효과는 건설, 부동산 및 사업서비스를 제외한 나머지 산업에서 지역내 고용효과가 발생하지 않는 것으로 분석되었다. 이는 지역간 환류로 인한 효과를 추가적으로 보완함으로써, 산업의 고용 창출 효과를 보다 엄밀하게 추정할 수 있다.

전체 산업에 대해 지역별로는 특・광역시 중에서는 인천, 대구의 지역내 고용효과가 녹색성장 잠재력을 고려함으로써 보다 증가하는 것으로 나타났으며, 일반 시도의 경우 경기, 강원의 지역내 고용효과가 증가하는 것으로 분석되었다.

나. 다지역의 지역간 분석 결과

1) 다지역모형의 지역간 생산승수 분석 결과

지역에서 발생한 최종 수요 1단위 변화가 타 지역 내 생산에 미치는 영향을 나타내는 지역간 승수는 다른 지역의 변화에 따른 특정 지역의 산업별 변화를 나타낸다. 따라서 이는 단일지역 투입산출표를 사용했을 경우에 발생할 수 있는 지역간 교역의 간과 문제점을 보완한 것이며, 지역간 모형을 사용했을 때 발생할 수 있는 확산효과에 따른 환류효과의 추가를 고려한 분석에서 의미가 있다.

녹색성장 잠재력 지표를 토대로 작성된 16개의 다지역 투입산출표를 이용하여 1차 산업의 다지역모형 지역간 생산효과는 −0.68～2.23의 분포를 형성하는 것으로 분석되었다. 서울, 대구를 제외한 특・광역시의 지역간 생산효과가 증가하는 것으로 분석되었으며, 대전의 지역간 생산효과가 녹색성장 잠재력을 고려했을 경우에 1단위 최종 수요 변화에 따라 2.23의 지역간 생산효과가 유발되는 것으로 나타났다. 반면, 강원의 지역간 생산효과는 감소하여 16개 시도 중 가장 작은 지역간 생산효과를 유발하는 것으로 분석되었다. 또한, 특・광역시와 일반 시도와의 지역간 생산효과는 특・광역시에서 약 2.1배 높은 것으로 나타났다.

2차 산업 중 광산품의 경우에는 녹색성장 잠재력을 고려했을 때 특・광역시보다는 일반 시도에서 지역간 생산효과가 유발되는 것으로 분석되었다. 이중 전남, 강원에서 각각 25.2, 3.55로 높은 지역간 생산효과를 유발하는 것으로 분석되었으나, 2차 산업 중 제조업 분야에서는 대전과 강원이 각각 최대, 최소 지역간 생산효과를 유발하는 지역으로 나타났다. 특히, 2차 산업의 특・광역시 평균 지역간 생산효과는 전체 16개 시도 평균보다 크게 하회하는 것으로 분석되었다.

녹색성장 잠재력을 고려한 3차 산업의 지역간 생산효과는 전력, 가스 및 수도를 제외한 모든 산업에서 대체적으로 지역간 생산효과가 유발

표 3-16 다지역모형의 지역간 생산효과 분석 결과

구 분	서울	인천	경기	대전	충북	충남	광주	전북	전남	대구	경북	부산	울산	경남	강원	제주
농림수산품	-0.48	1.54	0.90	2.23	0.05	0.66	0.06	-0.23	0.36	-0.56	0.85	-0.58	0.41	-0.11	-0.68	-0.12
광산품	-2.17	-0.30	1.05	1.10	0.03	-7.70	-3.19	-1.22	25.20	0.67	-1.27	-1.89	0.18	-0.44	3.55	0.48
제조업	0.56	-0.01	0.45	1.14	-0.02	0.77	-0.16	-0.23	0.20	-0.58	0.94	-0.54	-0.46	-0.37	-1.24	0.28
전력, 가스 및 수도	0.24	-0.24	0.18	1.47	-9.63	-1.90	8.63	-0.35	0.62	-0.23	0.78	-0.72	-2.08	-1.12	0.94	0.46
건설	0.05	-0.16	0.13	1.49	0.04	-0.53	-0.33	-0.26	0.11	-0.51	0.97	-0.37	0.00	-0.22	0.03	-0.12
도소매	0.13	0.03	-0.18	0.03	-0.87	-7.26	-0.97	0.19	2.86	0.22	1.88	-0.44	1.24	1.29	1.72	0.22
음식점 및 숙박	-0.61	0.01	0.78	0.10	-1.33	-7.68	-0.67	-0.81	6.62	0.39	0.93	-0.37	-1.41	3.94	3.33	0.46
운수 및 보관	-0.23	-0.10	0.27	1.01	-0.24	-0.38	-0.46	-0.40	1.67	-0.02	0.54	-0.44	0.26	0.10	0.98	0.31
통신 및 방송	1.04	0.76	-1.25	-4.02	0.04	-0.68	-0.82	1.13	-0.79	0.57	5.48	1.38	4.69	3.09	-0.33	-0.19
금융 및 보험	0.35	0.18	-0.42	-0.28	0.69	0.75	1.05	-1.42	0.48	0.12	3.30	0.42	7.77	0.88	0.00	-0.05
부동산 및 사업서비스	0.40	-0.11	-0.24	1.55	-0.50	-0.50	-0.34	-0.29	-0.02	-0.31	0.91	-0.34	1.72	-0.10	0.32	-0.09
공공행정 및 국방	-0.56	-0.33	0.10	2.93	-0.14	2.40	-0.43	-0.39	-0.54	-0.69	1.04	-1.19	2.98	-2.75	2.37	-0.80
교육 및 보건	0.17	-0.68	0.13	1.94	-0.46	-0.02	-0.48	-0.40	0.20	-0.01	0.92	-0.82	0.82	-0.18	1.72	-0.31
사회 및 기타서비스	-0.03	0.04	0.28	2.06	-0.32	0.88	-0.44	-0.33	0.26	-0.74	1.69	-0.64	0.88	-0.22	0.63	-0.03

되는 것으로 분석되었다. 이중 전력, 가스 및 수도, 건설, 도소매, 금융 및 보험, 부동산 및 사업서비스, 공공행정 및 국방에서 특·광역시의 지역간 생산효과가 일반 시도보다 큰 것으로 나타났으며, 전반적으로 3차 산업에 대한 특·광역시와 일반 시도와의 지역간 생산효과는 고르게 분포되어 있는 것으로 나타났다.

2) 다지역모형의 지역간 소득승수 분석 결과

녹색성장 잠재력 지표를 토대로 작성된 16개의 다지역 투입산출표를 이용하여 분석한 1차 산업의 다지역모형 지역간 소득효과는 -2.03~3.62의 지역간 소득증가를 창출하는 것으로 분석되었다. 전반적으로 특·광역시의 지역간 소득효과가 일반 시도보다 높은 것으로 나타났다. 특·광역시 중 서울, 대전, 대구를 제외한 지역의 지역간 소득효과가 증가하는 것으로 분석되었으며, 인천의 지역간 소득효과가 녹색성장 잠재력을 고려했을 경우에 1단위 최종 수요 변화에 따라 0.13의 지역간 소득 증가가 유발되는 것으로 나타났다. 반면, 대전의 지역간 소득효과는 감소하여 16개 시도 중 가장 작은 지역간 소득효과를 유발하는 것으로 분석되었다.

2차 산업 중 광산품의 경우에는 특·광역시의 지역간 소득효과가 일반 시도의 지역간 소득효과보다 녹색성장 잠재력을 고려했을 때 낮은 것으로 분석되었으나, 제조업의 경우에서는 특·광역시가 일반 시도보다 지역간 소득효과가 큰 것으로 분석되었다. 광산품의 경우에는 충남, 강원에서 타 지역의 최종 수요 변화에 따라 소득효과가 증가하는 것으로 분석되었다. 반면, 서울을 포함한 대도시의 소득효과는 감소하는 것으로 나타났으며, 타 산업의 광산품 원재료 필요에 대한 수요를 반영하는 것으로 나타났다. 반면, 2차 산업 중 제조업 분야는 대전과 서울이 상대적으

표 3-17 다지역모형의 지역간 소득효과 분석 결과

구 분	서울	인천	경기	대전	충북	충남	광주	전북	전남	대구	경북	부산	울산	경남	강원	제주
농림수산품	−0.01	0.13	0.00	−0.12	−0.02	0.00	0.00	0.01	−0.07	−0.01	0.06	0.01	0.02	−0.01	−0.03	0.00
광산품	−0.07	0.38	−0.85	−0.01	0.07	0.95	−0.15	−0.07	−0.36	0.08	0.14	−0.07	0.00	0.05	0.20	0.27
제조업	0.02	−0.03	0.00	0.04	−0.01	0.00	0.00	0.00	0.01	−0.01	0.00	−0.01	0.00	−0.03	−0.06	−0.01
전력, 가스 및 수도	0.01	0.00	0.00	−0.04	0.10	−0.06	0.16	−0.05	0.02	−0.02	0.00	−0.03	−0.03	−0.04	0.03	0.04
건설	0.00	−0.06	0.06	0.10	0.00	−0.07	−0.01	0.01	0.01	−0.02	−0.01	−0.01	−0.03	0.04	−0.01	−0.01
도소매	−0.01	0.11	−0.05	0.07	0.02	−0.04	−0.03	0.02	−0.08	0.01	−0.07	−0.02	−0.14	0.73	0.11	0.00
음식점 및 숙박	−0.02	0.03	0.19	0.09	0.15	−0.11	−0.04	0.08	−0.09	0.13	0.06	−0.01	−0.35	3.62	0.21	−0.08
운수 및 보관	−0.01	0.12	−0.18	0.02	0.05	0.10	−0.02	0.02	−0.03	0.02	0.03	−0.01	0.01	0.13	0.05	0.06
통신 및 방송	0.00	−0.05	−0.02	−0.04	−0.05	−0.02	−0.03	0.01	−0.01	0.01	0.05	0.01	0.09	0.06	−0.01	0.00
금융 및 보험	0.00	0.00	0.00	0.00	0.00	−0.01	0.02	−0.05	0.01	0.00	0.02	0.02	0.07	0.01	0.00	0.00
부동산 및 사업서비스	0.00	−0.02	0.04	0.05	0.00	−0.03	−0.01	0.01	−0.02	−0.02	0.01	−0.02	−0.02	0.03	0.01	−0.01
공공행정 및 국방	−0.01	0.03	−0.18	−0.08	0.01	0.14	0.02	0.01	−0.08	0.00	0.09	−0.01	0.45	−2.03	0.13	0.14
교육 및 보건	0.01	0.00	0.04	0.07	0.02	0.00	−0.03	0.02	−0.04	0.03	0.05	0.00	0.01	−0.02	0.08	−0.04
사회 및 기타서비스	0.00	0.01	−0.01	−0.02	0.01	0.03	0.01	0.03	−0.05	0.00	0.05	−0.01	0.03	−0.03	0.02	0.00

로 큰 지역간 소득효과를 유발하는 지역으로 나타났다.

녹색성장 잠재력을 고려한 3차 산업의 지역간 소득효과는 건설, 통신 및 방송, 공공행정 및 국방을 제외한 모든 산업에서 대체적으로 지역간 소득효과가 유발되는 것으로 분석되었다. 금융 및 보험, 공공행정 및 국방, 교육 및 보건 분야에서 특·광역시의 지역간 소득효과가 유발되는 것으로 나타나 대도시 위주로 편중되는 경향을 나타냈다. 반면, 이를 제외한 나머지 3차 산업은 일반 시도에서 지역간 소득효과가 증가하는 것으로 나타났다.

3) 다지역모형의 지역간 고용승수 분석 결과

다지역모형을 이용하여 타지역에서의 산업별 수요를 반영한 지역의 고용증가는 다지역모형의 고용승수로 추정할 수 있다. 다지역모형을 이용했을 때의 지역간 고용승수는 −0.03∼0.06으로 나타났다. 그러나 다지역모형을 이용했을 경우 타지역의 수요 증대로 인한 산업의 고용 증가는 2차 산업에서의 광산품, 3차 산업에서의 도소매, 음식점 및 숙박 등에서 발생하였으나, 중추 산업인 제조업에서는 고용이 감소하는 것으로 나타났다. 도시 규모별로는 특·광역시에서의 산업별 평균 고용의 증가가 일반 시도보다 크게 창출되었다.

2차 산업 중 광산품의 경우에는 특·광역시의 지역간 고용효과가 녹색성장 잠재력을 고려했을 때 일반 시도보다 높은 것으로 분석되었으나, 제조업의 경우에는 특·광역시와 일반 시도의 평균 지역간 고용효과가 의미가 없는 것으로 나타났다. 반면, 제조업의 경우에는 인천, 대구를 제외한 특·광역시의 지역간 고용효과가 증대하는 것으로 나타나 녹색성장 잠재력을 고려했을 때 부분적으로 고용창출 효과가 있는 것으로 나타났으며 또한 일반 시도의 경기, 전북, 전남에서도 녹색성장 잠재력을 고려함에 따라 고용이 증대하는 것으로 분석되었다.

녹색성장 잠재력을 고려한 3차 산업의 지역간 고용효과는 전력, 가스 및 수도, 건설, 통신 및 방송, 부동산 및 사업서비스, 공공행정 및 국방을 제외한 모든 산업에서 지역간 고용효과가 유발되는 것으로 분석되었다. 특히, 금융 및 보험, 운수 및 보관에서 특·광역시의 고용증가가 뚜렷하여 타 산업의 최종수요 증가에 따라 고용이 추가적으로 창출되는 것으로 나타났다. 이중 특·광역시의 공공행정 및 국방은 일반 시도와는 다르게 고용이 창출되는 것으로 나타났으며, 일반 시도에서 매우 크게 감소하던 고용 감소분을 서로 상쇄하는 것으로 나타나, 대도시에서의 고용으로 주변 지역의 고용 수요를 보상하는 것으로 분석되었다.

지역별로는 특·광역시 중에서는 녹색성장 잠재력을 고려함으로써 인천, 대구, 대전에서 지역간 고용이 창출되어 타 지역에서의 수요를 반영하는 지역으로 나타났으며, 일반 시도 중에서는 경기, 전북, 전남의 최

표 3-18 다지역모형의 지역간 고용효과 분석 결과

구 분	서울	인천	경기	대전	충북	충남	광주	전북	전남	대구	경북	부산	울산	경남	강원	제주
농림수산품	-0.16	3.96	0.05	-3.45	-0.25	0.05	0.12	0.04	-0.33	-0.53	0.42	0.46	0.22	-0.16	-0.52	-0.14
광산품	-0.79	12.51	-24.07	-0.16	0.61	25.75	0.12	-1.91	-12.33	1.71	4.15	-0.94	-0.28	1.75	3.56	6.36
제조업	0.19	-1.22	0.10	0.96	-0.11	-0.05	-0.03	0.00	0.08	-0.32	-0.04	0.13	0.10	-0.34	-0.87	-0.37
전력, 가스 및 수도	0.13	-0.02	0.05	-2.21	0.02	-1.69	1.67	-0.18	0.19	-0.30	0.07	-0.32	0.02	-0.14	0.74	0.87
건설	-0.01	-2.03	1.67	2.79	-0.15	-2.12	-0.18	-0.01	-0.01	-0.61	-0.08	-0.13	-0.56	0.76	-0.12	-0.25
도소매	-0.07	3.72	-1.58	2.44	0.55	-0.75	-0.36	0.01	-1.68	0.15	-1.64	-0.34	-3.02	11.67	1.48	0.36
음식점 및 숙박	-0.30	1.09	5.30	3.31	4.43	-2.98	-0.71	1.50	-2.20	0.84	1.72	-0.11	-5.69	60.45	3.19	-1.42
운수 및 보관	-0.11	4.17	-5.14	0.45	1.10	2.55	-0.22	0.10	-0.94	1.00	0.52	-0.06	-0.04	2.16	0.82	1.72
통신 및 방송	0.02	-1.14	-0.29	-0.82	-0.81	-0.68	-0.20	0.12	0.09	0.05	0.27	-0.29	0.67	-0.08	-0.20	-0.02
금융 및 보험	-0.01	-0.14	-0.18	-0.12	0.38	-0.25	0.18	-0.39	0.14	0.01	0.08	0.27	0.31	-0.05	-0.04	0.00
부동산 및 사업서비스	0.03	-0.64	1.10	1.26	-0.35	-0.94	-0.27	-0.08	-0.11	-0.57	0.03	-0.18	-0.59	0.53	0.08	-0.34
공공행정 및 국방	-0.14	0.65	-5.06	-2.32	-0.65	3.10	0.36	-0.62	-0.48	1.72	0.52	0.20	6.83	-33.74	2.19	2.25
교육 및 보건	0.11	0.14	0.93	1.80	-0.25	-0.44	-0.91	0.05	-0.12	1.85	0.16	0.14	-0.24	-0.49	1.30	-1.10
사회 및 기타서비스	0.04	0.07	-0.42	-0.58	-0.28	0.35	0.10	0.18	-0.20	0.36	0.30	-0.01	0.38	-0.60	0.42	0.20

주: 고용승수의 절대적 크기가 매우 작기 때문에, 고용승수에 1,000을 곱하여 표시함으로써 지역 및 산업의 고용증가를 표시

종 수요 변화를 나머지 시도에서 고용 창출을 통해 보상하는 것으로 분석되었다.

제3절 녹색잠재력에 의한 지역발전효과 비교

단일 투입산출모형을 이용해 녹색성장 잠재력의 생산효과를 추출하는 것은 지역간 교역을 인정하지 않고 지역으로 한정된 자원만 고려하여 파급되는 생산효과의 과소추정을 유발할 수 있다. 반면, 지역간모형은 지역의 사업체를 대상으로 구축된 다지역모형으로써, 지역의 교역을 고려하여 지역간 관계를 추가적으로 고려함으로써 단일 투입산출모형보다 정밀한 생산효과의 추정이 가능하다. 반면, 다지역모형 중 지역간모형에서 고려한 지역간효과 외에 지역내효과와 지역간효과를 동시에 추정이 가능한 다지역모형은 지역산업에 대한 수요변화가 지역내에 미치는 지역내효과와 타 지역에서의 최종수요 변화에 따라 추가적으로 지역내에 미치는 지역간효과를 함께 고려한다.

즉, 지역내효과는 지역내에서만 발생하는 효과이며, 지역간효과는 지역간 연관관계에 의해서 발생하는 타 지역에서의 영향의 총합을 의미한다. 따라서 본 연구의 대상지역인 16개 시도는 각각 1개 시도의 지역내효과에 나머지 15개 지역의 영향인 지역간효과로 구분된다. 또한, 지역내효과와 지역간효과의 합은 국가전체에 미치는 영향을 의미하는 국가효과로 나타내지면, 국가효과는 국가 생산효과, 국가 소득효과, 국가 고용효과로 구분된다. 따라서 지역의 사업체간 자료를 활용한 지역간모형보다 이론적으로 정확도가 높은 다지역모형의 추정을 상호 비교함으로써, 지역간 연관관계에 의해 발생하는 추가적인 효과를 고려하였다.

〈표 3-19〉의 다지역모형의 국가 생산효과는 −9.91~17.53의 생산효과를 유발하는 것으로 나타났다. 반면, 지역간모형에서의 지역간 생산

효과는 −9.41∼5.26으로 16개 시도의 지역간 산업의 연관관계를 고려했을 때, 지역간 사업체의 연관관계를 고려했을 때보다 생산효과가 증대되는 것으로 나타났다. 국가 생산효과 중 최대치인 광산품의 생산효과가 지역간모형을 사용했을 때의 광산품의 지역간 생산효과보다 12.27만큼 증가한 것으로 나타나, 녹색성장 잠재력을 고려할 때에 지역간 산업의 연관관계를 고려한다면 추가적인 생산효과가 유발되는 것으로 분석되었다.

특히, 지역간 산업의 연관관계를 고려한 다지역모형의 분석결과에서와 같이 1차 산업의 평균 생산효과가 지역간모형을 고려했을 때보다 0.24에서 0.33으로 0.09만큼 증가하여 최종 수요 1단위 증가에 따른 생산효과가 약 37.5% 증가하는 것으로 나타났다.[9]

반면, 2차 산업에서는 지역간 연관관계를 고려했을 때 전체 시도 중 9개 시도에서 생산효과가 보다 증가하는 것으로 나타나 생산효과가 전반적으로 증가하는 것으로 분석하였다. 이는 특·광역시의 생산효과가 증가한데 비해, 일반 시도의 생산효과가 감소함으로써 서로 생산효과의 증감을 상쇄한데 기인한다.

특히, 녹색성장 잠재력을 고려함으로써 생산효과의 증가가 유발되는 산업은 3차 산업으로써 전력, 가스 및 수도, 건설, 음식점 및 숙박, 부동산 및 사업서비스를 제외한 나머지 산업에서 생산효과가 보다 증가하는 것으로 나타났다. 따라서 녹색성장 잠재력을 이용해 구성한 다지역 산업의 연관관계의 고려는 산업의 생산효과를 증가시키는 것으로 나타나 비단 녹색성장을 위한 잠재력의 유무를 떠나 지역간의 관계에 의해서도 생산은 증가하는 것으로 나타났다.

지역별로는 특·광역시 중 대구의 생산효과가 증가하는 것으로 나타났다. 또한, 일반 시도의 생산효과는 충북, 전남, 경북, 강원에서 발생하

9) 다지역모형의 사용은 비단 모든 추정결과에서 지역간모형을 사용했을 때보다 증가된 값을 나타내지는 않는다. 이는 모형에 사용된 기본적인 투입산출표 상의 산업간 연관관계에 의한 것이기 때문이다. 따라서 전체적인 비교 외에 개별적인 비교에서 지역별 산업의 추정치에는 일정한 선형관계가 존재함이 없이 개별적인 추정치 값을 제시한다.

표 3-19 다지역모형의 국가 생산효과 분석 결과

구 분	서울	인천	경기	대전	충북	충남	광주	전북	전남	대구	경북	부산	울산	경남	강원	제주
농림수산품	−0.32	0.56	0.91	0.63	0.95	1.36	0.46	−0.37	1.10	0.04	0.17	0.04	−0.12	−0.12	−0.21	0.23
광산품	−1.81	−0.28	−0.40	−0.60	1.83	−8.59	−3.89	0.41	17.53	4.35	−3.36	−3.52	0.38	−0.14	4.17	−1.06
제조업	0.65	0.19	0.57	1.29	1.07	1.44	0.23	−0.39	0.47	−0.49	0.35	0.26	−0.20	−0.34	−1.03	0.50
전력, 가스 및 수도	−0.15	−0.20	0.08	−0.26	−9.91	−1.31	9.49	−0.51	0.94	−0.33	0.59	−1.11	−0.22	−0.63	0.92	0.39
건설	0.27	−0.72	0.43	2.36	1.07	0.07	0.02	−0.27	0.46	−0.14	0.40	0.35	−0.13	−0.23	0.48	0.24
도소매	0.07	0.15	−0.10	0.83	1.95	−6.06	−1.15	0.28	3.22	2.09	0.31	−1.24	0.13	0.71	3.52	0.30
음식점 및 숙박	−0.15	−0.02	1.22	1.05	−1.00	−7.32	−0.90	−1.44	5.34	3.25	−0.06	−1.46	−1.28	−1.48	4.52	0.87
운수 및 보관	0.03	−0.71	0.27	0.73	0.82	0.08	−0.22	−0.13	1.61	1.06	0.16	−0.47	0.15	0.18	1.14	0.24
통신 및 방송	1.07	0.90	−1.65	−2.16	6.32	3.06	−1.51	1.79	1.50	0.16	1.94	0.95	1.53	3.15	−0.42	0.05
금융 및 보험	−0.34	0.20	−0.24	−0.28	−1.59	2.40	1.48	−3.74	1.52	0.24	1.26	0.69	3.49	0.95	0.22	0.16
부동산 및 사업서비스	0.03	−0.61	0.02	1.43	0.99	0.13	−0.13	−0.36	0.68	0.27	0.35	−0.17	0.65	0.01	0.80	0.28
공공행정 및 국방	−1.19	−0.69	−0.05	0.05	2.00	3.04	0.22	−0.11	0.41	−0.41	0.15	−1.04	1.23	−0.18	2.98	−0.97
교육 및 보건	−0.12	−0.91	0.31	1.35	0.88	0.49	−0.76	−0.59	0.89	1.45	0.31	−1.83	0.34	−0.24	1.32	0.18
사회 및 기타서비스	−0.72	−0.01	0.30	0.68	2.21	1.71	−0.02	−0.46	1.07	−0.09	0.37	−0.33	0.12	−0.46	0.88	0.27

는 것으로 분석되었다. 따라서 지역의 녹색성장 잠재력으로 인하여 지역의 생산은 증가하는 것으로 분석되었다.

지역간 발생하는 확산효과로 인한 지역간 환류효과는 일반적으로 지역간모형을 사용한 소득효과보다 다지역모형을 사용했을 때의 소득효과가 증가하는 것으로 나타났다. 본 연구에서의 결과도 다지역모형을 사용한 소득효과가 지역간모형을 사용한 결과보다 크게 나타나 이론과 부합되는 결과가 도출되었다. 이는 14개 산업 중 9개의 산업의 평균 국가 소득효과가 증가된 것으로 나타나 지역간 연관관계를 고려했을 때보다 소득이 높게 창출되는 것으로 나타났다. 이는 비단 지역의 중간재의 거래를 통한 최종재의 산출로만 나타나는 것이 아니라, 녹색성장에 대한 지역의 고유 잠재력을 산업간 관계로 내생화시켜 분석을 시도한 경우에도 같은 결과가 도출되었다.

반면, 지역의 녹색성장 잠재력을 지역간 산업의 거래로 고려한 경우 1차 산업에서는 지역간 교역을 고려한 경우보다 국가 소득효과가 약 30% 감소하는 것으로 나타났다. 반면, 2차 산업 중 광산품의 경우에서는 국가 소득효과가 지역간 소득효과보다 증가하는 것으로 나타났으며, 제조업은 1차 산업과 같이 감소하는 것으로 나타났다. 이러한 현상 역시 16개 시도의 녹색성장 잠재력 투입산출표의 특성에 의한 것이기 때문에 단순히 지역간이 아닌 다지역을 비교했다고 하여 소득효과가 증가하는 것은 아니다. 그러나 산업간의 비교 외에 특・광역시간의 비교에서는 다지역모형의 평균 국가 소득효과가 평균 지역간 소득효과보다 증가하는 것으로 나타났으며, 이는 제조업 전체에 적용되는 것으로 분석되었다.

녹색성장 잠재력의 다지역 투입산출표로 인한 3차 산업의 국가 소득효과는 11개 3차 산업 중 8개 산업의 소득효과가 증가하는 것으로 분석되었다. 특히, 지역간 소득효과에서는 지역 산업의 평균 소득효과가 음(-)으로 의미가 없는 것으로 추정이 되었으나, 지역간 교역 외에 환류효과를 고려한 다지역모형의 분석 결과 건설과 공공행정 및 국방을 제외한 3차 산업의 대부분 국가 소득효과가 의미가 있는 것으로 나타났으며, 전반적으로 증가한 것으로 나타나 환류효과가 존재함이 제시되었다.

지역별로는 서울을 제외한 모든 특・광역시의 국가 소득효과가 증가하였으며, 경기, 광주, 전남을 제외한 일반 시도의 국가 소득효과 역시 증가하여 녹색성장 잠재력으로 인해 국가 전반적으로 소득이 창출되는 것으로 분석되었다.

지역의 녹색성장 잠재력을 이용한 다지역모형의 국가 고용효과는 지역간 교역을 고려한 지역간모형의 고용효과보다 전체 산업의 50%인 7개 산업에서 증가하는 것으로 분석되었다. 특히, 광산품에서의 국가 고용효과가 증가하는 것으로 나타나 녹색경제 잠재력과 녹색혁신 잠재력을 고려했을 때, 타 산업보다 2차 산업인 광산품 산업에서 국가 고용효과의 절대적인 양적 성장이 견인되었다.

표 3-20 다지역모형의 국가 소득효과 분석 결과

구 분	서울	인천	경기	대전	충북	충남	광주	전북	전남	대구	경북	부산	울산	경남	강원	제주
농림수산품	0.08	0.21	0.01	-0.19	0.00	0.02	0.00	0.02	-0.05	-0.01	0.06	0.11	0.06	0.01	-0.04	0.04
광산품	-0.09	0.54	-0.84	0.00	0.14	0.86	-0.15	0.04	-0.59	0.14	0.12	-0.18	0.00	0.17	0.25	-0.13
제조업	0.02	-0.05	0.00	0.03	0.00	0.00	0.01	0.00	0.02	-0.02	0.00	0.04	0.00	-0.03	-0.11	-0.02
전력, 가스 및 수도	0.03	0.00	0.00	-0.03	0.11	-0.07	0.17	-0.05	0.02	-0.02	0.00	-0.02	-0.03	-0.05	0.04	-0.02
건설	0.00	-0.08	0.05	0.10	0.00	-0.07	-0.01	0.01	0.00	-0.03	-0.01	0.02	-0.03	0.04	0.00	0.00
도소매	-0.01	0.16	-0.05	0.07	0.02	-0.07	-0.05	0.04	-0.11	0.03	-0.09	-0.08	-0.14	0.64	0.17	0.02
음식점 및 숙박	-0.03	0.05	0.20	0.08	0.10	-0.15	-0.07	0.12	-0.17	0.13	0.03	-0.15	-0.35	3.11	0.14	0.05
운수 및 보관	-0.01	0.18	-0.18	0.01	0.06	0.10	-0.02	0.03	-0.04	0.04	0.03	-0.05	0.01	0.12	0.07	-0.02
통신 및 방송	0.01	-0.07	-0.03	-0.03	-0.02	0.01	-0.03	0.02	-0.01	0.01	0.05	0.01	0.09	0.09	-0.03	0.00
금융 및 보험	0.00	-0.01	0.00	0.00	-0.01	0.00	0.02	-0.06	0.01	0.00	0.02	0.02	0.06	0.02	-0.01	0.00
부동산 및 사업서비스	0.00	-0.03	0.05	0.05	0.01	-0.03	-0.02	0.01	-0.02	-0.02	0.00	-0.01	-0.02	0.02	0.04	0.01
공공행정 및 국방	-0.02	0.03	-0.18	-0.07	0.03	0.14	0.04	-0.01	-0.07	0.02	0.07	-0.03	0.46	-1.75	0.15	-0.10
교육 및 보건	0.01	0.01	0.04	0.05	0.02	0.00	-0.04	0.02	-0.05	0.05	0.03	-0.12	0.01	-0.04	0.12	0.04
사회 및 기타서비스	0.00	0.01	-0.01	-0.02	0.02	0.03	0.01	0.03	-0.05	0.01	0.03	-0.02	0.03	-0.04	0.05	-0.01

반면, 1차 산업에서도 국가 고용효과가 존재하는 것으로 분석되었으나, 절대적인 크기에서는 지역간모형의 고용효과보다 감소한 것으로 나타났다. 이는 특·광역시와 일반 시도에서 동일하게 나타난 현상으로 지역의 1차 산업 고용이 감소한데 그 이유가 있다. 2차 산업에서는 녹색성장 잠재력을 고려할 때 광산품에서 고용효과가 증가하였으며, 제조업에서는 평균적으로 고용효과가 없는 것으로 분석되었다. 단, 도시규모별로 특·광역시의 국가 고용효과는 인천, 대구를 제외하고 고용이 증대되는 것으로 나타나 지역간모형의 지역간 고용효과보다 국가 고용효과가 큰 것으로 분석되었다. 반면, 일반 시도의 제조업은 고용효과가 없는 것으로 나타나 일반 시도에서의 고용 감소가 특·광역시의 고용 증가를 상쇄하는 것으로 나타났다.

녹색성장 잠재력을 고려한 3차 산업의 국가 고용효과는 평균적으로

표 3-21 다지역모형의 국가 고용효과 분석 결과

구 분	서울	인천	경기	대전	충북	충남	광주	전북	전남	대구	경북	부산	울산	경남	강원	제주
농림수산품	3.44	4.75	0.29	−3.45	0.00	0.28	−0.01	0.19	−0.12	−0.41	0.50	1.22	0.37	0.01	−0.53	0.93
광산품	−1.52	14.14	−23.98	−0.16	1.48	24.53	−0.04	−0.55	−14.42	3.18	4.00	−1.83	−0.24	2.65	3.59	−4.77
제조업	0.25	−1.40	0.05	0.96	−0.02	−0.01	0.13	−0.02	0.09	−0.41	−0.03	0.48	0.10	−0.29	−0.90	−0.59
전력, 가스 및 수도	0.70	−0.02	0.06	−2.21	0.15	−1.75	1.83	−0.21	0.17	−0.38	0.04	−0.25	0.02	−0.23	0.75	−0.60
건설	0.00	−2.28	1.61	2.79	−0.10	−2.07	−0.27	−0.03	−0.02	−0.72	−0.09	0.12	−0.57	0.74	−0.12	0.19
도소매	−0.08	4.27	−1.51	2.44	0.56	−1.09	−0.81	0.34	−1.93	0.49	−1.82	−0.81	−3.01	11.00	1.52	0.89
음식점 및 숙박	−0.42	1.37	5.39	3.31	3.88	−3.52	−1.43	2.07	−2.89	0.91	1.45	−1.20	−5.71	56.74	3.14	2.22
운수 및 보관	−0.19	4.75	−5.09	0.45	1.18	2.44	−0.24	0.32	−1.07	1.36	0.45	−0.39	−0.03	2.12	0.84	−0.38
통신 및 방송	0.25	−1.28	−0.48	−0.82	−0.47	−0.24	−0.18	0.20	0.07	0.03	0.22	−0.30	0.65	0.16	−0.21	−0.05
금융 및 보험	−0.02	−0.21	−0.15	−0.12	0.22	−0.09	0.21	−0.56	0.15	0.00	0.09	0.27	0.27	0.04	−0.04	−0.02
부동산 및 사업서비스	0.09	−0.72	1.15	1.26	−0.29	−0.98	−0.43	−0.10	−0.12	−0.64	−0.07	−0.10	−0.60	0.44	0.10	0.30
공공행정 및 국방	−0.39	0.65	−5.04	−2.32	−0.33	3.09	0.80	−0.78	−0.36	2.24	0.37	0.03	6.85	−31.72	2.20	−4.25
교육 및 보건	0.15	0.28	0.98	1.80	−0.19	−0.52	−1.12	0.05	−0.17	2.42	0.00	−0.73	−0.24	−0.66	1.33	1.09
사회 및 기타서비스	−0.05	0.05	−0.38	−0.58	−0.12	0.29	0.22	0.16	−0.22	0.45	0.14	−0.08	0.38	−0.65	0.44	−0.34

주: 고용승수의 절대적 크기가 매우 작기 때문에, 고용승수에 1,000을 곱하여 표시함으로써 지역 및 산업의 고용증가를 표시

11개 3차 산업 중 6개 산업의 고용이 증가한 것으로 나타났다. 그러나 고용이 증가하는 것으로 나타난 전력, 가스 및 수도, 건설, 사회 및 기타 서비스의 고용효과가 음(−)으로 추정되어 3차 산업의 고용은 전반적으로 증가하였으나, 국가 고용효과가 존재하는 산업은 도소매, 음식점 및 숙박, 운수 및 보관, 교육 및 보건으로 분석되었다. 특히, 특·광역시의 3차 산업 중 대부분이 평균 지역간 고용효과보다 증가하는 것으로 나타났으며, 일반 시도의 평균 국가 고용효과가 평균 지역간 고용효과보다 증가하는 것으로 나타났고, 도시의 규모에 따라서는 확연하게 국가 고용효과가 증가하는 것으로 나타나 녹색성장 잠재력을 고려할 때 발생하는 지역간 환류효과로 인하여 고용이 증가하는 것으로 나타났다.

제4절 녹색잠재력 효과 분석의 시사점

이명박 정부 출범과 함께 2009년 이후 저탄소녹색성장의 기조 아래 본 연구에서 제시하고 있는 녹색성장 잠재력을 포함한 녹색성장 관련 연구가 많이 진행되었다. 또한, 정부 출범 초기에 제시되었던 녹색성장 관련 실행 대책 및 정책은 초기의 녹색성장에 대한 실질적인 효과를 감안하지 못하며, 양방향적이지 못한 일방적인 정책의 주입이라는 비판에서 벗어나지 못했다. 그러나 녹색성장에 대한 범세계적인 관심과 주무부처를 포함한 모든 부처의 노력과 지자체의 협력으로 점차 실행력이 강한 정책으로 자리매김을 하고 있으며, 정책의 효과 견인 측면에서 보다 효율적이며 실질적인 효과를 견인할 수 있는 정책으로 자리잡고 있다.

녹색성장에 대한 초기의 정책은 비단 녹색성장으로 인하여 지역의 성장을 답보하고, 보다 나은 미래를 위하여 환경을 고려하여 성장의 속도를 감소시킨다는 우려 섞인 주장도 한편에서는 제시되었다. 그러나 이와 같은 우려의 소리는 환경을 고려한 성장이 단지 성장 속도의 저감 측면에서만 고려한 것이며, 녹색성장은 환경으로만 치우친 것이라는 단편적인 생각에 어느 정도 기인한다. 그러나 이와 같은 우려는 녹색성장으로 인한 편익 추정과 녹색성장에 대한 객관적인 효과 추정으로 단지 녹색성장이 국가 및 지역의 성장 속도를 저감시키지 않는 다는 것을 제시하였다.

본 연구는 녹색성장에 대한 지자체의 수행을 시도 측면에서 평가한 것으로써, 비단 녹색성장에 대한 지자체의 실무적인 역량 외에 지자체의 잠재력을 지표별로 구성함으로써 보다 효율적인 정책의 집행을 위해 지자체의 역량을 녹색성장 잠재력 지수로 종합화하였다. 또한, 녹색성장 잠재력 지수를 구성하는 녹색경제 잠재력지표와 녹색혁신 잠재력지표를 고려하여 실질적인 지역의 녹색성장 관련 능력을 감안했을 때, 지역이 미치

그림 3-3 녹색성장 잠재력으로 인한 산업별 효과 분포

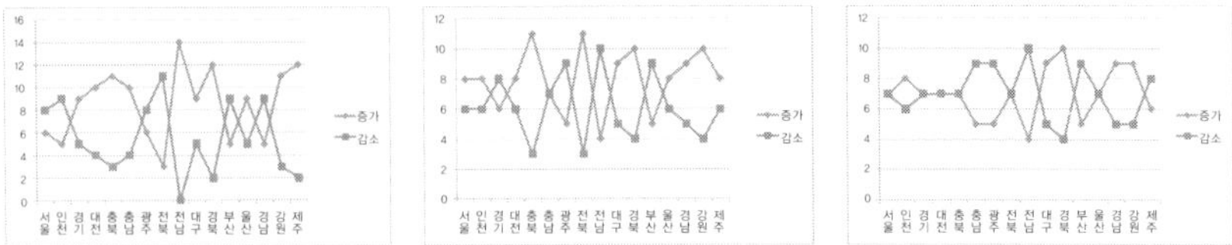

〈생산효과〉 〈소득효과〉 〈고용효과〉

그림 3-4 녹색성장 잠재력으로 인한 지역별 효과 분포

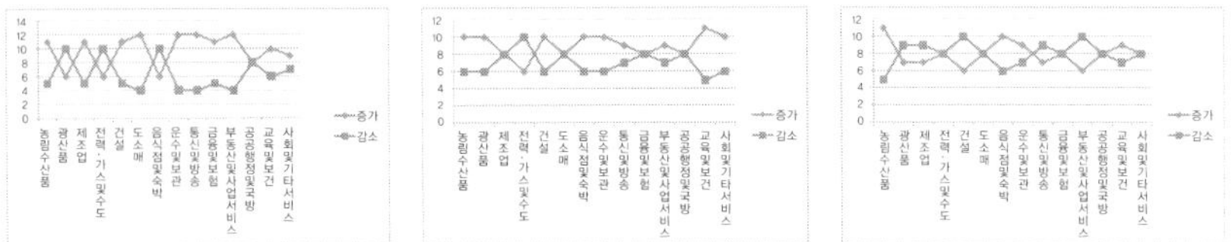

〈생산효과〉 〈소득효과〉 〈고용효과〉

는 효과가 어느 정도인지를 소득, 고용, 생산효과를 추정하여 분석하였다.

녹색성장에 대한 잠재력을 평가함으로써 전국 지자체 232개를 포함한 16개 시도의 녹색성장으로 인한 생산 측면에서의 효과는 전체 산업의 [그림 3-3]과 같이 61.2%에서 생산효과가 증가하는 것으로 나타났다. 또한, 소득효과 역시 56.7%로 증가하는 것으로 나타났다. 반면, 고용효과는 산업별로 50.0% 증가하는 것으로 나타났으며, 지역의 녹색성장 잠재력으로 인해 나타나는 고용변화는 크지 않은 것으로 나타났다.

또한, 지역의 녹색 잠재력은 단순 잠재력의 존재 유무로 지역의 발전가능성 및 개발효과의 추정이 이루어지지 않고, 지역 녹색 잠재력을 산업별로 분류하여 나타날 수 있는 효과로 추정한 결과 [그림 3-4]와 같이 전체 지역의 50% 이상 지역에서 생산, 소득, 고용효과가 나타나는 것으로 분석되었다.

녹색성장 잠재력을 이용해 지역 자체에서의 효과 추정에서 벗어나

지역의 교역과 환류효과를 고려한 지역간모형 및 다지역모형 분석 결과에서 나타난 바와 같이, 녹색성장은 녹색성장 정책 출범에서 나타난 우려와는 달리 지역의 성장을 견인하는 것으로 분석되었다. 성장을 견인하는 정도가 괄목할만한 성장을 견인하는 것으로 나타나지는 않았으나, 최소한 지역 성장을 저감시킨다는 우려와는 다른 결과를 제시하여 환경을 고려함으로써 지역성장을 유도하는 정책으로 나타났다.

분석된 결과에서 제시된 것과 같이 녹색성장으로 인하여 지역의 산업별 생산의 증가, 그리고 소득의 창출 및 고용의 증대를 보다 크게 견인하기 위해서는 녹색성장으로 인해 파급효과가 상대적으로 미흡한 지역에 대한 우선적인 보완이 필요하다. 이는 단순히 지역들 간의 균형적인 발전을 유도한다는 것과는 다른 의미로써 지역들에 대한 맞춤형 녹색성장 실행대안을 제시함으로써, 녹색성장에 의한 효과를 극대화할 수 있는 방안을 모색해야 할 것이다. 또한, 지역들 중 파급효과가 상대적으로 큰 지역은 녹색성장으로 인한 산업별 발전 중 미흡하게 성장효과가 나타난 산업들의 이유를 파악하는 것이 필요하며 이에 대한 산업 육성 대책을 고려하는 것이 필요하다.

이와 같은 대책은 단순히 미흡한 지역과 산업을 고려하여 육성시킨다는 관점보다는, 녹색성장으로 인한 지역의 성장은 특정 지역으로만 국한되는 것이 아니기 때문에 기술, 산업, 수출경쟁력을 종합적으로 고려한 실질적인 녹색성장 잠재력 활용 전략을 추진하는 것을 의미한다. 기술력의 보존과 확보를 통한 녹색성장의 견인은 보다 정밀한 분석결과와 사전예측을 토대로 과감한 투자가 결정되어야 할 것이며, 이에 대한 사후평가 역시 치밀하게 준비되어야 할 것이다. 또한, 지역의 녹색성장 잠재력에 대한 사전 예측결과를 활용함으로써 투자에 대한 효율성을 확보함으로써, 정책의 실행력을 증가시킬 수 있는 대책의 마련이 필요하다. 이는 단순히 예산의 투자로 인한 일방적인 효과 견인에 그치는 것이 아니라, 지역의 연계 및 산업의 연계로 인한 부가적인 파급효과를 감안하는 것을 의미한다.

제4장 녹색성장형 지역특화발전 사례

제1절 사례분석의 개요

1. 분석의 목적과 의의

본 장의 사례분석은 앞서 이론에서 제시한 제 개념들에 대해, 통계자료를 통한 연역적 분석에 해당하는 제2장의 녹색성장 잠재력 평가 및 유형화의 결론과 제3장의 녹색성장 잠재력 효과분석의 결과를 기초로, 뒤에서 제시될 지역특화발전 전략의 도출을 위해 실제적이고 귀납적인 관점에서 검증하고 적용하는 단계에 해당한다. 즉, 앞서 검토한 녹색성장 잠재력의 개념을 기초로 녹색성장 잠재력 요인들을 활용한 지역특화발전의 실제적 사례를 검토하면서 제2장~제3장의 분석결과가 갖는 실제적 의미를 점검하고, 제5장에서 제시될 전략의 도출을 위한 실제적인 시사점을 도출하는 것이 본 장의 구체적인 내용이라고 할 수 있다.

따라서 본 장에서는 녹색성장 잠재력 요인들을 활용하여 지역발전을 시도한 국내외 사례들 중에서 특화발전의 효과가 검증된 유명 사례를 중심으로 녹색성장 잠재력을 활용하는 경우 지역 특화발전에 대한 어떠한 영향이 있는지를 심층적으로 분석하고, 이를 기초로 특화발전의 전략도출에 대한 시사점을 도출하는 것을 목적으로 한다.

구체적으로 잠재력에 따른 지역유형별로 대표적인 국내외 성공사례들에 대해 각각의 잠재력 요인을 어떻게 활용하여 특화발전의 성과를 이루었는지 그 핵심 성공요인을 도출하고, 타 자치단체로의 적용을 감안한 시사점의 도출을 주된 내용으로 한다.

2. 대상사례 및 자료원

본 사례분석을 위한 사례의 선정 및 자료수집원은 다음과 같다. 우선 해외사례는 지난 1991년부터 2010년 현재까지 약 120여 개의 자치단체의 지속가능발전 우수사례를 발간해 온 '자치단체국제환경협의회(ICLEI: International Council for Local Environmental Initiatives)'의 각 사례(영문판)를 중심으로 관련 보충자료 등을 수집하여 진행하였다.

자치단체국제환경협의회(ICLEI)는 UN의 국제환경자문기구이자, 지방차원에서 지속가능한 환경정책 및 환경문제 해결을 위한 국제교류협력 증진을 목적으로 하는 지방정부 및 국가·지역정부 조직의 국제적 연합체이다. 이 협희회는 1990년 UN 및 세계자치단체연합(UCLG)의 후원으로 발족하여 2010년 상반기까지 70개국 1,300여 개 자치단체가 가입되어 있고, 국내 자치단체도 48개가 가입되어 있다. 동 자료는 자치단체의 녹색성장 및 지속가능발전 해외사례 중에서 성과가 국제적으로 인정되고 널리 알려진 자료로서, 본 연구에서는 이중 녹색성장 잠재력을 활용한 지역특화발전 사례를 중심으로 유형에 일치하는 사례를 선정하였다.

자치단체국제환경협의회의 사례 외 해외자료의 수집원으로는 ① 한국환경공단에서 운영하는 기후변화 홍보 포털(gihoo.or.kr)의 '해외 지방자치단체 기후변화 대응 사례집(2008. 8)', ② 국내외 환경 관련 우수사례로 녹색성장 및 지속가능발전 관련 다큐멘터리, 신문 및 매스컴 등에서 빈

표 4-1 국내 및 해외사례 분석 개요

유형		각 요인별 우수 사례
1	해외	· 신재생에너지로 지역난방 개선(이탈리아 Milan [사례 1]) · 'Eco-Oil Project'를 활용한 지역발전(브라질 Volta, [사례 2]) · 신재생에너지로 저소득층 주거개선(브라질 Betim, [사례 3])
	국내	· 지속가능한 농촌을 위한 커뮤니티비즈니스(전북 완주군, [사례 16])
2	해외	· 고용증대를 위한 지방의제(그리스 Kalithea, [사례 4]) · 녹색일자리 창출 - 'Jobs Thru Sustainability'(독일 Hannover, [사례 5]) · 눈을 이용한 마치쯔꾸리(일본 Yasuzuka, [사례 6])
	국내	· 습지보호를 통한 지속가능발전(전남 순천시, [사례 17])
3	해외	· 'Green-City Freiburg'와 솔라산업(독일 Freiburg, [사례 7]) · 건축물 에너지 효율성 제고(스위스 Zurich, [사례 8]) · 관광지의 호텔 에너지효율 개선(스페인 Calvia, [사례 9])
	국내	· 아시아 솔라밸리 프로젝트(충청북도 증평군, [사례 18])
4	해외	· 지속가능 교통체계의 구축(캐나다 Toronto, [사례 10]) · 인간중심의 통합적 도시계획(브라질 Curitiba, [사례 11]) · 2012 런던올림픽 프로젝트(영국 London, [사례 12])
	국내	· 공공자전거 프로젝트 누비자(경남 창원시, [사례 19])
5	해외	· 녹색역량 강화를 위한 'Live Green Toronto'(캐나다 Toronto, [사례 13]) · 화석연료 제로도시로의 시민생활변화 운동(스웨덴 Vaxjo, [사례 14]) · 참여적 전략환경계획(포르투갈 Porto Region, [사례 15])
	국내	· 두꺼비와 공존하는 생태공동체(충북 청주시, [사례 20])

번하게 제시되는 사례, ③ 한국환경정책학회, 한국지방정부학회, 한국지역개발학회 등 유관학회의 학회지 및 학술대회 논문집 등에서 소개된 사례, ④ 각 지역의 인터넷 홍보페이지 등을 참조하였다.

또한, 국내사례는 최근 3년 간 환경부 및 관련 부처의 정책홍보 우수사례로 소개된 사례, 자치단체 공무원 등을 대상으로 하는 교육 프로그램 등으로부터 발굴된 최신 사례를 중심으로 분석하였다. 중앙정부의 관련 부처 정책 관련 사례자료는 녹색성장위원회 생생도시 공모사업 선정사례, 환경부 그린시티 선정사례 및 정책홍보 블로그, 행정안전부 지역일자리창출 전략회의 보고자료, 환경관리공단 기후변화 홍보포털 등에 소개된 국내 최신 우수사례 중 녹색성장 잠재력을 활용한 지역특화 발전에 관련된 사례를 참조하였다.

이러한 사례들은 때로는 우수사례로서 해외에 발표한 사례도 존재하는데, 상기 해외사례원으로서 자치단체 국제환경협의회의 우수사례로 소개된 국내사례(영문판)도 참조하였다. 아울러 한국지방행정연구원에서 2009년 6차례, 2010년 4차례 수행한 '자치단체 녹색성장과 기후변화 대응전략'의 참석 자치단체 공무원들로부터 발굴된 우수사례 등도 주요 사례수집원으로 활용하였다. 이와 같이 선정된 해외 및 국내사례는 분석방법에 관한 개요는 〈표 4-1〉에 제시되어 있다.

3. 분석의 틀 및 분석방법

본 장의 사례분석은 '녹색성장 잠재력'에 관한 제1장의 개념정의 및 제2장~제3장의 실태분석에서 활용되었던 조작적 정의에 따라 녹색성장 잠재력의 측정개념 다음과 같은 주요 요인으로 파악한다.

- [A] 녹색경제: [A1] 산업육성 및 [A2] 에너지효율 향상
- [B] 녹색혁신: [B1] 인적자원 및 [B2] 지식자원
- [C] 녹색사회문화: [C1] 제도 · 추진체계, [C2] 녹색생활
- [D] 녹색환경: [D1] 지역 · 건축물, [D2] 녹색교통

또한, 제2장의 분석을 통해 녹색성장 잠재력 특성에 따른 지역 유형 구분은 다음과 같다.

- [유형 1] 녹색경제(산업 및 에너지)와 사회문화(제도 및 생활) 잠재력이 상대적으로 양호한 지역 유형으로, 제2장의 분석결과 [강원, 경남, 전남] 등이 해당한다.

- [유형 2] 녹색혁신(인적 및 지적자원) 및 환경(지역·건축물 및 교통) 잠재력이 상대적으로 양호한 지역 유형으로, [대전, 서울, 경기] 등이 해당한다.
- [유형 3] 녹색경제 잠재력이 상대적으로 양호한 지역 유형으로, [경북, 충북, 전북] 등이 해당한다.
- [유형 4] 녹색환경 잠재력이 상대적으로 양호한 지역 유형으로, [부산, 대구, 인천, 광주] 등이 해당한다.
- [유형 5] 대부분의 잠재력이 상대적으로 취약한 지역으로, [울산, 제주, 충남] 등이 해당한다.

전술한 8개 잠재력 요인별 특성을 고려하여 5개의 지역유형에 대한 사례분석 수행은 〈표 4-1〉의 개별 사례들을 [그림 4-1]에 표시된 절차와 프레임에 따라 진행된다. [그림 4-1]은 사례분석의 방법과 절차를 요약한 것이며, 〈표 4-1〉은 본 연구에서 다루게 되는 유형별 사례의 목록을 제시하고 있다.

우선 전술한 사례분석의 자료원으로부터 녹색성장 및 지역발전에 관한 국내외 사례들을 선별, 그중에서 특화발전의 효과가 검증된 유명 사례를 분석대상으로 정한다. 이후 녹색성장 잠재력의 지역유형별 특징에 따른 사례의 분류 및 선정작업을 거쳐 최종 분석대상 사례를 정한 후, 각 잠재력 요인의 활용도를 중심으로 한 핵심 성공요인(Key Success Factors)의 도출 및 타 자치단체로의 적용가능성을 중심으로 시사점 도출을 중심으로 사례분석 수행한다. 참고로 본 장에서의 사례는 심층사례분석의 결과를 요약하여 핵심적인 내용만을 발췌 및 정리한 것이다.

그림 4-1 사례분석의 체계 및 방법

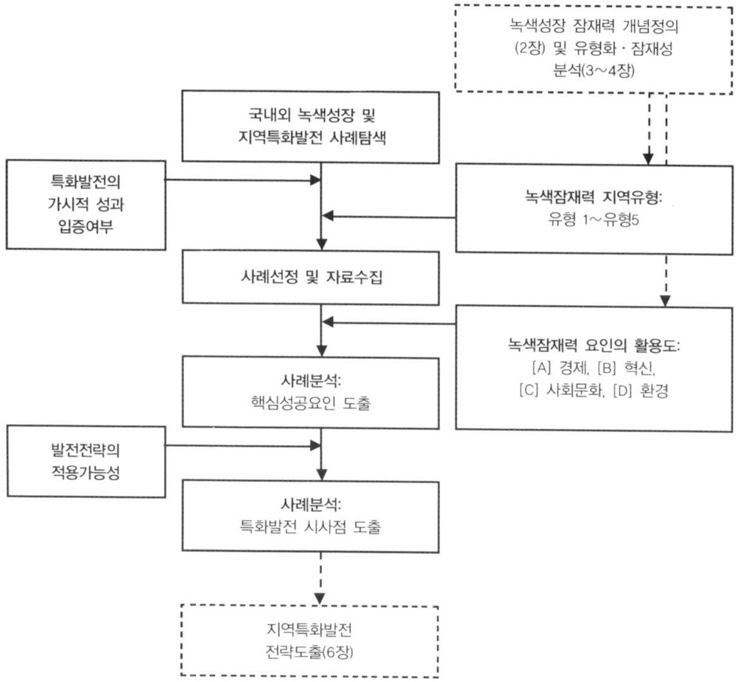

제2절 해외사례

본 절은 〈표 4-1〉과 같이 제시된 분석대상 해외사례에 대해 [그림 4-1]과 같은 연구의 틀을 적용하여 정리한 것으로, 제시된 녹색성장 잠재력 유형별로 각각 3개씩의 해외사례를 선정하여 총 5개 유형 15개 해외사례의 핵심적인 내용을 요약 · 제시하였다.

1. 유형 1

가. [사례 1] 신재생에너지로 지역난방 개선(이탈리아 Milan)

1) 기본개황

- 인구 130만 명, 면적 182km^{2}의 분지지형(대기오염 취약), 예산 USD 205억 달러
- 금융산업, 명품산업(luxury goods), 제조업 등이 주요 소득원으로 이탈리아에서 가장 중요한 부가가치 창출 및 전략지역

2) 지역난방시스템 개선 프로젝트의 개요 및 추진성과

- 현 지역난방 네트워크는 1990년대 초반 설치(4개 발전소 포함, 13만 명의 주민이 혜택), 2006년 컨설팅 결과 에너지 효율제고 등의 문제 지적
- 이후 15년까지 73만 명의 주민에게 혜택이 돌아갈 수 있도록 240km까지 네트워크 확장 및 효율성제고 계획
  - ■ 11개 신규 열병합 발전시설 및 지열난방 등의 결합기술(EU의 실행가능최적기술인 BAT 적용)의 도입을 통해 1,450MWt의 전력생산 및 연간 16.3만 톤의 CO_2 배출저감
  - ■ 2009년 현재 22.5만 명의 주민혜택 제공 및 총 86km까지 확대, 455MW 열병합 전력 및 연간 30,500톤 CO_2 및 연간 3톤 PM10 배출저감
- 본 프로젝트에 대해 언론의 집중적인 조명 및 인식제고 등에 기인하여 많은 시민들은 시의 지속가능 정책에 대해 지지표명과 경제적 자생이 가능한 본 프로젝트에 만족하였으며, 이를 위한 시내공사의 불편을 감수
- 본 프로젝트는 시청 및 지역 에너지공사(A2A Group)가 핵심 추진체계로서, 도시계획 관련 여타의 프로젝트와 공조하여 진행

그림 4-2 밀라노의 두오모 광장(Piazza del Duomo)

3) 성공요인과 시사점

- 프로젝트의 가장 초기단계인 개념화 단계에서부터 고려해야 할 사항
  - ■ 모든 과정에서 갱신된 정보에 기반한 주민의 적극적 참여 필요 (본 사례의 경우 추진체계 구축, 기금조성 및 공사의 불편감수 등 각 단계에서의 시민들의 협조가 필수적이었음.)
  - ■ 원활한 계획진행을 위해서 모든 수준의 계획들간 연계・조화 필요(본 사례의 경우 난방 파이프라인 구축비용 및 공기단축 등의 편익)
- 본 사례는 안정적・친환경적 난방・전력수요에 직면한 타 도시에 적용가능
  - ■ 본 사례의 경우 Milan 시청 및 인근 Brescia 시청, 지역 에너지 공사 등이 있어서 가장 핵심적인 이해당사자로서 공조체계의 구축을 통해 지역에너지 전략의 수립과 빠른 실행을 가능하게 함.

나. [사례 2] Eco-Oil Project 활용한 지역사회 발전(브라질 Volta Redona)

1) 기본개황

- 인구 26만 명, 면적 182km^{2}의 해안지역 산업 · 상업도시, 예산 USD 3.5억 달러
- 남미지역 최대의 철강회사의 입지 등 South Fluminense 지역의 산업 및 상업중심지로 CO_2 배출의 47%가 교통부문에서 발생

2) Eco-Oil Project 개요 및 추진성과

- 인구증가에 따른 폐식용유의 배출이 급증하여 도시환경의 정화비용이 증가하며 인근 수변지역의 오염이 심화되자, Volta Redonda 지역의 환경개선과 주민들의 삶의 질 개선을 위한 정책의 일환으로 시행
- 시 당국과 남미 최대 철강회사는 이 지역에 연간 12만 톤 처리용량의 바이오디젤 공장을 2007년 4월 설립하고, 그 원료인 식물성 폐식용유의 수거 및 판매를 위한 새로운 조직 Eco-Oil(고형 및 액상 폐기물 수거협회) 설립
  - ■ 식물성 폐식용유를 대상으로 학교를 통해 수거: 학교는 독립적 참여결정이 가능, 교육과 홍보를 겸할 수 있으며, 폐식용유 판매수익을 학교와 Eco-Oil이 각각 1/3, 2/3씩 배분
  - ■ Eco-Oil은 참여 희망학교들을 등록하여 참여를 희망하는 시민들이 학교에 둔 플라스틱 수거함을 매달 수거하는 체계를 구축
  - ■ 프로젝트 시작 45일만에 전체 공 · 사립학교의 70%가 Eco-Oil에 등록, 1.5년이 경과한 2009년 총 130개 공립학교 중 128개 및 110개 사립학교 등록
  - ■ 시민뿐만 아니라 시내 사업체들도 참여: 시 당국은 폐식용유를 기부한 사업체들에게 친환경 인증서 배부

- 시 당국은 월 8만 리터의 폐식용유 수거를 목표로 하고 있으며, 이는 시 전체 폐식용유의 20% 수준으로, 현재 수거량은 월 2만 2천 리터에 불과하나, 현재로서도 본 프로젝트는 자체수입으로 운영할 수 있게 됨.
  ■ 수거된 폐식용유는 전량 바이오디젤 공장에 USD 0.31달러/L에 판매

그림 4-3 볼타 레돈나시의 폐식용유 수거시스템(Eco-Oil)

그림 4-4 볼타 레돈나 시청의 친환경 인증서 및 폐식용유 저장소

〈친환경 인증서〉

〈Eco-Oil의 폐식용유 저장소〉

3) 성공요인과 시사점

- 폐식용유 재활용이라는 단순한 목적과 그 절차의 단순한 설계로

인해 높은 경제성과 저비용 구조를 실현, 그 결과 자체수입으로 운영가능

- 공공 및 민간부문의 협력에 의한 녹색성장 추진 잠재력의 발현: 대기업의 사회적 환경책임으로 인해 공공부문과 적극적 파트너십 및 바이오디젤 공장 투자 가능, 학교·중소기업 등 경제적 이익과 친환경 인증서 등의 정책적 장치 및 학교를 통한 관련 지식·인식의 확산 등 잠재성 제고

다. [사례 3] 신재생에너지로 저소득층 정주여건 개선(브라질 Betim)

1) 기본개황

- 인구 32만 명, 면적 346km^{2}의 인구밀집 산업도시, 예산 USD 1.6억 달러
- 브라질에서 8번째로 큰 산업도시, 1975년 Fiat 자동차 공장의 설립 이래 산업화의 중심지로 변모, 극심한 인구집중과 실업·도시빈민 문제를 겪음.

2) Itacolomi Housing Project의 개요 및 추진성과

- 2002년 시 당국은 주민 정주여건 개선을 위해 지원이 필요한 극빈층을 선정하여 다방면의 개선정책 계획에 착수
  - ■ Itacolomi Housing Project는 그 일환으로 극빈층 거주지인 'Bandeira Vermelha(Red Flag)'를 선정하여 180가구를 공급: 그간 여러 가지 갈등이 있었으며 무료공급이 최선안이었음.
- 본 프로젝트는 시 주택국을 중심으로 중앙정부 및 주정부 에너지공사, 민간기업 등이 참여한 파트너십을 통해 주택건설 및 무상공급을 시행하는 것으로써, 그 중요한 특징은 시범적으로 태양열 난방시스템을 신규주택에 적용하는 것이었음.
  - ■ 저소득층의 에너지 비용 절감, CO_2 배출저감 및 지속가능발전

에 대한 인식 제고, 삶의 질 제고 등을 위함.

- 설치비용은 신규공급 주택에 USD 450달러의 태양열 난방공급기를 무상으로 제공, 가계소득의 약 5~6%에 해당하는 에너지 비용의 절감을 달성(CO_2 6.5kg/월 저감, 가계 에너지비용의 40% 절감)
- 입주 전 기기 도난, 경제적 이유로 집주인이 설비 및 부품 무단 반출 및 매각, 난방기를 냉장고로 교환 등 부정적 측면도 존재하였으나, 전반적으로 높은 기능적 만족도와 경제성 등에 만족한 결과를 보임.

그림 4-5 베팀시 이타콜로미 주거계획에 의해 건설된 마을

3) 성공요인과 시사점

- 일반적으로 가구 구성원이 많고 에너지소비가 비효율적인 저소득 계층에게 신재생에너지의 보급은 다음과 같은 혜택이 존재: ① 비용부담을 극빈층에 전가하지 않고 에너지를 공급, ② 온실가스 및 오염물질 배출저감, ③ 저소득층에게 경제적 기회의 창출, ④ 사회적 격차의 해소 등
- 본 사례는 대상지역이 응집력이 높고 조직화(사회경제적 계층구성

이 단순)된 지역공동체로서, 단기적 주거환경 개선과 같은 목표달성에 용이하나 빈곤층이라는 면을 감안할 때 주민교육과 모니터링이 매우 중요

- 다양한 기술적 대안이 가능하였으나, 태양열 난방기의 실용성 및 경제성 등이 본 프로젝트 핵심 성공요인임.

2. 유형 2

가. [사례 4] 고용증대를 위한 지역 지속가능발전 실천계획(그리스 Kalithea)

1) 기본개황

- 인구 1만 명, 면적 110km^{2}의 유명 관광휴양지, 예산 USD 1.8천 달러
- 지중해 Rhode 섬 북동해안 위치, 1999년 3개의 독립적 농촌 커뮤니티를 합쳐 자치단체 출범, 연간 3백만 명이 숙박하는 유명 관광지

2) 고용증대를 위한 지역 지속가능발전 실천계획(LAP-E) 개요 및 추진성과

- 관광산업이 지역의 주요 경제적 수입원이나 비수기, 실업 등 고질적 고용문제에 대해, 2001년 'Kalithea 21세기'라는 지방의제21 실천계획을 통해 해결을 시도(고용정책을 우선하여 타 지속가능정책과의 조화)
- 실천계획은 Kalithea 자치단체 계획발전국의 주도 및 자치복지국 등 관련 부처 및 공공기관, 지역산업·기업 협의회 등이 참여하여 진행, 고용촉진을 위한 지방의제 유럽 네트워크 등의 지원을 받음.
  - ■ 유럽 고용전략의 큰 틀에 따라 4개의 차원에서 실천계획 수립: 1차원 고용가능성(고용희망자 지원 및 지역정체성 강화), 2차원 기업가정신(혁신 및 네트워킹 강화), 3차원 적용가능성(신기술개발 및 노

동자의 질적 개선), 4차원 동등한 기회제공(참여 및 양성평등 고용)

- 지방의제21의 '참여적 원칙'하에 고용증대 실천계획은 다음과 같은 5단계 지방의제 가이드라인에 따라 수행
  - 1단계 기반조성: 개요설명서 회람, 언론홍보 및 지역사회 논의 착수

표 4-2 유럽 및 그리스, 칼리테아 지역 고용전략의 4개 차원

차원 (Pillars)	정책 (Measures)	실행계획 (Actions)
제1차원: 고용가능성 (Employ-ability)	정책1: 노동자 지원	계획1.1 고용전담 지역위원회 설립 계획1.2 고용정보 전담 공공조직화 계획1.3 정보전달을 위한 최신기술 적용
	정책2: 지역 정체성	계획2.1 전통적인 기술훈련 및 고용지원 계획2.2 지역정체성의 강화
제2차원: 기업가정신 (Entre-preneurship)	정책3: 기업혁신	계획3.1 대안적·비교란적(non-intrusive) 관광사업에 대한 지원 계획3.2 농업활동의 기업화 지원 계획3.3 전통제조업에서의 중소기업 진흥
	정책4: 네트워킹	계획4.1 지역기업들 간 상호협력·네트워킹 강화 계획4.2 지역정체성 강화 계획4.3 전통적인 제품 및 서비스 생산의 진흥을 위한 신기법의 적용
제3차원: 적응가능성 (Adapt-ability)	정책5: 연구 및 기술개발	계획5.1 노동시장에서 신기술의 적용 계획5.2 지역 내 연구단지(R&D Park) 건설
	정책6: 질적 개선	계획6.1 적절한 교육훈련 프로그램의 도입 계획6.2 지역사회 (제품·서비스의) 질적 현황에 대한 개선
제4차원: 동등한 기회의 제공(Equal Opportunities)	정책7: 공정한 참여	계획7.1 모든 계층 대상 및 모든 공공기관에서 동등한 취업기회 제공 계획7.2 발전계획 수립에 있어서 시민들의 적극적 참여를 촉진
	정책8: 여성인력 지원	계획8.1 노동공급 및 취업 등에 있어서 양성평등 지원 계획8.2 여성기업가 및 활동의 지원과 촉진

표 4-3 칼리테아 지역 고용전략 수립을 위한 SWOT 분석 결과

강점	· 자치단체의 모든 지역발전 분야에서의 참여 및 지방의제21 원칙의 채택 · 주목할만한 관광부문 성장추세, 민간 및 공공부문에서 고용·성장에 관한 낙관적 기대 혹은 적극적 대처	약점	· 기존 경제기반 및 성장속도 등이 상이한 3개의 자치단체 간 합병 2년밖에 지나지 않아 상호 이질성 존재 · 독립적 고용정책 추진에 있어서 자치단체의 재량권이 제한적(중앙정책 의존)
기회	· 지역 생산기반 및 경제성장에 대한 객관적 평가의 기회 · 지역문제 및 지역수요에 기반하여 지역사회 스스로 계획하고 참여하는 고용정책(LANE 프로젝트)의 추진	위협	· 추후 LAP-E를 추진함에 있어 이해당사자 간의 약속이행 불투명 · 이질적 지역의 연합체이므로, 사회통합과 공통비전을 추구하는데 어려움 존재

- 2단계 지역 고용전망 평가: 20여 개 이해당사자 단체가 참여하여 지역주민 등 의견수렴 및 논의의 출발이 되는 지역노동 분석자료집 출간
- 3단계 지속가능지역 고용 비전제시: 지역사회 논의 및 오픈하우스 등의 공공이벤트 등을 거쳐 비전초안 작성과 공유, 합의 등
- 4단계 실천계획(LAP-E) 작성: 전문가집단의 초안작성 및 의회승인 등
- 5단계 시행 및 모니터링: 고용촉진위원회 설립 및 세부 실행계획안 등

3) 성공요인과 시사점

- 지역특성에 따른 프로젝트의 진행의 문제점 개선 필요: 추진과정에서 지역자생적 지역민 단체(지역 직종연합회, 여성그룹, 종교단체 등)가 적극적으로 참여, 관광성수기인 7~8월 기간 동안 이해당사자 참여 부족 등
- 프로젝트 추진을 위해 전문가 집단의 지원은 물론, 시간 및 정치

적 참여유인의 견지에서 충분한 역량(capacity)를 갖추기 위한 투자가 필요: 본 사례에서는 유럽연합 의제네트워크 등의 집중적인 지원하에 성공적인 고용창출 프로젝트를 수행할 수 있었음.

나. [사례 5] 녹색일자리 창출 – 'Jobs Through Sustainability'(독일 Hannover)

1) 기본개황

- 인구 52만 명, 면적 204km^2, 예산 15억 유로 규모로 독일 니더작센주의 주도이자 북부독일 교통요지이며 산업·상업중심지로서, 동유럽으로부터의 이민인구가 늘며 실업률과 사회통합, 빈곤과 환경착취 등의 문제를 안고 있음.
- 1988년 이후 현재까지 적-녹연정이 집권하는 시의회의 환경-경제 통합적 발전 비전에 따라 박람회 등으로 전세계적인 명성을 떨치는 본 도시를 신재생에너지 등 첨단산업과 과학기술의 중심지로 재편하고 있음.

2) 녹색일자리 창출 프로젝트의 개요 및 추진성과

- 1992년 '에너지 콘셉트'라는 시의 기후변화 대응이념과 1995년 지방의제21 운동과 함께 시의 기후변화 대응을 이민자과 빈곤퇴치, 일자리 창출로 연결시키는 '지속가능 일자리(Jobs Through Sustainability)' 프로젝트 추진
  - ■ 건물들의 에너지효율 제고사업을 주요한 기후변화 대응 및 일자리 창출의 달성수단으로 파악하고, 장기실업이나 노동시장에 진입하지 못하는 빈곤층을 대상으로 에너지효율 제고사업의 기능인력 양성, 거주자 교육, 건물 에너지효율 측정, 캠페인 등의 다양한 하위프로젝트를 시행
  - ■ 지방의제21 정신과 정책효과의 극대화를 위해 이해당사자들이

모두 참여하는 상향식 접근을 취했으며, 민간기업과 무역협회·경제단체 등이 참여하는 민관 파트너십의 구축에 의해 재원조달 및 프로젝트를 수행

- 하위과제 1: '일자리에 대한 전문성 제고(Fit for the Job)' 프로젝트
  - ■ 에너지 효율성제고를 위한 각종 공사에 투입되는 기능인력의 교육: 장기실업 상태인 중소기업 기능인력들을 대상으로 단열처리, 신(新)난방시스템, 태양에너지 활용 등에 대한 신(新)지식·기술을 교육 및 이수증 발급
- 하위과제 2: '이민자를 위한 친환경 교육훈련(Immigrant and Environment)' 프로젝트
  - ■ 낙후지역으로부터의 이민자들에 대한 언어장벽 및 신기술 적응, 환경착취 행태의 개선을 위한 교육훈련을 위하여 이민자 그룹별 대표들의 워크숍을 통한 각종 번역, 원어민 전문가에 의한 교육, 실업상태에 있는 사람들을 고용하여 교육훈련 프로그램의 스탭으로 활용 등 시행
- 하위과제 3: '하노버 주거파트너(House Partners Hannover)' 프로젝트 및 '에너지 패스포트 캠페인(Energy Passport Campaign)'
  - ■ 건물 에너지 효율개선을 하는 경우 세입자들의 운영비 절감혜택 외에 건물주의 경제적 편익이 가시적이지 않으므로, 건물주의 의식전환 및 투자촉진을 위한 사회적 마케팅(social marketing) 캠페인 및 투자시 시의 재정보조 프로그램 등 시행
  - ■ 이와 관련하여 건물의 에너지 효율성을 측정하고 이의 제고를 위한 각종 개선제안 등을 건의하기 위한 목적으로, '하노버의 건물위상학 지도(atlas of the topology of buildings)'를 개발하고 이를 기반하여 컴퓨터 측정 결과인 '에너지 패스포트'라는 건물의 에너지 효율 진단서를 발급 및 개선을 장려하는 캠페인을 수행

- 지역에너지공사의 수익과 인근 자치단체의 에너지사업 면허세 등의 재원으로부터 시의 기후변화 대응기금인 'proKlima(Pro-Climate Fund)'을 조성(2000년 기준 약 1.7천만 유로 수준)하여 시내 건물의 에너지 효율개선 투자지원 및 일자리 창출사업, 캠페인 등 전체 프로젝트를 지원
- '지속가능 일자리(JTS Project)' 프로젝트의 주요 성과
  - 착수 이후 3개년 간의 성과로, 1차년도(1998) 160개, 2차년도(1999) 190개, 3차년도(2000) 270개의 사업장에서 신규 일자리 창출 및 기존 일자리 대체 등의 효과가 발생
  - 기후변화 대응기금의 에너지 효율투자로 촉발된 민간투자는 2000년 기준 1.2천만 유로, 2001년부터 연간 CO_2 배출량 감소분 약 6천 톤 추정

그림 4-6 하노버 정보통신 및 사무기기 박람회장(CeBIT)

3) 성공요인과 시사점

- 시장 등 정치인 및 민간부문에서의 참여가 프로젝트 전 과정에서

필수적이었으며 시민들의 참여를 촉발시킴.

- 상향식 접근법은 기후변화 대응이라는 공통의 목표를 진정성있게 추구하게 하였으며, 기존과는 다른 새로운 형태의 협력체계가 성립
- 상향식 접근법은 많은 이해당사자가 참여하므로, 추진일정과 다양한 의견을 수용할 수 있는 투명성과 시 당국의 청취자로서의 자세가 필요

– 사회적 마케팅 캠페인이 본 프로젝트의 가장 중요한 사항이라고 볼 수 있으며, 비교적 단기에 있어서 경제적 편익을 제공하지 못하는 정책수단인 경우에는 더욱 이와 같은 캠페인의 중요성이 커짐.

- 건물주의 경우 당장의 개선사업이 스스로의 경제적 편익을 높이지 못한다 하더라도 환경을 위해서 무엇인가를 했다는 만족감을 높일 수 있었으며, 공공자금을 쓰는데에 대한 합리성의 부여도 가능

다. [사례 6] 눈을 활용한 마치쯔꾸리(일본 니가타현 조에츠시 야스즈카구)

1) 기본개황

– 야스즈카(安塚)는 일본 니가타(新潟)현 남서부와 나가노(長野)현의 경계 지역에 위치한 인구 약 3,500명, 면적 약 70km^{2}의 산촌으로, 2005년까지 마찌(町)였으나, 이후 약 20km 떨어진 조에츠시(上越市)의 구(區)로 편입

- 겨울철 폭설이 평균 2~4m 가량 쌓이는 고도 약 400m의 해안 인근의 산촌이며, 일본 내 눈 속에 파묻히는 마을로 유명한 야스즈카는 골칫덩이인 눈을 지역발전에 활용하는 방법을 탐색하고 실현한 사례로 유명

그림 4-7 야스즈카의 2월 눈축제 등불

자료원: 일본관광공사(www.jnto.go.jp)

2) 눈을 활용한 마치쯔꾸리의 개요 및 추진성과

- 눈을 활용한 관광상품화
  - 1987년 트럭 450대 분량의 눈을 야스즈카에서 도쿄로 옮겨 도쿄돔에서 스노 페스티벌을 개최, 약 15만 명이 참가하며 일본 이벤트 대상 수상을 계기로 '눈사람 고원'이라는 청정지역의 이미지를 구축
  - 2월의 눈축제(눈으로 만든 등불로 거리를 장식), 자치단체에서 직접 운영하는 스키장(Cupid Valley, 주민 20~30명 고용), 눈사람(유키다루마) 온천 등 눈과 연결시킨 청정지역의 이미지를 토대, 연간 30만 명 방문

그림 4-8 야스즈카 설실의 전경 및 구조

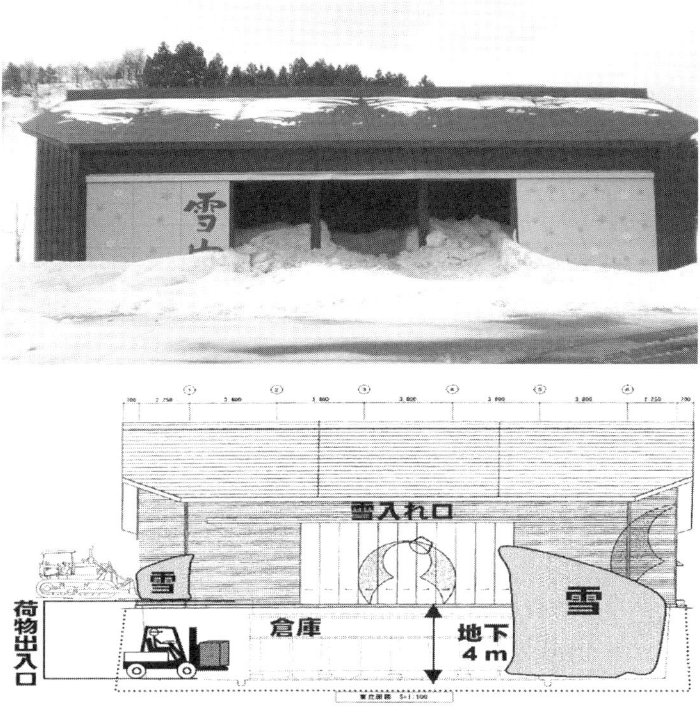

자료원: 雪だるま物産館(www.461888.jp/yukimuro.html)

- 눈과 전통문화를 활용한 지역소득의 창출
  - 과거 근대화 이전에 눈 속에 수확한 농산물을 저장하여 신선도를 몇 년 간 유지시키던 관습을 부활, 냉장고보다 더 신선하고 맛있는 청정 농산물의 브랜드화를 통해 고소득 창출
  - 1990년대 눈으로 움집(가마쿠라)을 만들고 과거 전통농촌을 체험하는 관광프로그램의 개발, 다락논(산촌의 계단식 논) 등 전통경관의 보존에 의한 농촌 체험행사 등으로 대도시 어린이들에게 폭발적 인기를 얻음.
- 눈을 활용한 에너지 절감과 환경보존

- 체육관 크기의 눈저장고(雪室)들을 만들어 겨울철 쌓이는 눈을 저장, 통상 10m 높이로 눈을 쌓으면 7~8월경에는 6~7m 높이까지 눈이 보존되어, 학교 및 인근 공공시설 등에 여름철 눈의 냉기를 이용한 냉방시스템을 작동시켜 탄소배출을 저감하고 학생들에게 환경의식을 고취

3) 성공요인과 시사점

- 겨울철 폭설로 마을이 눈 속에 묻히는 불리한 자연조건을 역발상으로 활용한 사례로서, 녹색잠재력을 극대화시킨 사례로 볼 수 있음.
  - 마을에서 너무 흔해서 자원이라고 생각 못하거나 혹은 오히려 골칫거리가 되는 자연생태를 역으로 자원화시켜 소득창출에 성공한 사례임.
  - 유사사례로 저녁노을을 활용한 참신한 관광프로그램으로 유명한 아이치현 후타미 마을이나, 평범한 어촌마을의 바다풍경과 전통 어촌생활을 관광자원화시키는 데에 성공한 오키나와의 이헤야 마을 등을 들 수 있음.
- 본 사례의 성공요인과 시사점은 다음과 같이 요약할 수 있음:
  - 첫째, 전통적인 자연환경과 그러한 환경이 창출한 독특한 문화와 경관을 보존하고 그 희소가치를 활용했다는 점
  - 둘째, 부정적인 자연환경과 전통적 희소성 혹은 낙후성을 긍정적인 지역이미지로 탈바꿈시키는 전략이 유효했다는 점
  - 셋째, 전통문화 보전을 통한 상품화라는 소프트웨어와 스키장, 대형온천 등 현대적인 시설의 하드웨어를 잘 조화시킨 개발을 추구했다는 점
  - 넷째, 소득창출에 그치지 않고 이를 지속적으로 유지시키기 위해, 눈을 활용한 냉방과 음식문화 등 새로운 세대를 교육시키고 홍보하며 지속적으로 지역이미지와 지역정체성을 강화시켰다는

점 등을 들 수 있음.

3. 유형 3

가. [사례 7] 'Green-City Freiburg'와 솔라산업 육성(독일 Freiburg)

1) 기본개황

- 인구 약 22만 명, 면적 150km^2(40% 녹지), 예산 8.1억 유로
- 환경과 관련된 새로운 일자리 창출 및 2007년 숙박객 수 100만 명을 넘어서면서 환경이 소득창출의 원천

2) Green City 프로젝트의 개요 및 추진성과

- '기후보호 콘셉트 1996': 1996년 시의회는 10년까지 CO_2 배출량 25% 감축 합의, 2002년 추가목표로 신재생에너지 전기생산 비율 10% 증가, 추후 2007년 목표치를 30년까지 CO_2 배출량의 1996년 대비 40% 감소로 상향조정
  - ■ 모든 개발계획 등 초기부터 에너지효율성 및 신재생에너지 최대활용
  - ■ 건물 에너지상담 및 노후건물 단열장려, 신축건물 패시브 하우스 표준
  - ■ 행정기관 통합을 통한 에너지절약, 공용차량에 천연가스 차량 우선
- 녹색시장(환경산업과 연구개발): 총 고용의 3%가 환경산업과 관련, 1,500개 일자리에서 5백만 유로 가치창출, 태양에너지산업 분야에만 80개 중소기업이 700여 명의 인력고용, 민간·공공의 학제간 신재생에너지 연구 투자 등
- 1996년 '총체적 시교통정책안' 이후 교통수요 저감을 중심으로 소중심지 건설, 대중교통 연계, 보행경로를 고려한 도시계획, 대체

그림 4-9 프라이부르크 빌머스도르프 아파트 솔라외벽

주: 거리를 전체적으로 태양광 발전은 물론, 단열에 의한 에너지 절감, 태양광 및 태양열 혼합난방 등 친환경적으로 건축

교통수단 등 추진

- 1982년 자전거 수송분담률 11%에서 96년 18%로 증가, 동 기간 자동차 분담률은 38%에서 30%로 감소 등 독일 내 가장 실적이 좋음.

- 기타: '처리보다는 분리, 분리보다는 방지'의 폐기물 정책, 환경교육과 생활 속의 실천을 장려하는 프로그램(개인 CO_2 배출계정을 제공하는 'CO_2 LIBRI(free)!' 등), 'Freiburg Mix'라고 불리우는 기업 및 학계의 네트워킹과 투자를 위한 기금화 등

3) 성공요인과 시사점

- 지속가능한 발전을 위한 지역사회의 합의와 및 30년 간의 장기적인 문화 형성 및 계획과 실천 등이 핵심 성공요인임.

- 공공 및 민간부문의 협력체계 구축에 의한 추진 잠재력의 발현 등
  - ■ 시의 환경정책을 추진하며 시 당국이 고립적으로 과업을 추진한 것이 아니라, 라운드테이블 형식으로 민간기업, 연구소, 시민단체등 다양한 이해관계 당사자들과 연계하여 지속적으로 정책을 수정보완해 가면서 추진하였고, 이 점이 정책의 지속성과 시민참여의 핵심요소로 작용
  - ■ 본 사례에서는 지역사회의 가장 큰 회사인 태양에너지 회사와 시 당국의 긴밀한 협력체계 구축이 본 프로젝트의 가장 중요한 추진체계였음.

나. [사례 8] 건축 · 시설관리의 에너지 · 자원효율성 제고(스위스 Zurich)

1) 기본개황

- 인구 36.7만 명, 면적 90km^{2}의 스위스 제1의 경제도시, 예산규모 USD 5.5 bil
- 근대 중화학공업 발달로 오염된 호수와 하천의 수질개선을 위해 1985년 하천복원 및 수질개선 등을 성공적으로 수행하며 환경도시로 명성이 높음.

2) '7마일 진보 프로젝트(7 Mile Steps)' 개요 및 추진성과

- 최근 1인당 에너지소비 상한제(연간 2천W), CO_2 배출량 줄이기(연간 1t) 등 시의 지속가능발전을 위한 노력의 일환으로, 큰 투자비와 장기에 걸친 영향을 줄 수 있는 건물의 신축 및 리모델링에 있어서 에너지 효율성 제고를 위한 프로젝트가 2002년 이후부터 2010년까지 지속되고 있음.
- 시청 도시계획국을 중심으로 ISO 9001 및 14001에 입각한 환경관리시스템의 일환으로 신축 및 리모델링 건물에 에너지 관련 기

준 및 시의 '에너지 종합계획'과 관련된 일련의 정책을 수행

- 건물외장(벽, 지붕 등), 에너지 소모량, 건물환기 체계 등의 규제에 관한 MINERGIE 기준(1997) 적용: 2005년 말 기준 신축건물의 80%(12만m²) 및 리모델링의 30%(8만m²) 기준충족 및 MINERGIE 빌딩 인증, 신축건물 전체 및 리모델링 건물의 25% 기준준수 요구 및 현재까지 시 건물 4천 여 동이 에너지 고효율 기준 만족, 건물의 에너지 사용량 제한, 건축자재에 대한 '건물과 생태'라는 상세기준 충족, 실내 오염물질에 대한 공식적인 기준치를 준수, 친환경적 건물관리 등
- 시 당국은 규제기준에 대한 보조정책으로 '친환경 기준건물(eco-bau building, 추후 MINERGIE-ECO 라벨링으로 변화, www.eco-bau.ch 참조)'이라는 라벨링 제도를 개발 및 시행
- 2004년 말 기준 스위스 건축·엔지니어링 협회기준을 충족시키는 에너지 고효율 조명이 49동의 건물(17만m²)에 도입, 아울러 37동의 신축 및 리모델링 건물(12.5만m²)에는 MINERGIE 조명 상세기준을 충족: 고효율 조명으로 통해 연간 75만kwh(총 사용량의 35%), USD 12만 달러의 에너지를 절감, 2004년 유럽 녹색조명상 수상
- 사무용·가정용 전기기기들은 유럽 에너지인증 A등급 제품정보를 제공하는 공공 웹사이트 'Topten'으로부터 조달: 시청 건축과에서 2003년 조달된 98%의 가전기기가 7마일 진보 프로젝트의 에너지 상세기준을 만족, 임대주택 등의 가전제품 Top-ten 구매시 시에서 재정지원 등
- 신재생에너지 관련: 2004~2005년 시영 건축계획에 있어서 2년 간 전체 에너지 중 신재생에너지 비중은 35%, 태양전지판을 활용하여 다양한 주거용 건물 및 노인시설 등의 온수예열 시행, 학교 등 공공시설의 옥상을 기업에 무상임대하여 태양전지판을

설치하고 얻어진 에너지는 지역에너지공사의 '태양에너지거래소(Solar Stock Exchange)'에 공급

- 폐자원 활용 및 기타: 2004~2006년 전체 난방 중 폐열회수 활용비중은 20%로 급격한 증가, 신축 시립 Letzigrund Stadium에 폐목재를 원료로 하며 첨단 공기정화시스템을 구축한 용광로(furnace) 설치, 각종 건축관련 경연대회 등 수상기준에 있어서 친환경성·지속가능성의 제고 등
- 추후 10년 이내에 주류가 될 수 있는 기술 및 방법론을 적용에 관한 시범사업: 스위스 1인당 에너지소비량에 대한 국가비전인 '2000와트 사회(2000-Watt-Society)'의 구현을 위한 시립병원 리모델링 사업, 새로운 기술을 적용한 조명시스템 8백 세트의 램프를 시 당국에서 우선 구매하여, 수명기간 20년 간 USD 66만 달러의 절약과 민간부문에 5천 세트의 구매효과를 창출, 재생 콘크리트를 활용 건축사업 등 시행

– '에너지 종합계획(Master Energy Plan)'과 관련된 성과

- 2000년에 Zurich 시는 효율적인 에너지 활용 및 신재생에너지의 촉진성과를 바탕으로 국가라벨인 '에너지도시(Energy City)'를 수여
- 2005년에는 보다 높은 수준으로 동 라벨을 갱신하였으며, 동년 5월 시는 에너지 효율성 및 신재생에너지의 활용에 관한 장기적인 계획과 수행노력을 높이 평가받아 동 분야에서 최고의 권위를 자랑하는 '유럽 에너지상(European Energy Award)'의 금상(GOLD Label)을 수상

그림 4-10 미너지(MINERGIE) 기준을 충족시킨 취리히의 건축물들

〈리모델링 시청〉

〈신축 초등학교〉

3) 성공요인과 시사점

- '7마일 진보'는 구체적인 목표의 설정, 특히 건물개량의 범위와 규제기준 등에 대해 프로젝트 초기 단계에서 명확히 설정하였고, 복수의 목표와 기준(소방안전, 역사적 건축물 보존 등) 간의 충돌과 갈등을 적시에 해소
  - ■ 국가계획 및 규제 등과의 조화를 이루면서 시의 특성을 가미한 분산적 의사결정 체계와 건축시장의 각종 기업 및 과학기술자 등이 포함된 민관 파트너십을 구축, 다양한 실행옵션을 선제적으로 적용하며 지속적으로 국가 및 유럽의 건축물 관련 기준과 시장을 견인
- 일반적인 건축의 모든 과정에서 에너지효율 기준을 만족시키는지가 중요하므로, 이를 위해 정기적인 조사(regular check)가 필수적
  - ■ 이 과정을 도시관리시스템(ISO 9001, 14001)과 관련 정책인 '에너지 종합계획(Master Energy Plan)'과 연계하여 수행, 조사보고 연감 발간 및 조사과정에서의 각종 규제기준 등에 대한 실제적 문제점을 환류

다. [사례 9] 관광지의 호텔 에너지 보존(스페인 Calvia)

1) 기본개황

- 스페인의 유명한 관광지로서 상주인구 5만 명이나 관광 시즌 20만 명까지 증가, 면적 145km^2, USD, 예산규모는 USD 110만 달러
- 쇠퇴하는 지역경제를 살리기 위해 관광산업의 부흥을 꾀하였으나 에너지 효율이 낮은 호텔 등으로 인해 관광객이 증가하면서 환경 압력도 증가
- 에너지 효율이 낮은 호텔건물들의 온실가스 배출과 오염, 지역경제의 쇠퇴에 대응하기 위해 시 의회는 1994년 11월 환경적인 지속가능성, 지역 경제개발, 관광의 질, 시민참여를 기본 원칙으로 하는 지방의제 21을 채택
  - ■ 의제활동의 조사결과 1997~2000년 사이에 물과 에너지소비, 쓰레기 및 CO_2 배출 증가로 인해 환경에 대한 압력이 15~20%로 증가

2) '제니오스(XENIOS) 프로젝트'의 개요 및 추진성과

- XENIOS-호텔건물의 감시 툴 개발과 합리적인 에너지 사용 및 신재생에너지 잠재력 증진 프로젝트
  - ■ 환경악화에 대응을 위해 자치단체와 자치단체국제환경협의회(ICLEI), EU 등의 재정지원을 토대로 2002년 1월 제니오스(XENIOS) 프로그램 실시
  - ■ 지역환경과 관광업의 지속가능성을 위해 비거주형 건물 중 가장 중요한 에너지 소비시설인 호텔의 신재생에너지(태양광) 사용을 촉진하고, 신재생에너지 적용에 대한 인식제고를 목표로, 자치단체 및 호텔(협회)들 사이에 확산시키기 위한 지원을 하고 있음.
  - ■ 주로 1970~1980년대에 개발된 호텔들은 에너지 효율이 매우 낮아 현재의 환경기준에 적합하지 않으므로, 지역의 신재생에너

지 중 가장 풍부한 태양에너지(일 년 중 300일이 맑은 날)를 보급

- 가장 비용효율적인 에너지 효율성 개선을 위한 실천, 기술과 체계를 어디서 어떻게 통합할 것인가를 사전평가하고, 신재생에너지를 호텔에 적용하는 경우 발생되는 이익이 크다는 것에 대한 인식제고와 함께 다음의 7단계 프로그램을 적용
  - ■ 1단계: 프로젝트를 수행하기 위한 '세부가이드' 제시
  - ■ 2단계: 태양열 에너지 사용에 관한 원격 통제 프로그램인 XENIOS 멀티미디어 소프트웨어 툴 개발
  - ■ 3단계: 호텔운영자와 이용객을 위한 태양열 시스템에 대한 가이드와 홍보물 제작
  - ■ 4단계: 현장 테스트
  - ■ 5단계: 프로젝트 수행에 관한 심화된 평가
  - ■ 6단계: 최종 상품 완성
  - ■ 7단계: 최종 결과물 배포

3) 성공요인과 시사점

- 에너지 소비를 줄이려는 호텔들과 함께, 지자체는 온실가스감시에 대한 긍정적인 영향을 주었고 물과 여타 자원의 사용량을 감소시킬 수 있었으며, 이용객, 고용인과 공급자들의 환경적인 행태에도 영향을 주었음.
- 지중해 지역은 자연환경적으로 태양열 에너지 확보가 용이하지만, 연구에서 보여주듯이 일조량이 적은 지역에서는 재생가능에너지 사용이나 에너지의 효율적 이용을 통한 에너지 절감 잠재력이 큰 것으로 나타났음.
- 건물의 규모나 복잡성에 따라 감시가 이루어지는 XENIOS(환경감시, 평가, 계산 툴, 컴퓨터를 사용한 인프라 등)은 전 세계 호텔에 적용가능

4. 유형 4

가. [사례 10] 지속가능 교통체계 – 'New Mobility'의 구축(캐나다 Toronto)

1) 기본개황

- 인구 250만 명, 면적 632km^{2}의 캐나다 제1도시, 예산 USD 97억 달러
- Toronto는 캐나다의 가장 큰 도시로서, 추후 20년 간 총 40%의 인구증가가 예측되는 다문화사회이며 금융・IT・BT 등이 번성
- 인구밀집의 중심지역 및 북・동・서쪽으로 팽창하는 외곽지역, 2개의 지하철 노선과 경전철・버스 연결망, 자전거 도로망 등

2) New Mobility 개요 및 추진성과

- 스모그와 체증이 심한 도심교통 및 고비용 저효율의 외곽교통 체계에 대한 개선을 위해 NGO인 'Transportation Options', 시청 및 중앙정부 등이 참여한 파트너십 MTE(Moving The Economy!)를 1999년 결성
  - ■ 캐나다 교통부 및 환경부 등 중앙부처의 재정지원과 토론토 기후변화기금 등 공공 및 민간부문 파트너들의 재정협찬으로 운영
- MTE의 목적은 지속가능한 교통체계를 통해 경제적인 기회와 혁신을 촉진시키며, 토론토 지역의 지속가능한 교통섹터를 성장시키는 것임.
  - ■ 전통적인 교통수단보다 환경뿐 아니라 교통편의성 면에서도 우월한 스마트하고 물흐르는 듯한 지속가능 교통체계('New Mobility') 추진
- 이를 위해 우선 국제 콘퍼런스를 개최: 고용창출, 산업진흥 및 사회적 비용절감과 지역경제 재생 등 효과가 입증된 지속가능 교통관

련 쇼케이스의 제시 및 새로운 비전 등을 보이며 인식전환을 유도

- 콘퍼런스 후 'MTE In-print(경제적 기회창출의 성공사례집)' 발간, 주요 공공 및 민간부문의 이해당사자들을 설득 및 2개의 시범사업 착수

– 시범사업 1: 통합적 이동체계(Integrative Mobility Systems)

- 2000년 10월 통합적 이동체계 프로젝트를 위해, 스마트카드 및 교통분야의 22개의 관련 이해당사자가 참여한 컨소시엄을 구성: 스마트 카드 기술개발 및 사업화 등 추진
- 스마트 카드를 활용한 국가적 교통망의 완성을 지향, 이동 및 주차서비스 등 캐나다 내의 어떠한 관련 서비스에 있어서도 본 카드가 지불수단이 될 수 있도록 추진

그림 4-11 토론토의 통합적 이동체계(IMS) 개념

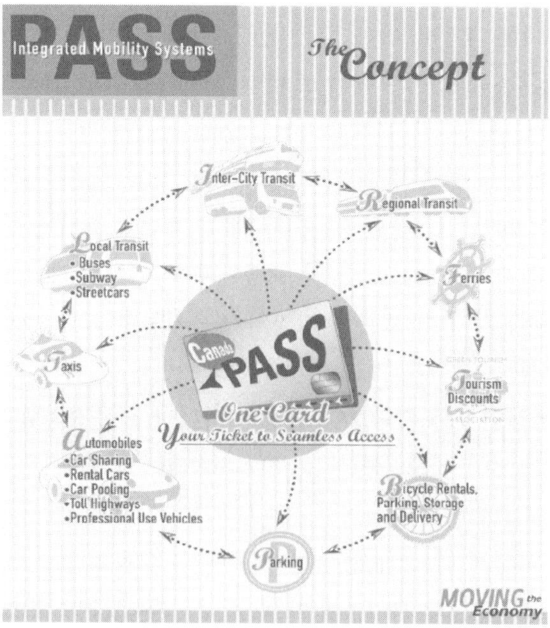

- 시범사업 2: 지속가능 교통을 위한 탁월성 네트워크(NEST) 구축
  - ■ 향후 20년 간 지속될 'New Mobility'에 필요한 지식과 기술기반 형성을 목표로 민-관-학 네트워킹, 전문가그룹 구성, 전문가 및 지식정보 시스템 구축과 운영, 학제 간 융합연구 등 추진
- 또한, 관련 지식 축적과 확산, 네트워킹 등을 위해 다음의 사업들을 추진
  - ■ 인구증가, 전자상거래와 공급사슬 변화로 인한 도시물류 정책의 연구, 이슈제기와 대응 및 도시물류산업 협의회의 출범 등 추진
  - ■ 새로운 교통산업을 위한 연구(New Mobility Sectoral Study): 추후 20년 간 본격적으로 추진할 지속가능 교통체계에 대한 장기비전과 편익, 각 이해당사자의 역할 및 미래전망 등 정리
- 2001년 토론토 기후변화기금 및 토론토 무역협회 등과의 협약을 통해 재정지원 및 '토론토 광역 철도기반 통행전략(A Strategy for Rail-Based Transit in the Greater Toronto Area)' 등의 보고서 발간 등

3) 성공요인과 시사점

- 지속가능 교통체계는 다음과 같은 방향으로 추진되어야 함:
  - ■ 스마트 폰, 스마트 카드와 같은 첨단 정보기술을 활용한 새로운 시장의 창출 및 교통시간 단축을 통한 지역내 생산성 제고
  - ■ 도심 내 교통수요의 원천저감 및 차량억제, 신호의 효율적 운영과 교통수단 간-특정지역 간 막힘없는 흐름을 통한 편리성, CO_2 저감 달성 등
- 전문가 혹은 사회주도층의 비전과 이를 실현하기 위한 참여의 장이 이와 같은 녹색성장의 잠재력을 발휘하는 데에 매우 중요한 역할을 수행
  - ■ 본 사례에서는 핵심주체인 MTE 및 국제콘퍼런스를 기획한 NGO 'Transportation Options'의 존재 및 초기 대중확산 전략의 탁월

성이 전체적인 추진에 있어서 큰 역할을 함.

- 대중확산 전략을 취함에 있어서 교통이 환경에 미치는 위해성에 기반한 접근보다, 혁신적이며 새로운 시스템이 경제적으로도 유익하다는 긍정적인 면을 집중적으로 홍보한 것이 유효했음.
  ■ 윈-윈 전략은 대중친화적이나 정치적인 구호에 그칠 위험도 존재
- 새로운 교통체계의 도입은 그 속성상 장기적 과제이므로, 재원에 대한 일관성과 대외적 신뢰성 등이 프로젝트 운영에 미치는 영향이 컸음.

나. [사례 11] 인간중심의 통합적 도시발전 계획(브라질 Curitiba)

1) 기본개황

- 브라질 남부의 농업기반 Parana주의 주도이자 면적 142km^2 및 예산규모 USD 6백만 달러의 제1도시로서, 지난 30년 간 성공적인 도시민의 삶의 질 제고정책에 따라 인구가 2배 이상 증가하여, 2009년 기준 190만 명에 이르고 있으며 전 세계적인 유명세에 힘입어 최근 많은 관광객이 방문

2) 인간중심적 통합 발전계획의 개요 및 추진성과

- 1965년 도시 종합계획(Master Plan of Curitiba 1965)의 수립과 꾸준한 시행에 의해 급격한 인구증가에도 불구하고 교통시스템의 개선, 도시의 문화적 유산의 보존, 공원과 녹지의 확장, 사회후생 및 환경정책 등 적극적인 지속가능발전 정책의 수행 결과 도시의 삶의 질은 꾸준히 개선
- 1970년대 및 1980년대 고도성장의 시기를 맞아 산업·상업 중심지로 변모하면서 도시계획은 이를 적절히 분산하는 방향으로 선회하였고, 1990년대 이후 발전계획은 지속가능발전과 광역 쿠리치바의 사회통합에 초점

- 쿠리치바시의 전략은 인간을 최우선에 두고 장기적인 도시민의 삶의 질 보장을 위해 사회통합, (사회적 약자의) 접근성, 공공 어메니티, 도시투명성 및 환경적 지속가능성 등을 확보하는 것을 목표로 도시의 모든 기능을 전략적이며 통합적으로 고려하는 도시계획을 추구
- 1965년 계획을 처음 입안할 당시부터 참여하여 추후 시장을 3번 역임한 Jaime Lerner 및 쿠리치바 도시계획진흥원(IPPUC: Urban Planning Institute of Curitiba)을 중심으로 하는 일관적인 정치적, 전략적, (대안창출 등의) 기술적·창의적 리더십에 의해 브라질의 사회경제적 격변(군사독재, 경제위기, 도시로의 빈민유입 등) 속에서도 지난 몇십 년 간 꾸준히 정책을 지속시킬 수 있었음.

그림 4-12 쿠리치바시의 전경

자료원: 중앙일보(2008. 10. 29)

- 인간중심 전략 1: 시의 가장 유명한 성공사례로 알려진 교통부문
  - 도시성장, 교통량의 증가, 오염, 사회적 약자의 접근성 등 일련의 문제를 통합적으로 고려하여 비용이 많이 드는 지하철보다 현존하는 광역버스시스템의 환승체계를 정비하여 빠르고, 저렴하며, 도시주변의 약자들의 편의(사회적 운임제도)를 제공하는 교통시스템을 구축
  - 도심 내 보행자 전용구역, 시내 200km 자전거 도로구축 등 승용차를 이용을 억제: 브라질 내 자동차 등록대수가 가장 많은 도시임에도 불구하고 대중교통 이용도가 일평균 214만 명으로 가장 높고, 대기오염도나 1인당 유류소비량이 가장 낮음, 도심 내 통행량은 30% 감소

그림 4-13 쿠리치바시의 상징이 된 원형 버스 환승장

- 인간중심 전략 2: 녹지와 공원
  - 1970년대 1인당 녹지면적이 1m^2 미만에서 현재 28개의 공원과 시민자원봉사자에 의한 150만 그루 도심 내 식재로 현재에는 도시전체의 20%가 공원으로 조성되었으며 1인당 녹지면적은 52m^2로 증가
  - 녹지공간을 확보한 신축건물의 세제혜택, 빗물통로에 의한 공원 내 인공습지의 조성, 빈민의 수변공간 무단점유 방지 등 도시민의 경관과 여가문화적 가치의 제고에 노력
- 인간중심 전략 3: 폐기물과 빈민정책
  - '녹색교환(green exchange)' 프로그램: 쓰레기 수거차가 닿지 않는 빈민가 주민들을 대상으로 인근 폐기물 수거센터로 폐기물을 가져오는 경우 버스 티켓과 음식 등으로 교환하는 제도
  - 도시위생 및 시민영양 고려한 정책으로 어린이들에게 학교에서 쓰레기와 초콜릿, 문화공연 티켓, 학용품 등을 교환해 주는 유사정책 시행
  - '버리지 않는 폐기물' 정책: 각 가정에서 쓰레기를 분리, 재활용을 촉진시키는 제도로 전체 발생량의 70%가 재활용, 일평균 1,200그루의 나무에 해당하는 종이 재활용, 재활용사업 수익으로 다시 재활용사업에 실업자와 사회부적응자(알콜중독자 등)를 취업시키는 복지제도 등 운영
- 인간중심 전략 4: 도시 내에서의 삶의 질 제고
  - 노후 시내버스 등을 강의실로 활용하여 시민을 위한 개방대학 설립
  - 시내중심가에 보행자 전용거리 조성 및 24시간 쇼핑몰, 레스토랑, 카페, 그리고 어린이 화단 조성 등 살기좋은 도시로 만들기
  - 새로 개발된 구역을 중심으로 비즈니스 인큐베이터, 직업훈련 및 일자리 연계센터를 통해 1만 5천 개의 일자리 창출(예상효과

는 3만 개)

- 30년 간의 꾸준한 정책추진 결과로 시 총부가가치의 4%에 해당하는 USD 2.8억 달러의 관광수입 창출, 시 일인당 소득은 브라질 평균보다 66%나 높은 수준, 지난 30년 간 연평균 7.1%의 성장(브라질 평균은 4.2%)을 달성

3) 성공요인과 시사점

- 강력하고 지속적인 정치적 리더십과 도시계획진흥원(IPPUC)의 경제적·창조적 대안발굴, 인간중심적·친환경적 이상실현을 위한 거버넌스 및 도시디자인에 대한 가치의 부여, 단순한 친환경이 아닌 약자배려 등 사회-경제-환경의 지속가능성을 통합적·전략적으로 고려 등이 주요 성공요인
- 개발수단과 가이드라인으로서 공공교통과 토지이용 등 도시기능들의 밀접한 관계를 인식하고 통합적으로 고려, 도시특성과 잘 부합하는 창조적이며 경제적인 대안의 추구가 중요

다. [사례 12] 2012 런던올림픽 프로젝트(영국, London)

1) 기본개황

- 인구 760만 명(광역은 약 1.3천만 명), 면적 1,577.3km^{2}의 영국의 수도이자 유럽의 중심도시로, 세계경제의 3대 중추인 금융산업과 다양한 제조업 발달
- 런던은 기후변화와 녹색경제에 있어서 세계 제일의 사례도시로 자리 잡음.
  - 1993년 최초의 자치단체 에너지효율 인증제도(EEAS), 1995년 최초의 탄소감축보고서 및 최초의 자치단체 기후변화대응전략 수립, 2008년 최초의 탄소신탁표준 인증(Carbon Trust Standard Accredited) 및 도시전체의 탄소발자국 보고서 출간 등

그림 4-14 동런던 리 밸리(Lea Valley)의 2010년 현재 모습

2) 올림픽 프로젝트의 개요 및 추진성과

- 2005년 개최도시로 확정된 이후, 지속가능한 올림픽(Sustainable Olympic Games)을 모토로 '하나의 지구(One Planet)'을 올림픽 슬로건으로 제창
- 2007년 1월 '2012 지속가능한 런던 올림픽 위원회'의 창설 및 지속가능 올림픽 정책을 추구:
  - ■ 저탄소 올림픽(Low Carbon Games): 전체 에너지수요의 20%를 신재생에너지로 충당, 올림픽시설 건설·운영, 폐회 후 탄소배출 최소화 등
  - ■ 저폐기물 올림픽(Low Waste Games): 모든 계획단계에서의 폐기물 최소화, 건설자재의 90%를 폐자원으로부터 재활용, 올림픽 동안 매립 제로화 및 동런던 지역의 새로운 폐기물처리 인프라를 유도
  - ■ 생물다양적 올림픽(Biodiverse Games): 올림픽 베뉴(venue) 인근의 야생동물 및 서식지에 대한 올림픽의 영향 최소화, 올림픽을 통한 인근지역의 생태학적 확장 추구 등

그림 4-15 리 밸리(Lea Valley)의 2012년 올림픽 빌리지

자료원: ecofriend.org

- 모범적 지속가능 교통(Showcase for Sustainable Transport): CO_2 배출이 많은 항공기 회피 및 유럽 내 철도이용 촉진을 위한 국제철도역(St. Pancaras) 건립 및 올림픽 주경기장까지 7분 소요 고속철(Javeline Train)의 건설, 항공 대신 수로로의 화물운송, 올림픽 기간 중 자동차 운행금지 및 장애인을 제외한 전원 대중교통 및 보행 등
- 지속가능 조달원칙(Sustainable Sourcing Code): 기자재, 물품, 음식료품 등 조직위의 모든 구매활동에 있어서 규정에 따른 친환경적인 제품과 서비스만을 구매
- 기타: 사회통합(문화적 다양성의 축제, 고용촉진 및 직업훈련 확대, 창업지원 등), 생활의 건강함(여가문화와 스포츠의 향유를 통한 삶

의 질 제고 및 지속가능한 라이프 스타일 등)

- 동런던 리강 유역(Lea Valley)으로의 개최도시 결정원칙 및 올림픽시설 설계와 건립의 원칙
  - ■ 전술한 항공회피 및 철도이용 촉진, 수로 화물운송, 대중교통 접근성 등을 촉진시킬 수 있는 최적의 위치로 선정하였으며, 대중교통의 신속성과 편리함을 제고시키기 위해 지하철 런던 동부라인 확장, 경기장으로 향하는 런던외곽 고속도로(M25) 인근의 환승체계 정비 등 시행
  - ■ 낙후된 도시를 재생시킬 수 있는 기회로 올림픽을 활용하나, 신설된 올림픽베뉴 주변 지역사회와의 협력을 강화시키며 동시에 인근 야생동물과 생태서식지를 보호하는 친환경적 개발을 추구
  - ■ 이를 위해 올림픽시설 건설에 있어서, 가능한 기존 부지 및 시설의 활용하고, 올림픽 종료 후 주민들에 의해 장기적으로 활용 가능한 올림픽 유산을 남기며, 경기장 등 한시적 용도로 활용할 수 있도록 경기 후 여러 개의 소경기장으로 해체와 재구성이 가능한 부지를 선정
  - ■ 전력수요량의 20%를 신재생에너지로 공급하려는 목표를 달성하기 위하여 올림픽파크 인근의 풍력발전단지의 입지가능성 등 고려

3) 성공요인과 시사점

- 올림픽이라는 거대 스포츠 이벤트의 개최에 있어서, 이를 낙후된 동부런던의 지역재생과 시민의 삶의 질 제고, 기후변화 대응 및 환경보전 등 지속가능발전의 기회로 인식하고 이를 통해 지역발전의 실현을 추구
  - ■ 통상 거대 스포츠행사는 천문학적 투자비(2012 런던의 경우 90억 달러 투자계획)는 물론, 많은 인구이동과 대회기간 중 인구집

중, 혼잡, 오염유발, 개최도시 내 소외계층에 대한 압박, 대회 후 폐기물의 발생 등 여러 가지 부작용으로 인해 지속가능하지 못할 수 있는 위험이 존재

- 실제 대회를 준비함에 있어서 대회 후 사회, 환경, 경제에 긍정적인 대회유산을 남기기 위해 계획단계부터 일관된 목표와 정책 하에 새로운 시도와 과감한 투자를 병행하여 대도시의 발전계획과 연계
  - ■ 런던에서 가장 낙후된 리강 인근에 새로운 경기장과 시설, 주거단지, 신재생에너지단지, 생태보호구역 조성 등의 도시재생과 올림픽을 통한 자원봉사 활성화와 사회통합, 고용촉진, 삶의 질 제고 등 시민사회의 변화를 추구
  - ■ 재블린(Javelin) 고속철과 국제철도역, 저배출 차량의 활성화, 대중교통 체계의 정비 등 올림픽을 통한 첨단기술의 견인 및 새로운 교통문화를 창출

5. 유형 5

가. [사례 13] 녹색역량 강화를 위한 'Live Green Toronto'(캐나다 Toronto)

1) 기본개황

- 인구 250만 명, 면적 632km^{2}의 캐나다 제1도시, 예산 USD 97억 달러
- 북미 6대 도시이자 캐나다의 가장 큰 도시로서, 2031년까지 3백만 이상의 인구증가가 예측되는 다문화사회이며 금융・IT・BT 등이 번성
- 2009년 11월 지속가능 에너지전략 'Power to Live Green'을 채택, 오염물질의 배출감축 목표를 1990년 수준 대비 2050년까지 80%로 설정

2) 프로젝트 개요 및 추진성과

- ‘Live Green Toronto’ 프로젝트는 지역주민들의 기후변화 대응 및 지속가능 활동의 지원을 위해 2008년 5월 착수됨.
  - ■ 토론토 시 당국 및 캐나다 커뮤니티개혁협회(ACORN Canada) 및 시민환경감시단(CEW) 등 NGO의 파트너십에 의한 추진체계 구축
- 주요활동 1: 사회개발 및 인프라 구축을 위한 시민활동의 재정적 지원
  - ■ 2009년부터 20만 달러 규모로 각종 기후변화 대응 및 지속가능성 제고 주민활동에 재정지원하는 ‘커뮤니티 투자계획(CIP)’ 및 160만 달러 규모로 동 활동의 자본설비에 관한 활동에 재정지원하는 ‘자본화 프로젝트 기금(CPF)’의 두 가지 기금으로부터 소규모의 주민활동들을 지원
  - ■ 2010년 상반기까지 31개 커뮤니티에 140만 달러 규모로 주민 기후변화 대응활동에 지원 혹은 지원예정
- 주요활동 2: 녹색실천 및 녹색생활을 위한 다양한 시민참여 이벤트
  - ■ ‘Live Green Toronto’ 페스티벌을 포함하여 연간 30만 명이 참여하는 녹색생활과 관련된 10여 개의 토론토지역 이벤트 및 행사를 주관
- 주요활동 3: ‘커뮤니티 애니메이터’라고 불리우는 자원봉사 활동
  - ■ 전술한 NGO를 중심으로 시의 일정 자격요건을 갖춘 애니메이터를 선발하여 시민들의 환경교육 및 커뮤니티 단위 활동들을 지원
  - ■ 다양한 시민활동 및 지속가능 정책의 기반조성 및 친환경적 서비스와 자원들을 표시한 온라인 활성지도, 사회연결망 DB, 정보제공 등 담당

그림 4-16 'Live Green Toronto' 페스티벌

3) 성공요인과 시사점

- 지역주민들의 비교적 작은 실천계획에 대한 관심과 재정지원의 필요성은 예상보다 더 크며, 녹색생활 촉진을 통해 목표의 효율적인 달성수단이 됨.
- 외부 재정지원을 활성화를 위해서는 프로젝트의 브랜드 구축사업이 필요
- 설정된 배출저감 목표의 달성수단으로써, 정책 의사결정 계층의 지원, 충분한 재원의 확보 등이 본 프로젝트의 핵심 성공요인이라고 할 수 있음.

나. [사례 14] 화석연료 제로도시로의 시민생활변화 프로그램(스웨덴 Vaxjo)

1) 기본개황

- 인구 8.2만 명, 면적 1,925km^{2}의 광역중심지, 예산 USD 4.4억 달러
- 벡시에(Vaxjo) 지역은 신재생에너지 및 지속가능한 생활에 있어서 세계적인 모델로서, 1996년 이래로 화석연료 제로도시 정책을 수행

2) 벡시에시의 화석연료 제로도시 계획과 시민생활변화 프로그램

- 탄소제로도시 계획의 추진: 그간 1인당 CO_2 배출을 35%까지 감축(1993년 수준의 26% 감축) 달성, 2008년 지역 총에너지 수요의 56%를 지역 내 신재생에너지로 생산, 이 속도를 가속하기 위해 시 당국은 2010년 100% 화석연료 제로도시의 달성 목표연도를 2050년에서 2030년으로 앞당김.
  - ■ 2007년에는 대학 및 지역기업 등 참여하여 지역 기후협약 체결: 탄소제로도시로의 필요한 조치들을 분석하고 실천을 결의
- 시민참여 프로그램 1: 젊은이를 위한 Teleborg 학교 태양광 프로젝트
  - ■ 2007년 시 당국은 학교옥상에 태양광발전 패널을 설치, 연간 교내 전력사용량의 1/8 생산: 연간 5만 9천kWh 생산, 2008년 말~2010년 초까지 CO_2 배출저감 60톤(투자재원 USD 73.2만 달러, EU 및 주택공사 지원)
  - ■ 이 설비를 활용, 신재생에너지에 대한 교육 및 확산을 추구: 지역 내 700여 명의 학생들이 다양한 교육과정을 통해 기후변화 대응교육 실시(예컨대, 에너지계산기를 활용한 수학과 물리학 등) 및 공공게시판을 통해 실시간 에너지 생산·절감량 공표, 인근 주민들의 참여를 촉진
- 시민참여 프로그램 2: 지속가능한 삶의 방식을 전파하는 '기후아

그림 4-17 벡시에시 학교 옥상의 태양광 패널 및 기후아이돌

〈Teleborg 학교 옥상의 태양광 패널〉

〈TV 프로그램에서 기후아이돌(Climate Idol)이 시민들과 지속가능한 음식소비에 대해 토론하는 장면〉

이돌'

- 2010년 1월부터 5월까지 매월 정해진 지속가능 생활방식에 따라 벡시에 지역의 유명인사 9명이 지속가능한 삶과 관련된 도전을 수행함으로써, 타 시민들에게 역할모범이 되게 하는 프로그램
- 본 프로젝트는 국가 및 지역 등 언론매체를 통해 집중적으로 다루어졌으며, 각 아이돌은 홈페이지를 개설하여 개인진보를 대중과 공유

3) 성공요인과 시사점

- 화석연료 제로도시의 100% 목표달성까지 시민참여가 없이는 불가능하므로, 시민들의 적극적인 참여를 유도하기 위한 다양한 프로그램이 필요
- Teleborg 태양광발전 패널 프로젝트는 학교 교육과정에서 본 설비를 활용한 교육과정(educational modules)이 동시에 개발되어야 함.
- 기후아이돌 프로젝트는 넓은 인맥을 보유한 영향력 있는 아이돌을 대상으로 실제로 행태변화가 일어날 수 있도록 긴 기간 동안 수행 필요

다. [사례 15] 참여적 전략환경계획(포르투갈 Porto Region)

1) 기본개황

- 2005년 기준 약 130만 명의 인구, 면적 814.7km^2, USD 10.4억 달러 규모의 예산
- 포르투(Porto) 메트로폴리탄은 포르투갈 북부의 중심도시이자 항구도시로서 무역의 거점도시인 포르투를 중심으로 한 9개 자치단체가 소속
- 포트 와인 생산지이자 유네스코 세계문화유산으로 등재된 포르투 등 도시지역과 인근 농촌지역으로 구성되어, 최근 빠른 인구증가와 수질오염, 녹지파괴, 교통체증 등과 같은 문제를 극복하기 위한 공동의 노력이 요구

그림 4-18 포르투 메트로폴리탄 전략환경계획 추진체계

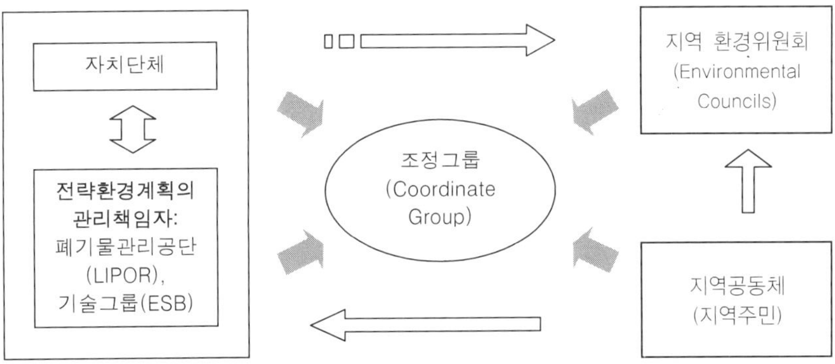

2) 참여적 전략환경계획의 개요 및 추진성과

- 포르투 메트로폴리탄은 당면환 사회경제 및 환경문제에 대해 어느 한 자치단체의 노력만으로는 해결될 수 없음을 깨닫고, 인근 9개 자치단체가 공동으로 참여하고 협력하는 전략환경계획을 수립하고 추진: '지속가능한 미래(Futuro Sustentavel: Sustainable Future)'

로 명명

- 포르투광역폐기물공사(LIPOR)와 자치단체들이 주축이 되어 시민, 정치가, 과학자, 전문가, 기업가들도 참여하는 통합네트워크 구축

– 1단계: 진행체계의 도출과 인식제고 및 정보제공 활동

- 2003년 프로젝트의 추진주체이자 재원조달의 책임을 맡은 폐기물관리공사(LIPOR)를 중심으로 한 기술그룹과 자치단체 및 중앙정부 기관, NGO 및 민간기업 등을 주축으로 하며, 전략수립에 대한 조정역할을 위한 조정그룹을 설립(전략환경계획의 시행원칙 및 전략의 정의 등)
- 개별 자치단체는 지역 내 주민과 단체를 중심으로 세부계획의 수립과 자치단체가 해야 할 정책의 도출, 2단계 이후의 실행에 대한 감시 등의 역할을 수행하는 '환경위원회(Environmental Councils)'를 구성
- 순회 전시회와 워크숍, 리플릿이나 포스터와 같은 홍보물, 주제별 뉴스레터, 포털사이트(www.futurosustentavel.org) 등의 캠페인과 지역미디어 홍보 등 시행: 시민의 인식제고 및 지지기반 확충, 상향식 접근법 및 분산적 의사결정체계, 자치단체 간·자

그림 4-19 포르투 메트로폴리탄 전략환경계획의 시민환경위원회

〈Maia시의 시민환경위원회〉

〈Gondomar시의 시민환경위원회〉

치단체와 시민 간 협력체계를 가능하게 하기 위한 정보의 제공 등의 목적을 지님.

- 2단계: 지역현황에 대한 진단과 수요의 파악을 통한 전략환경계획 도출
  - ■ 지역의 당면 문제를 정의하고 기회요인을 탐색하기 위하여 환경감시(Green Auditing) 제도를 도입 및 진단: 문헌연구, 현장조사, 설문조사, 비판적 · 집중적인 공청회 · 토론회를 통해 시민의 적극적인 의견제시와 참여, 자치단체의 전략 및 정책우선순위를 도출
  - ■ 2005년 유럽연합의 '도시녹색의 날(Urban Green Days)' 및 동년 지역콘퍼런스의 알보그 헌장(전략환경계획에 참여하는 9개 자치단체의 서명)을 계기로 4개 전략주제별 토의그룹 운영: 물과 강의 복원, 지속가능성을 위한 교육과 훈련, 교통과 대기질, 자연보호(도시계획 및 미개발지에서의 화재방지 포함 등)
- 3단계: 전략환경계획의 실행과 환류
  - ■ 시민참여와 주제별 연구에 의해 도출된 결론들로부터 각 자치단체들을 위해 규정된 실천계획을 도출, 재원조달 관련 논의 진행, 평가와 환류과정을 통해 실천계획의 수정 및 지속적인 모니터링 등

3) 성공요인과 시사점

- 성공적인 참여자의 인식제고와 지지, 환경정보의 공유에 의한 공통목표와 협력체계의 구축, 지역의 발전계획의 수립과 집행에 대한 하향식 접근과 시민의견의 수용, 환경만의 문제가 아닌 사회경제적인 지속가능성의 통합적 고려 등이 핵심 성공요인이라고 할 수 있음.
  - ■ 수년 간 정부와 자치단체는 주민의견을 고려하지 않았으므로

참여를 촉진시키는데에 시간과 노력이 필요하였으며, 대표성과 다수의 청중을 얻기 위해서는 회의일정과 장소, 교통편 등에 대해서도 충분히 배려

- ■ 계획과정에 있어 체계적・구조적 시민참여는 과정의 타당성, 선입견에 대한 저항, 협의과정에의 시민참여 제고, 긍정적 분위기 창출 등에 대한 대중인식을 변화시켰으며, 지역전체에 걸친 응집성이 강화됨.

- 특정지역 주변 자치단체들의 활동을 통합적으로 조정하는 것은 개별 자치단체별로 접근한 경우보다 훨씬 효과적이며 효율적인 정책이 될 수 있음.
  - ■ 자치단체 간 중복 정책의 회피 및 필요자원의 공유가 가능
  - ■ 지역미디어, 전문가, 자치단체 등과 긴밀한 관계를 유지하고 있으며 잘 준비되고, 구조화되고 융통성있는 후원 그룹의 구성도 중요함.
- 세 번째 단계를 거치는 동안 자치단체는 훨씬 빈번하고 역동적인 전략 파트너십을 통해 시너지를 증가시켰으며, 당면한 구조적 문제들을 해결
  - ■ 개별 정책들은 추진주체, 관련 법제, 재원조달, 시행기간 등을 명확히 구분함과 동시에 공통의 목표와 조화된 고유의 어젠다(agenda)를 가져야 하며, 이러한 의제형성을 통해 운영의 효율성과 투명성을 확보할 수 있음.

제3절 국내사례

본 절은 〈표 4-1〉과 같이 제시된 분석대상 국내사례에 대해 [그림 4-1]과 같은 연구의 틀을 적용하여 정리한 것으로, 제시된 녹색성장 잠

재력 유형별로 각각 1개씩의 국내 성공사례를 선정하여 핵심적인 내용을 요약 · 제시하였다.

1. 유형 1

[사례 16] 지속가능한 농촌을 위한 커뮤니티비즈니스(전북 완주군)

1) 기본개황

- 인구 약 8만 4천 명, 면적 821.0km^{2}의 완주군은 13개 읍면으로 구성되어 있으며, 재정자립도 20.5%의 낙후된 농촌지역으로 지역발전을 위해 과거 완주 산업단지 조성사업에 3,941원을 투자
  - ■ 2005년 말 분양률 94.4%로 도내 대기업 유치 1위를 차지하는 등 성과를 보이는 듯 하였으나, 지역 내 고용창출은 1,715명, 지방세 수입은 120억 원(재정규모의 3.8%)에 불과하여 투자대비 성과의 내부화가 미약
  - ■ 특히, 대기업 고용인의 다수가 인근 전주에 주거를 두고 있어 배후지역 소비발생 효과도 매우 적었으며, 이서 혁신도시, 봉동 첨단과학단지, 삼례 소도읍 지역을 제외한 10개의 농 · 산촌 지역은 여전히 고령화율 46%, 농가비율 80%로 지역의 재생과 활력을 위한 대안마련 필요

2) 약속 프로젝트와 커뮤니티비즈니스의 개요 및 추진성과

- 완주군은 지속가능한 농촌을 목표로 '약속(Promise) 프로젝트'를 추진
  - ■ 외부 이양적인 산업단지형 모델에서 탈피, 농촌의 특성에 맞는 내발적 발전 모델구축을 위한 노력으로 지자체-농가-생산자단체 협력추진체계를 강화하고, 자립형 마을공동체회사 100개를 만들기 위해 군 예산 증액편성(연 100억 원, 5개년)

■ 2010년에는 농업기반 자립형 마을공동체 회사 지원을 위하여 폐교를 활용한 완주군 '지역경제순환센터'를 개관하여 마을회사 육성, 커뮤니티비즈니스센터, 로컬푸드센터, 도농순환센터, 공감문화센터 등을 운영하면서 공동체의 활력도를 높이기 자치와 행정의 연계시도

- 구이면 안덕리 파워빌리지: 자립형 마을공동체 회사의 대표적 사례
  - ■ 2008년 안덕리의 4개 마을 공동체(100가구 실 거주자 120명)가 4개 마을주민 공동회의를 통해 '안덕리 발전협의회'를 구성: 옥수수·김치 체험행사 등을 주재하였으나 수익성, 주민공감대, 참여도의 저조로 실패
  - ■ 2009년 마을공동체 회사 '안덕파워영농조합법인'을 4개 마을의 53명의 조합원으로 구성(출자금 1.25억 원) 후 '건강힐링 체험마을'을 테마로 단순 농촌체험마을이 아닌 '민속한의원'과 연계한 건강 체험마을 조성: [참고] 민속한의원은 산 속의 황토집 입원실을 운영하며 전국에서 불치병을 치료하기 위한 환자들이 방문하는 유명한 요양 한의원임.
  - ■ 완주군 파워빌리지 마을 이미지와 건강 힐링체험 마을의 브랜드화를 추구하였으며, 마을 내 농산물의 전량매입을 통한 대행판매-수수료 5~10%(포장지 및 홍보물 제작비용)로 유통의 합리화를 추구
- 파워빌리지의 주요 성과
  - ■ 황토방, 전통한증막, 웰빙식당, 체험활동을 위한 시설을 마련하여 콘텐츠 중심의 관광자원 개발 - 단순 숙박시설이 아닌 건강힐링프로그램 제공, 건강기체조 및 건강 쑥뜸 등의 차별화된 사업화
  - ■ 시설과 연계한 죽염된장 작목반, 약초재배 등과 연계된 임업작목반, 죽염김치 작목반, 효소작목반, 농가주막운영회, 농산물판

매운영회, 체험마을운영반을 구성하여 마을내 고용증진 및 농업외 소득증진에 기여

- 힐링체험객을 위해 마을 휴경지를 활용한 주말농장(당초고추) 운영, 희망근로사업과 연계하여 옛모악산 산책길 복원 등을 추진
- 군의 지원은 3년 간 2억 원에 불과하나, 현재 매 주말 150~200여 명의 도시민이 방문(연간 5천 명 이상)하고 2010년 수익은 연간 10억 원이 될 것으로 예상

3) 성공요인과 시사점

- 최근 농촌마을은 고령화와 발전성과의 내재화 부족 및 중앙정부와 자치단체의 지원에 의존함으로써 지속가능하지 못한 경우가 많으므로, 본 사례와 같이 지역특화된 녹색자원에 기반한 마을만들기는 새로운 지역의 지속가능발전모델로서의 시사점을 제공
  - 완주군의 약속 프로젝트는 과거 산업단지 유치 등 외생적 발전모델의 한계를 절감하고, 지역순환농법을 적용한 친환경 농업시스템의 구현, 로컬푸드, 산촌의 휴양기능을 활용한 관광 등 지역의 녹색자원을 커뮤니티 비즈니스와 연계하여 주민이 스스로 참여하는 모델을 구축
  - 농가단위 생산에서 '두레'로 표현되는 공동작목반 혹은 영농법인의 형태로 공동생산을 통해 고령화로 인한 문제점을 해소하고 파트너십을 통해 새로운 콘텐츠의 개발 등 경쟁력을 제고
- 최근 주목받는 커뮤니티 비즈니스는 주민참여가 적고 소수 자치위원 중심의 운영 등 한계점이 노출되고 있으나, 본 사례는 주민의 주도적 참여에 기반하여 이러한 한계점을 극복했다는 시사점을 제공
  - 농촌지역의 천편일률적 농촌체험 프로그램은 성과가 미약하고 수익성이 낮아 저참여의 악순환이 일어나고 있으며, 행정중심의

하향적 프로그램의 경우 지역특성과 자원에 대한 이해부족으로 자원의 중복투자가 존재하거나 재정지원이 끊어지는 경우 사업이 중단되는 경향 존재

■ 반면 본 사례의 경우 지역민이 직접 지역에 특화된 환경친화적 콘텐츠를 개발하고 스스로의 투자를 통해 참여의 인센티브가 강화되었다는 점에서 적절한 지자체의 지원수준과 방안에 대한 참고할 만한 사례임.

2. 유형 2

[사례 17] 습지보호를 통한 지속가능발전(전라남도 순천시)

1) 기본개황

- 인구 27만 명, 면적 293km^{2}의 순천시는 세계 5대 연안습지이자 유일의 온전한 연안습지인 순천만을 보유, 2013년 국제정원박람회 개최예정지
  - ■ 천연기념물 흑두루미 등 검은머리갈매기, 황새, 저어새, 노란부리백로 등 국제적 희귀조류 11종과 한국조류 200여 종이 서식함.
  - ■ 전국에서 가장 넓은 갈대군락이 형성된 10리길 갈대밭과 갯벌(39.8km의 해안선에 둘러싸인 21.6km^{2}의 갯벌, 5.4km^{2}의 갈대밭 등 27km^{2}의 하구염습지와 갯벌) 등 자연생태계의 보고와 S자 물길 등의 절경으로 유명하여 2010년 현재 연간 300만 명의 관광객과 1조 원 이상의 관광수입 창출

2) 프로젝트의 개요 및 추진성과

- 오염되지 않은 갯벌 등 관광지로 유명세를 갖기 시작하면서 자연환경에 훼손 우려가 커지자, 시는 순천시는 편의시설 개발로 관광객을 유치하기보다는 만 주변에 철새들 보금자리를 확대하는 쪽

으로 정책을 변경

- 2000~2004년 자연생태공원의 조성(탐방로, 생태관, 갈대열차 및 투어프로그램 등)을 통해 습지에 대한 체험과 관광객의 환경영향을 최소화
- 흑두루미 등 철새를 위협하는 전깃줄을 없애기 위해 주변 농경지 300ha에 자리한 전봇대 282개, 이동통신 기지국 철탑 3개 및 주변 음식점 등 습지생태를 위협하는 시설들을 시에서 매입 및 2010년 말까지 철거
- 또한, 순천만 일대 민간소유 토지의 난개발을 우려한 시의 토지매입 및 습지복원 프로젝트를 진행: 2009년 대대동 자연생태관 뒤편 주차장 1만 6529m^2 부지, 도사동 안풍지역의 하구준설토 야적장(간척지) 101,015m^2 기획재정부로부터 매입하여 습지로 자연복원이 진행 중, 2010년까지 97억 원을 투자하여 501,330m^2 토지를 매입하여 습지로 자연복원 등
- 갈대탐방로 등 순천만 핵심보전지역을 보전하기 위해 자연생태관을 5km 후방으로 이전 및 주자창 폐쇄, 관람객 숫자를 하루에 1천 명으로 제한하고, 추후 인터넷 예약제 실시를 계획하는 등 엄격히 관리를 통해 순천만 훼손을 최소화

- 순천만의 보존을 위한 민간활동 및 국제적 노력
  - 다양한 시민단체들이 순천만 지킴이로써 지난 수십 년 간 활발한 활동(골재채취 반대운동 등)을 벌이고 있으며, 순천만 생태계의 변화에 대한 감시 및 매년 순천만의 다양한 축제를 통해 습지의 중요성을 전파
  - 2003년 12월 해양수산부 '연안습지 보호지역'으로 지정, 2006년 5월 한국관광공사 최우수 경관 감상형지, 2008년 국가지정 명승 제41호로 등록
  - 2004년에는 동북아 두루미 보호 국제네트워크에 가입, 2006년

그림 4-20 순천만 갈대밭과 천연기념물 흑두루미

자료원: 순천만 자연생태공원(www.suncheonbay.go.kr)

1월 연안습지로는 전국최초로 국제습지보호조약인 '람사르 협약'에 등록되어 국제협약의 준수를 위해 개발하지 않고 보존

■ 대규모 숲을 조성해 순천만 생태계를 보호하는 '2013 국제정원박람회'가 순천만 하류에서 5km 떨어진 지점에서 개최: 966억원의 예산으로 도심과 순천만 사이 150ha 부지에 각국의 문화와 전통을 담은 30개 정원 조성, 행사 후 시민공원 및 홍수조절을 위한 저류지 등으로 활용

3) 성공요인과 시사점

- 상대적으로 저개발 지역의 생태적 가치를 기회로 인식하고 이를 통해 지역이미지를 구축하고 보존과 개발을 성공적으로 조화시킴.

■ 늘 축축하고 비오면 물이 넘쳐 주변 마을을 쓸어버리는 몹쓸 곳, 갈대나 억새 따위의 풀만 우거진 미개발지, 당장이라도 논이나 밭 같은 농경지로 개간해야 할 곳, 농공단지가 들어서야 주민들을 먹여 살릴 수 있는 곳 등의 인식 등으로 인해 지난 100년 간 순천만 습지의 1/3 가량이 훼손되었고, 이러한 인식을 최근 몇 년 간의 노력으로 전환시킴.

■ 순천만을 배경으로 한 문학작품, 습지보전을 소재로 한 환경 다큐멘터리와 홍보영상, 국제적 협약과 행사의 개최 등을 통한 이

미지 구축

- 순천만 일대의 민간소유 토지, 음식점 등 시설, 전신주 철거 등에 있어서 시 당국의 추진의지와 당장의 불편을 감수한 시민들의 동참의지가 하나가 된 민관 공동의 추진체계가 핵심 성공요인이라 할 수 있음.
  - 습지를 보호하려는 시민단체의 노력과, 순천만의 관광객 증가라는 가시적 성과를 보호하려는 시민들의 자발적 노력이 순천만 보호를 통해 추후 더 많은 관광객을 유치하려는 전략과 정치적 리더십으로 연계

3. 유형 3

[사례 18] 아시아 솔라밸리 프로젝트(충북 증평군)

1) 기본개황

- 인구 3만 3천 여 명, 면적은 울릉군을 제외하고 가장 작은 72.9km^2, 2003년 행정구역 역시 1면 1읍으로 출발한 전국 최소군인 증평군은 고래로 충북 인삼의 가공 및 유통중심지였으나, 2008년 이후 국내 태양전지 셀 및 모듈 생산의 40%를 차지하는 태양광 산업의 메카로 부상
  - 아울러 증평을 통과하는 소위 '솔라루트 36' 구간은 국내 태양전지 셀 및 모듈의 60~70%를 생산하는 녹색성장 주도지역임.
  - 솔라루트 36 구간: 청주~충주 간 국도 36호선을 중심으로 태양광 셀, 모듈 등 부품소재업체 60여 개가 입주한데서 비롯된 국도구간의 별칭으로, 미국 동부의 I-95 고속도로와 보스턴 서북 외곽순환도로인 'Route 128'의 교차점을 중심으로 3,600여 개의 하이테크가 군집해 얻어진 'Route 128(일명 기술고속도로)'를 모델로 함(경향신문, 2010. 10. 19).

2) 프로젝트의 개요 및 추진성과

- 유가의 고공행진 시기 즈음인 2005년부터 충북도는 오창-증평-음성-충주로 이어지는 '아시아 솔라밸리(Solar Valley)' 조성을 목표로 태양광과 관련된 잉곳・셀・모듈・인버터 기업을 유치하는 데 총력을 기울임.
- 2009년 3월 증평읍 미암리에 총 1,350억 원(국비 485억 원, 민자 865억 원)이 투자된 682,000m^2 규모의 증평 일반산업단지를 준공
  - ■ 2008년 5월 최초로 현대중공업을 필두로 신성홀딩스, 한국철강, 후지라이테크, 에이원테크 등 태양광 관련 유명기업들 및 차세대 전지인 리튬이온전지 분리막을 생산하는 SK에너지 입주
  - ■ 특히, 단일공장으로는 국내 최대 100MW/년 규모의 결정질 태양전지를 생산하는 신성홀딩스와 국내 제1호이자 국내 유일의 박막형 태양전지를 생산하고 있는 한국철강이 입주하고 있어 현재 국내에서 결정형과 박막형 태양전지가 동시에 생산되고 있는 유일한 지역임.
  - ■ 이는 수도권 인근이라는 충북의 입지조건으로 인해 서울 등 전국에서 접근성이 좋고 지가가 저렴하며 타 지역에 비해 물류비 절감이 가능할뿐더러, 청주공항 등 해외바이어들의 접근성이나 인근 관련산업을 뒷받침할 반도체 및 2차 전지업체, 대학, 연구센터 등의 존재 등 여러 가지 조건을 충족시키기 때문임.
  - ■ 산업단지에 2009년까지 약 500명의 일자리 창출이 이루어졌으며, 입주기업의 공장이 완공되는 2020년까지 2천 여 명의 일자리가 창출될 것으로 예측
- 솔라밸리를 위한 증평의 신재생에너지 활용 정책:
  - ■ 2008년 태양광 택시・버스승강장(625W) 16개소, 태양광 가로등 및 투광등 114개소, 태양광 블럭 251개, LED 신호등 교체 107건, 청사 내 LED등 기구 교체 210건, LED 경관 3개소를 설치

그림 4-21 충북 솔라밸리 2009년 현황

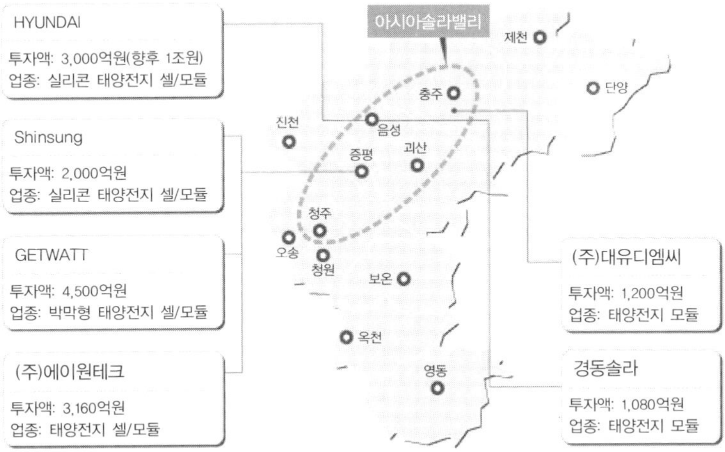

자료원: 매일경제(2009. 6. 3)

- 2009년 4월 중장기 발전계획인 '태양광산업발전 액션플랜' 수립
- 태양광시설 설치: 보건·복지타운의 청소년수련관, 노인복지관, 노인전문요양원 등 3개 시설(150kW), 경로당 3개소(9kW), 보건지소 1개소(15kW) 등 모든 공공건물에 태양광 도입, 대원전기교육원 등 4개소(200kW), 충북인삼유통센터(50kW), 태양광 주택 10가구(30kW) 등
- 솔라천문대 조성계획: 좌구산 천문대에 50kW급 시설과 태양 관찰용 망원경 설치
- 태양광 중심의 녹색산업중심형 산업단지 조성(1개소 682천m^2)
- 태양광+LED+인삼 수경재배 등 신재생에너지 융복합화 사업(1개소 330m^2): 전통산업인 인삼을 미래형 녹색기술인 태양광 및 LED와 접목하여 농업기술센터에 825m^2의 인삼 수경재배 시설 설치, 태양광 발전시설로 에너지 공급 및 내부 적색 및 청색 LED 조명을 설치하여 최적의 사포닌 추출을 위한 R&D 시

설로 활용 및 수직농장 조성 등

3) 성공요인과 시사점

- 지역특성과 자치단체의 전략적 육성의지가 결합되어 첨단 녹색기술과 산업을 활용한 지역특화 발전의 전형적 사례를 제공
  - ■ 태양광 발전에 유리한 일조량, 수도권 인근지역으로서의 지리적 이점과 비용우위, 관련된 산업기반의 조성 등의 지역적 특성은 태양광 산업을 통한 녹색성장의 잠재력 요인으로 작용
- 2008년 이후 충북지역에 중소규모의 태양광 발전시설의 설치가 증가하고 있으며, 증평군의 산업육성 계획과 발맞춘 공공시설 태양광 발전의 도입과 전통적인 산업부문의 태양에너지 활용 등 내수진작과 관련된 정책을 추진
  - ■ 태양광으로 대별되는 신재생에너지의 적극적인 활용을 통해 '솔라밸리'라는 지역이미지 및 정체성을 강화하고, 관련 산업의 유치를 가속화시키는 요인으로 작용

4. 유형 4

[사례 19] 공용자전거 프로젝트 누비자(경상남도 창원시)

1) 기본개황

- 인구 약 51만 명, 면적 293km^{2}의 창원시는 자전거를 시민의 도심 내 주요 교통수단으로 만드는 것을 목적으로 2008년 3월 누비자(NUBIJA: Nearby Useful Bike, Interesting Joyful Attractions) 프로젝트에 착수
  - ■ 자전거는 교통수단이 아니라 레저용이며, 사유재산으로서 공용자산으로 운영한다는 인식은 시민들에게 없었음.

2) 프로젝트의 개요 및 추진성과

- 누구나 쉽게 이용할 수 있도록 시민의 편의를 위한 정책 및 설비 도입
  - 공영자전거는 바퀴 지름 26인치짜리 일반 자전거 크기로 7단 변속기가 부착되어 큰 힘을 들이지 않고도 오르막을 오를 수 있음.
  - 안장과 손잡이 사이 뼈대가 아래로 휘어져 남녀노소 누구나 쉽게 탈 수 있으며, 앞에는 서류나 작은 물건을 담을 있도록 바구니가 설치, 전조등과 후방 불빛반사판을 통해 야간에도 안전확보 가능
  - 계기판과 GPS가 부착, 현재 속도와 주행거리 등이 표시되어 관제센터에서 현재 위치나 주행 경로를 쉽게 파악해 도난을 방지
  - 시청 혹은 주민센터 등에서 발급된 인증카드를 자전거 보관대 인식장치에 대면 잠금장치가 풀리고, 자전거를 이용한 뒤 보관대에 다시 올리면 자동으로 잠기는 잠금장치 설치
  - 자전거 이용 활성화를 위해 저가정책을 고수: 2시간 무료, 종일 이용시 1천 원, 회원의 경우 1주일에 2천 원, 1달에 3천 원, 1년에 2만 원 등의 요금체계를 유지, 지불을 원활하게 하기 위해 핸드폰 소액결제 활용
  - 인터넷을 통한 실시간 상황조회 및 최근 스마트폰의 도입 등 첨단 유비쿼터스 기술을 결합하고, 서비스 운영센터, 전문정비요원, 현장요원 등의 운영체계를 구현
- 주요 성과
  - 2008년 10월 20개소에 불과한 자전거 대여소(무인터미널) 및 430대에 불과했던 자전거가 2009년 7월 81개소 및 800대로 증가, 2010년 7월 기준 현재 150개소 및 2천 여 대로 증가, 추후 2012년까지 300개 터미널에 5천 대의 자전거도입을 계획
  - 자전거 관련 산업의 성장으로 인한 고용증대 효과로 연간 3,600

그림 4-22 창원 공용자전거 누비자 시스템

〈자전거〉

〈터미널〉

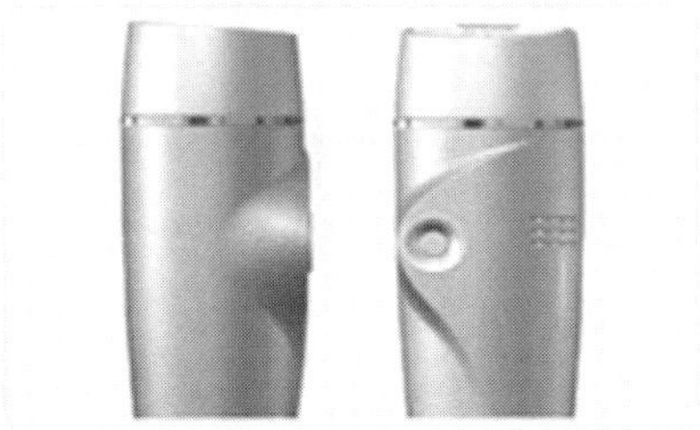

〈잠금장치〉

〈운영체계〉

자료원: 누비자 공식 홈페이지(nubija.changwon.go.kr)

개의 신규 일자리가 창출되는 것으로 추정되었으며, 첨단 유비쿼터스 기술을 자전거 대여시스템에 접목시킴으로써 신기술의 확산과 혁신을 자극

- 시행 1년 간 유류 절감액으로 약 10.6억 원의 직접적인 경제적 편익이 있는 것으로 추정되었으며, CO_2 저감량은 연간 1,500톤에 이름.
- 가계교통비 부담이 차를 이용하는 경우보다 80% 저렴하여, 도입 1년 후인 2009년 9월 현재 회원 수 37,000명, 2010년 7월 현재 회원가입 수 5만 8천 명, 1일 평균 이용횟수 8,500여 회로 높은 인기를 누리고 있음.
- 원활한 도로체계 등으로 2002~2007년 7.6%의 성장률로 자동

차수가 늘어났던 것에 비해, 2006년 자전거 수송분담률이 3.2%에서 도입 초기 2008년에는 7%로, 2020년까지 20%가 될 것으로 기대

- 2008~2012년 프로젝트 기간 동안 총 150억 원의 예산이 투입
  - ■ 2010년까지 민간협찬이 없이 진행(단, 2010년 가을 롯데마트에서 자전거 1천 대 기증 예정)하였으며, 정부지원 16억 원을 포함한 전액 시 예산으로 진행, 2009년까지 75억 원 기 투자함.

3) 성공요인과 시사점

- 자전거 친화적 환경을 창출하기 위한 인프라의 구축과 공공참여의 유도를 위한 각종 제도적 보완 등이 핵심 성공요인의 하나임.
  - ■ 자전거 도로의 정비, 교차로에서의 자전거 통행로 정비, 자동차의 속도제한 등 안전성의 제고, 자전거 터미널 등의 구축, 자전거 이용자의 보험확대 적용, 유비쿼터스 기술을 활용한 이용자 편의 제고 등
  - ■ 또한, 도시의 특성을 감안한 성공적인 공공자전거 시스템 구축을 위한 연구개발 및 정치적 리더십, 시민의견 수렴 등을 수행

5. 유형 5

[사례 20] 두꺼비와 공존하는 생태공동체 조성사업(충북 청주시)

1) 기본개황

- 인구 약 65만 명, 면적 153.5km^{2}의 청주시는 2004년 전국에서 처음으로 주민참여조례를 제정하는 등 주민참여가 가장 활발한 지역으로 널리 알려짐.
  - ■ 민선 5기에는 그간 시정에 비판적이었던 시민단체 등과도 협력하여 공동으로 녹색청주의 비전달성을 위해 '녹색수도 추진기획

단'을 운영

- 청주 산남3지구 택지개발이 한국토지공사에 의해 발표된 후, 2003년 3월 일대로 소풍 온 유치원생들에 의해 '원흥이 방죽'이라는 자연습지가 인근 구룡산에 사는 두꺼비들이 산란하던 집단서식지라는 사실이 밝혀지고, 이의 훼손을 우려한 주민들이 당시부터 보존활동에 참여하여 시민의 힘으로 현재까지 이 방죽을 지켜냄.
  - ■ 2004년 11월 토지공사와 시민단체(원흥이생명평화회의) 간의 협약을 통해 이의 보존을 약속받은 이후, 시민들은 '구룡산 땅 한 평 사기 운동'의 성금 및 한국내셔널트러스트(보존가치가 있는 자연·문화유산을 보존하는 시민단체)의 후원금 등으로 2009년 5월 두꺼비 핵심 서식지인 포도밭을 구매하고 이후 지속적으로 서식지 보호활동을 펼침.

2) 조성사업의 개요 및 추진성과

- 2004년 산란처 보호를 위해 방죽의 일부를 남긴다는 최초의 합의 이후, 지속적인 협의를 통해 도출된 최종합의 내용과 이후의 보존활동 방향
  - ■ 두꺼비 이동통로 확대, 택지지구 서측 공원부지 안에 대체 산란지를 포함한 생태공원조성, 생태·역사·문화·교육 기능을 갖춘 생태문화관 건립, 두꺼비 모니터링에 시민단체 참여 및 상생의 지역개발을 위해 상호협조 및 협의 등을 합의함.
  - ■ 이는 정부의 개입없이 지역에서 자발적으로 합의한 결과로서, 토지 매수자 등 이해관계인의 피해없이 갈등으로 인한 사회적 손실이 미미하였으며, 지역의 갈등해소에 대한 전형으로써 오히려 갈등 후 양측의 신뢰구축의 계기가 마련되고 추후 지역개발에 대한 합의점이 도출
- 시당국은 시민들의 힘으로 지켜낸 택지개발사업 지구 내 원흥이

그림 4-23 청주시 산남3지구 '원흥이 생태공원'

자료원: 한겨레신문(2010. 8. 24)

방죽에 대해, 2006년 12월 약 4만 m^2 규모로 '원흥이 생태공원'을 조성에 착수하여 2008년에 완공

- 생태공원 내 습지보존 및 대체습지 조성 등은 물론, 주요 서식지인 구룡산에 두꺼비 보호구역을 조성하고 두꺼비의 이동통로 확보
- 원흥이 방죽과 인근 구룡산에 서식하는 두꺼비, 맹꽁이(환경부 지정 멸종위기보호동식물), 가재(1급수 지표종), 고라니(야생포유동물), 새매(천연기념물 232호), 백로, 황조롱이 등 20여 종의 희귀 조류와 수생 생물의 생태서식지를 보호하고 도심 내 생태축을 연결

- 주민참여 및 환경교육을 위해 2009년 '두꺼비 생태문화관'을 건립하였고, 사용종료된 비위생매립장을 생태공원으로 재생

- 국내 첫 양서류 생태관인 본 문화관은 생태체험 프로그램은 물론 생태교육, 탐방 등 다양한 프로그램을 개발하고 실천사업으로 추진
- 생태체험 프로그램 등 학생 및 방문객이 급증, 2009년 2만 7천여 명이 공원을 방문하였고, 2010년 상반기까지 1만 여 명이 방문
- 두꺼비살리기 운동은 2006년 전국 환경대상을 수상하였으며, 생태공원 조상사례는 2010년 환경부의 '그린시티 공모전'의 국무총리상을 수상

3) 성공요인과 시사점

- 원흥이 생태공동체 조성사업은 무분별한 개발압력에 처한 도시지역에 자연형 습지를 조성하였기 때문에 친환경 도시개발의 전형을 제공
  - 개발과 보전이라는 환경갈등에 대해 시민들의 적극적 참여에 기반하여 시민과 개발주체의 합의를 이끌어낸 모범적 사례임.
- 본 사례는 시당국과 개발주체, 시민 등 이해당사자들의 대화와 합의를 통해 개발과 보존의 조화를 달성한 것은 물론 생태보존 및 관광객의 유입, 환경교육 및 주민의 삶의 질 제고라는 실질적인 지역발전을 달성하였다는 점에서 시사점을 주고 있음.

제4절 녹색성장 잠재력 활용사례의 시사점

1. 유형 1

본 유형에 속하는 사례들의 특징은 에너지나 경제적 기반의 구축 등

당면한 문제들을 해결하면서 제도나 추진체계, 사회복지 등의 실질적인 개선을 통해 지역특화 발전의 성과를 달성했다는 특징을 가지고 있다. 즉, 지역사회의 특화된 발전전략은 에너지와 경제적 발전을 추구함에 있어서 거버넌스 및 사회적인 자본의 축적을 통해 경제와 사회의 동시적 발전을 추구한다는 점에서 지극히 지속가능하다고 볼 수 있다. 구체적으로 각 사례에서의 시사점은 다음과 같다.

1) 신재생에너지로 지역난방 개선(이탈리아 Milan [사례 1])

밀라노의 사례에서 지역의 에너지 및 난방시스템의 개선수요와 에너지 및 대기오염물질 저감이라는 동시적 목표의 추구를 달성하기 위해 유럽연합의 최적실행가능기술(BAT)을 적용하였다. 아울러 민관 파트너십을 통해 개선공사에 수반되는 비용을 절감하고, 이는 다시 시민들의 지지와 비전공유 및 협력체계 강화의 선순환 고리를 형성하고 있다.

2) 'Eco-Oil Project'를 활용한 지역발전(브라질 Volta Redona, [사례 2])

브라질의 볼타 레돈나시의 폐식용유 수거체계의 사례에서도 마찬가지로 폐식용유의 유출로 인한 사회경제적 비용을 절감하기 위하여 지역소재 대기업이 주도가 된 바이오디젤 공장의 건립이 핵심 성공요인 중의 하나였다. 아울러 민관 파트너십에 의한 수거체계의 확립과 사회적 기업화 등 자치단체, 주민, 대기업의 협력과 역할분담에 의한 잠재력의 극대화가 주목할만한 성과라고 할 수 있다.

3) 신재생에너지를 활용한 저소득층 주거개선(브라질 Betim, [사례 3])

한편, 베팀시의 사례에서는 빈곤층의 주거 및 오염유발이라는 사회적 문제에 대처하기 위하여 신재생에너지를 활용하는 난방시스템이라는 신기술을 적용하여 시범단지를 조성한 것을 주요 성과로 볼 수 있다. 이러한 신기술은 개발도상국이나 소외된 90%를 위한 '적정기술(Appropriate Technology)'과 일맥상통하는 개념으로서, 빈곤층의 주거 및 오염문제를 해결하면서 동시에 신기술 적용의 탁월성이 전파되면서 관련 산업까지 견인하는 효과를 창출하여 빈부격차가 큰 대도시의 사회경제적인 시사점을 제공하고 있다.

4) **지속가능한 농촌을 위한 커뮤니티비즈니스**(전북 완주군, [사례 16])

국내사례인 완주군의 경우, 고령화 등의 사회적 문제와 맞물린 경제적 침체라는 지역내부의 근본적 문제를 해결하기 위하여 자치단체가 주도하고 주민이 공동체적으로 참여함으로써, 커뮤니티 비즈니스의 기본원칙을 잘 고수하고 있다. 이 사례에서는 고령화된 농촌사회의 소득창출과 사회통합을 동시에 달성하는 성과를 보임으로써 특화발전에 대한 전형적 사례로 볼 수 있다.

2. 유형 2

녹색인력 및 지식기술의 육성과 확산은 그 자체로도 지역 내 중요한 달성목표로서 작용할뿐더러 지역의 특화된 발전의 달성에 있어서도 핵심적인 요인으로 작용한다. 아울러 이러한 혁신역량의 제고가 지역사회를 구성하는 다양한 환경적 요인들과 결합되어 도시기능 전체에 있어서 에너지의 효율과 배출저감을 견인하는 것은 녹색성장의 전형이자, 인간활동의 소모적 속성을 지혜롭게 극복하는 지속가능 발전의 주요 실행수단이기도 하다. 본 유형에 속하는 사례에서는 이러한 과정들이 잘 제시되어 있다.

1) **고용증대를 위한 지방의제**(그리스 Kalithea, [사례 4])

지속가능한 관광소득의 창출과 수려한 환경자원의 보전이 밀접하게 연관되어 있는 유명관광지인 그리스 칼리테아의 사례에서는 지역일자리 창출과 환경보전이라는 동시적 목표를 달성하기 위한 노력을 제시하고 있고, 이러한 목표하에 혁신역량의 중요성을 강조하고 있다. 즉, 두 가지

목표를 동시에 달성하기 위해서는 관광지로서 특화된 지역정체성과 이미지를 강화하는 것은 물론, 신기술을 활용한 일자리의 창출, 신기술에 적응할 수 있는 기존 인력들의 적응력 강화, 정보와 네트워킹의 강화 등이 강조되고 있다.

2) 녹색일자리 창출 – 'Jobs Thru Sustainability'(독일 Hannover, [사례 5])

산업기술의 도시로서 경제적인 번영을 누리고 있는 독일 하노버의 사례에서는 건축물 등 주요 도시환경 기능의 제고를 위한 다양한 프로그램을 제시하고 있다. 이 프로그램은 지역 내 빈곤층을 형성하고 있는 이민자집단의 교육훈련을 수행함은 물론, 이들은 에너지 효율개선 사업에 우선적으로 고용함으로써 사회복지적 프로그램을 통해 새로운 기술을 습득한 기능공을 양성하고, 이를 통해 지역사회의 기후변화 대응을 수행하는 성공적인 전례를 남기고 있다.

3) 눈을 이용한 마치쯔꾸리(일본 Yasuzuka, [사례 6])

일본 니가타현의 야스즈카 마을에서는 자원이라고 인식하지 못했던 눈을 활용하여, 전통적인 문화와 새로운 기술을 접목시켜 눈을 활용하는 다양한 시도를 제시하고 있다. 이러한 시도를 통해 지역의 소득창출과 사회문화적 자산들을 축적함으로써, 눈덮인 산촌마을의 특화된 발전에 대한 전형을 제시한다.

4) 습지보호를 통한 지속가능발전(전남 순천시, [사례 17])

전라남도 순천시의 경우에도 일본 니가타의 사례와 마찬가지로 자원이라고 인식하지 못했던 순천만의 갈대밭과 갯벌의 가치를 인식하는 데에서부터 녹색성장 잠재력의 활용이 시작된다. 이 잠재력의 활용은 갈대밭과 갯벌을 전략적으로 보존하고 개발과 조화시킴으로써, 지역의 소득창출과 사회문화적 자산들을 축적시키는 과정에서 낙후지역의 특화발전에 대한 시사점을 주고 있다.

3. 유형 3

새로운 녹색산업을 통해 부가가치를 창출하는 것은 가장 이해하기 쉬운 녹색성장의 달성수단이다. 한편, 본 분석의 대상사례에서는 이러한 발전이 새로운 지역정체성을 강화시키면서 주민과 민간의 참여를 촉진시키고, 이러한 참여가 장기적인 과정을 통해 녹색산업의 경쟁력을 더욱 강화시키는 선순환 고리가 형성된다는 점이 제시되고 있다.

1) 'Green-City Freiburg'와 솔라산업(독일 Freiburg, [사례 7])

독일 프라이부르크는 1970년대부터 핵폐기장 반대운동을 시작하면서 시민들의 환경의식이 싹트기 시작했고, 이러한 갈등과정을 거치면서 상생의 방안을 추구한 것이 현재의 명성을 낳는 기반으로 작용한다. 즉, 녹색산업 육성을 위해서는 지식기술의 축적, 인력의 육성, 안정적이고 장기적인 재원의 조달, 새로운 기술에 대한 내수기반, 제도적 추진기반 등이 필요한데, 이를 위해서는 지역주민들의 적극적인 동의와 참여, 지속가능한 삶을 받아들일 수 있는 환경의식 등이 기반이 되어야 정치적 리더십과 경제적 투자, 장기에 걸친 정책의 일관성 등이 보장된다는 점을 제시하고 있다.

2) 건축물 에너지 효율성 제고(스위스 Zurich, [사례 8])

스위스 취리히의 에너지효율 제고사업에서는 특정 기술이나 새로운 방법들이 경제적 성과를 보일 때, 그 확산속도가 매우 빠른 특징을 가지고 있다는 사실을 보여주고 있다. 이러한 확산의 촉진을 위한 다양한 실행수단들이 어떻게 작용되는가를 제시함으로써 특화발전의 전략수립에 많은 시사점을 제공하고 있다.

3) 관광지의 호텔 에너지효율 개선(스페인 Calvia, [사례 9])

스페인의 칼비아의 사례에서도 마찬가지로, 노후된 호텔건물에 기반한 관광업이 소비자나 서비스 공급자 모두에게 있어서 친환경적이지 못한 행태를 개선하고자 하는 지역사회의 현안으로부터 출발한다. 이를 개선하고 지속가능한 행태를 강화시킴으로써 자치단체의 전략적인 대응과 다양한 개선효과를 도출하였고, 이러한 효과들이 참여를 촉진시키며 지역산업의 질적 제고를 달성하는 과정이 제시되고 있다.

4) 아시아 솔라밸리 프로젝트(충청북도 증평군, [사례 18])

국내사례인 충북 증평군을 중심으로 한 아시아 솔라밸리 구축은 국가 및 자치단체의 정책기조와 부합하여 단기간에 태양광 산업단지를 구축한 놀라운 사례로 제시되고 있다. 본 사례에서는 산업입지의 유리한 조건들을 활용한 자치단체의 전략과 의지가 성과를 거둘 수 있으며, 이러한 성과가 지역의 정체성을 강화시키면서 더욱 특화된 발전을 이루게 되는 원동력이 될 수 있다는 시사점을 주고 있다.

4. 유형 4

도시계획과 건축, 교통 등 도시의 기능에 대한 녹색환경 잠재력 요인을 통해 특화발전을 이룩하는 과정은 이러한 도시기능들을 획기적으로 개선시킴으로써, 시민들의 삶의 질과 지역의 경쟁력을 강화시키는 발전과정이 특징적이라 할 수 있다. 본 유형에 속하는 사례들은 강력한 정치적 리더십이나 혹은 거대행사의 유치 등의 계기를 통해 지역기능을 획기적으로 바꾸는 거대계획과 투자가 이루어지며 이러한 과정 속에서 핵심성공요인이 무엇인지를 알려주고 있다.

1) 지속가능 교통체계의 구축(캐나다 Toronto, [사례 10])

토론토의 녹색교통 혹은 지속가능한 교통체계의 도입은 스마트한 신기술을 적용하여 물 흐르는 듯이 다양한 교통수단과 조화된 교통네트워크와 모든 사람을 배려한 형평적 서비스의 제공을 목표로 한다. 이와 같은 새로운 시스템을 통해 환경 및 경제적인 편익뿐만 아니라 관련 기술의 개발과 신산업의 진흥, 지역주민의 실질적인 삶의 질을 개선시킴으로써 지역의 특화된 발전을 달성하는 좋은 수단으로 제시되고 있다.

2) **인간중심의 통합적 도시계획**(브라질 Curitiba, [사례 11])

브라질 쿠리치바의 인간중심적 통합 도시계획의 사례에서도 이와 마찬가지로 도시민들의 삶의 질을 향상시키기 위해서 기존의 도시시스템을 어떻게 개선할 것인가에 대한 고민으로부터 특화발전 전략이 도출되고 있다. 지역주민의 삶의 질 개선을 최우선에 두고 통합적으로 도시기능을 재편하는 전략, 이를 지지하는 강력한 정치적 리더십과 장기에 걸친 꾸준한 추진이 야기시키는 거대한 성과를 확인할 수 있었다.

3) **2012 런던올림픽 프로젝트**(영국 London, [사례 12])

동런던의 도시재생과 친환경성의 제고를 염두에 둔 올림픽의 시설 및 운영계획은 철저한 지속가능발전의 원칙과 이를 지키기 위한 다양한 투자를 시행함으로써, 런던에서 가장 낙후된 지역을 가장 발달된 지역으로 바꾸는 계기로 작용한다. 이와 같이 거대투자가 이루어지는 거대행사의 유치 등이 지역사회의 특화된 발전을 어떻게 유도할 수 있는가를 나타내주는 전형을 제시하고 있다.

4) **공공자전거 프로젝트 누비자**(경남 창원시, [사례 19])

경남 창원시의 공공자전거 누비자 시스템은 자동차에 의존하는 한국 교통체계에 있어서 자전거가 이를 어떻게 혁신시킬 수 있는가에 대한 가능성을 제시하는 사례이다. 본 사례에서는 자전거의 도난과 안전 및 사람들의 편견 등 현존하는 문제점을 해결하기 위한 다양한 제도 및 기술적 실험들을 수행하면서 꾸준히 정책을 환류하고 개선하는 과정이 제시되고 있다.

5. 유형 5

녹색산업과 신재생에너지의 활용, 이를 위한 혁신역량의 강화와 혁신적인 도시기능의 개선 등 전술한 녹색성장 잠재력 요인들을 극대화시키는 발전전략들은 가시적인 목표와 수단들을 가지고 있으며 경제적 혹은 여타의 성과가 크게 나타나는 반면, 동전의 이면이 존재하듯 오히려 가시적인만큼 표면적일 수 있다. 전술한 유형의 사례들에서 제시하는 거대한 성과들은 상당부분 장기적이며, 큰 규모의 투자와 비용 혹은 노력을 수반하고 있는데 이러한 과정 속에는 강력한 리더십이나 제도개선과 같은 정치경제적 요인이나 시민들의 적극적인 참여와 지지 또한 필수적이다. 본 유형에서는 이러한 잠재력 요인들을 극대화시켜 지역의 특화된 발전으로 연계시키는 일련의 사례들로부터 다음과 같은 시사점들을 요약할 수 있다.

1) 녹색역량 강화를 위한 'Live Green Toronto'(캐나다 Toronto, [사례 13])

캐나다의 'Live Green Toronto'의 사례에서는 정치적인 구호가 아닌 실질적 변화를 촉진시키기 위해 지역공동체 단위에서 할 수 있는 다양한 혁신적 사업들이 제시되고 있다. 이러한 사업들 중 흥미로운 것은 풀뿌리 주민조직이 기후변화 대응을 위해서 할 수 있는 조그만 프로젝트들을 발굴하고 지원함으로써 실질적인 변화를 견인하는 것이며, 이러한 변화는 캠페인을 통해 확산된다. 본 사례는 지역발전을 위해서 녹색성장의 하향식 추진체계를 강화해야 함을 알려주고 있다.

2) 화석연료 제로도시로의 시민생활변화 운동(스웨덴 Vaxjo, [사례 14])

스웨덴 벡시에의 사례에서도 마찬가지로, 궁극적인 탄소제로도시라는 이상을 구현하기 위해 시민들의 일상생활 속에서 온실가스의 배출을 저감시킬 수 있는 잠재력을 발견하는 것에 초점을 맞추고 있다. 무엇보다도 중요한 잠재력은 자라나는 학생들과 현재의 시민들의 의식제고임을 깨닫고 TV 프로그램이나 학교의 교육과정을 통해 이를 추진하며 동시에 탄소제로를 위한 일관된 시의 목표를 위한 지지와 참여를 달성하는 전략이 제시되고 있다.

3) 참여적 전략환경계획(포르투갈 Porto Region, [사례 15])

포르투갈 북부의 역사적 항구도시와 낙후 농촌지역으로 구성된 광역의 전략환경계획 수립에 있어서 인근의 어느 한 자치단체만으로는 이를 해결할 수 없음을 깨닫고 자발적인 자치단체간 협력체계를 구축함으로써 이를 추진하는 것이 본 사례의 핵심이다. 본 사례에서는 단계적으로 마을공동체 단위에서 주민이 직접 참여하여 전략을 수립하고 계획을 집행하는 체계를 구축함으로써 소통과 통합에 기여하는 과정이 제시되어 있다.

4) 두꺼비와 공존하는 생태공동체(충북 청주시, [사례 20])

충북 청주시의 원흥이 방죽을 지키려는 시민단체와 이를 개발하려는 시 당국 및 주택공사의 장기적인 대화와 합의를 통한 조화는 원흥이 방죽을 보존하여 이를 생태공원화시킴으로써, 전국적으로 유명한 생태학습장으로 조성하게 한 원동력으로 작용하고 있다. 이후 이러한 협력의 경험은 시와 시민의 적극적 협력에 대한 단초로 작용하는 등 사회문화적 잠재력의 발현이 지역사회를 어떻게 바꿀 수 있는지에 대한 많은 시사점을 제공하고 있다.

제5장 녹색성장형 지역특화발전 전략

제1절 녹색성장형 지역특화발전의 기본방향

1. 분석의 목적과 의의

2008년 8·15 경축사에서 녹색성장을 국가발전의 신 패러다임으로 설정하고, 짧은 기간에 새로운 정책기조의 틀을 짜다보니 한동안 자치단체는 물론 중앙부처에서조차 정책확산 과정에서 혼선을 초래하였다. 녹색성장이란 용어 자체가 생소한 개념이어서 이를 시책화하는데 뚜렷한 준거가 없다보니 모든 중앙부처, 자치단체, 공공기관, 시민단체 등이 녹색성장을 기치로 수많은 구호와 시책을 백가쟁명으로 제시하였다. 그 결과 녹색성장이 아닌 것이 없고 제대로 녹색성장인 것도 없는 이른바 '녹색 피로(疲勞)' 현상이 나타났다.

다행히 저탄소 녹색성장 기본법의 제정과 함께 녹색성장 국가전략과 5개년 계획이 조속히 마련되어, 중앙부처는 부처별 미션에 부합하는 녹색성장 추진방향과 시책을 나름대로 정리할 수 있었지만, 자치단체는 독자적인 녹색성장 추진방향을 제대로 정립하지 못한 채, 중앙의 시책을 모방하거나 타 지역의 시책을 답습하는 경향을 보이고 있다. 정부의 한 조사에 따르면 대다수 국민들이 기후변화 문제를 심각하게 인식은 하면서도 그에 대한 대처는 주로 중앙정부의 몫이라는 인식이 지배적인 것으로 나타났으며,[1] 실제 녹색성장전략의 축이 되는 녹색성장기본법과 녹색성장 5개년 계획의 내용과 절차를 보아도 중앙정부 일변도로 추진되고 있음을 본다. 흔히 그렇듯이 국가적 주요 전략이나 시책이 초기 형성단계에서는 의사결정구조상 불가피하게 중앙 중심으로 진행되는 경향이 있으며, 녹색성장전략과 같이 최고통치자의 의사결정에 따라 추진되는 정책인 경우 더욱 그럴 소지가 크다.

하지만 집행단계에 들어서서도 계속해서 중앙정부 일변도로 일관할 수는 없으며 국민, 자치단체, 기업, NGO 등 사회 구성원 모두가 참여하여 부합하는 역할을 수행해야 총체적인 시너지를 얻을 수 있다. 특히, 녹색성장은 국가 차원에서 기술개발, 제도정비, 인프라 구축 등도 중요하지만, 기후변화의 원인이 되는 사회 전반의 구성요소들의 각각의 대응을 결집시키는 것 또한 매우 중요하기 때문에 기후변화의 원인과 대응의 최일선에 있는 자치단체와 주민의 역할과 실천이 절실히 요구된다.[2] 다만 녹색성장이 바람직한 가치라고 해서 모든 지역이 모든 분야에서 똑같은 노력을 경주할 수는 없으며, 지역의 여건과 특성을 반영하여 선택과 집중을 통한 특화가 이루어져야 정책의 효율성을 제고할 수 있다.

녹색성장형 지역특화발전이란 지역이 보유한 녹색자원과 역량을 최대한 활용하여 에너지 사용과 온실가스 배출을 최소화하면서 그 과정에서 새로운 성장동력을 발굴하여 지역경제를 활성화하고 삶의 질을 제고시키는 발전전략을 말한다. 지역이 이와 같은 녹색성장형 특화발전을 추

---

1) 환경부가 월드리서치를 통해 일반국민 1,040명(95% 신뢰수준에서 최대 허용오차 ±3.04%p)을 대상으로 실시한 설문조사 결과이다('08. 6. 13~16).

2) 이명박 대통령도 2009년 8월 10일 KBS 라디오 연설에서 "많은 시간과 돈이 드는 녹색기술의 개발보다 누구라도 당장 할 수 있는 녹색생활의 실천이 더 중요하다"고 강조함으로써 국민들의 참여의 필요성을 피력했다.

진하기 위해서는 다음의 몇 가지 사항에 유념해야 한다.

첫째, 당해 지역이 보유하고 있는 녹색자원을 파악하고 활용가능성 등 개발역량의 분석이 선행되어야 한다. 녹색성장형 특화발전에서는 녹색성장에 기여할 수 있고 타 지역에 비해 비교우위가 있는 녹색자원의 활용이 가장 중요하기 때문에 인프라, 환경, 인적 자원, 물적 자원 등 녹색부존자원의 정확한 파악이 필요하다. 이때 녹색자원은 현재의 부존 생산량보다는 잠재력, 즉 향후 활용가능성이 보다 의미가 있으므로 녹색자원의 개발역량에 대한 진단과 분석이 이루어진 후 이에 기초한 특화발전을 유도해야 한다.

둘째, 지역경제 활성화와 주민의 삶의 질 향상에 기여해야 한다. 국가적으로 녹색성장의 목표는 기후변화 대응과 신성장동력의 창출이지만, 개별지역으로 나누어서 보면 궁극적으로 주민의 복지 증진과 삶의 질 개선으로 귀착된다. 특히, 녹색성장형 지역발전정책들은 자치단체가 주도적으로 추진해야 할 사업으로 대부분 최종적으로는 삶의 질 개선에 연관된 사업들이기 때문이다. 따라서 자치단체 지역발전의 궁극적 목표는 주민복리와 삶의 질 제고에 있는 만큼 자치단체가 추진하는 지역특화발전사업이 기후변화 대응은 물론, 지역경제 발전과 삶의 질 개선에 직접적으로 연계되도록 노력해야 한다. 지역경제 활성화 및 삶의 질 개선에 대한 기여를 체감하는 정도가 클수록 자치단체사업에 대한 주민참여도 또한 그만큼 커진다.

셋째, 기존의 지역개발사업의 녹색전환(green conversion)이 필요하다. 녹색성장은 새로운 성장 패러다임인 만큼 성장의 과실이 지역에 최대한 수혜될 수 있도록 지방에서도 국가전략에 부합하여 지역발전의 패러다임을 녹색기조로 전환해야 한다. 예산을 포함한 모든 국가자원의 배분이 녹색성장의 기조에 맞추어 이루어지도록 제도개편이 필요하며, 지방에서는 지역발전의 패러다임을 녹색성장으로 전환함으로써 지역에 최대한 수혜가 돌아오도록 전략을 구상해야 한다. 그러기 위해서는 개발지

상주의적 관행에서 벗어나 환경과 자원의 이용을 효율화하고 그 가운데에서 지속가능한 경제발전을 모색하는 지역발전전략을 지향함으로써 국가와 지방이 상생하는 접근이 필요하다.

넷째, 지역특성에 부합하는 신산업을 적극 발굴·육성해야 한다. 녹색성장은 종래의 소극적 지구환경 보전에서 진일보하여 관련 기술을 활용하여 모든 분야에서 저탄소화를 실현하고 신산업을 발굴·육성함으로써 경제성장을 추구하는 전향적 전략이다. 따라서 지역특성을 고려한 첨단기술산업, 신재생에너지 등 에너지효율화산업 등과 같은 하드웨어적 녹색사업뿐만 아니라, 지역 차원에서 주민의 삶의 질을 높이는 녹색소비, 녹색생활과 관련된 영리·비영리 사업 형태의 다양한 소규모 그린비즈니스를 적극 발굴·육성함으로써 소득과 일자리를 창출해야 한다.

다섯째, 녹색성장 잠재력의 유형별 특성에 부합하는 특화발전모델을 구축하기 위한 거점지역을 집중 육성해야 한다. 도시는 인구와 경제활동이 밀집되어 온실가스 배출원으로서 가장 큰 비중을 차지하기 때문에 도시에서부터 저탄소화를 실현하고, 그 과정에서 경제성장과 삶의 질 개선을 함께 추구하는 종합적 녹색성장의 실천수단이 필요하다. 도시 또는 지역의 유형별로 녹색성장을 실천하는 테마형 특화도시를 시범적으로 육성함으로써 녹색성장을 확산시키는 거점으로 활용하여야 한다.

여섯째, 자치단체의 녹색성장형 특화발전을 유도할 수 있도록 관련 제도개선과 추진기반이 마련되어야 한다. 우선 국가 차원에서 지역발전의 양대 상위정책인 녹색성장과 신지역발전의 연계화가 필요하다. 즉, 자치단체의 지역발전정책에 녹색성장이 접목될 수 있도록 계획, 예산, 평가 등의 제도개선이 요구된다. 또한, 자치단체 차원에서도 녹색성장형 특화발전을 촉진할 수 있도록 관련 조례 등 제도정비가 필요하며, 녹색성장형 특화발전이 자치단체만의 사업이 아닌 주민, 기업, 시민단체, NGO 등 모든 구성원의 참여하에 추진될 수 있도록 협력적 거버넌스가 구축되어야 한다.

제2절 녹색성장 잠재력의 유형별 특화발전방안

1. 녹색성장 잠재력 유형별 특성

가. 유형 1의 특성

제2장에서 녹색성장 잠재력 지수에 따라 구분한 5가지 지역유형에 대한 녹색성장형 특화발전전략을 제시하기에 앞서 각 유형별 특성을 살펴보기로 한다. 먼저 유형 1은 〈표 5-1〉에서 보는 바와 같이 기본적으로 녹색경제 잠재력과 녹색사회문화 잠재력이 모두 높은 지역에 해당하며, 강원도와 전라남도 및 경상남도가 이 유형에 속한다. 유형 1에 속하는 지역의 가장 큰 특징은 녹색경제 잠재력 중에서 상대적으로 인당 신재생에너지 잠재량이 많고, 신재생에너지 소비 비중이 높아서 녹색산업을 육성하기에 유리한 지역이다. 인당 신재생에너지 잠재량이 75백분위수 이상으로 많지 않다고 하더라도 경상남도와 같이 기업의 녹색경영이 상당히 활성화되어 있고, 하수 폐기물 처리 원료재생 및 환경복원업 사업체 수가 많은 지역일 경우 유형 1에 포함된다. 동시에 온실가스 감축목표를 수립하고, 녹색성장 관련 법규를 제정하는 등 녹색성장과 관련된 제도를 마련하고, 녹색생활을 실천하는 녹색사회문화 잠재력도 상대적으로 높은 지역이라 할 수 있다.

강원도의 경우 연안에 대규모 바다숲을 조성하여 탄소 흡수원을 확충시키고, 폐기물에너지타운과 해양에너지벨트 등 그린에너지산업을 육성하는 전략을 추진하고 있으며, 전남의 경우에도 지자체 차원에서 해상풍력단지를 조성하고 아시아 탄소금융허브를 구축하는 등의 노력을 하고 있어, 향후 이들 지역의 녹색경제 잠재력은 녹색생활의 바탕하에서 더 커질 것으로 예상된다. 또한, 유형 1에 속하는 지역은 녹색경제와 사회문화 잠재력이 크지만 〈표 5-2〉에서 보는 바와 같이 인당 온실가스 및

표 5-1 유형 1의 해당지역과 특징

<table>
<tr><th rowspan="2">유형 1</th><th rowspan="2">해당
지역</th><th colspan="4">잠재력 지표</th><th rowspan="2">종합
지수</th></tr>
<tr><th>경제
지표</th><th>혁신
지표</th><th>사회
문화
지표</th><th>환경
지표</th></tr>
<tr><td rowspan="4">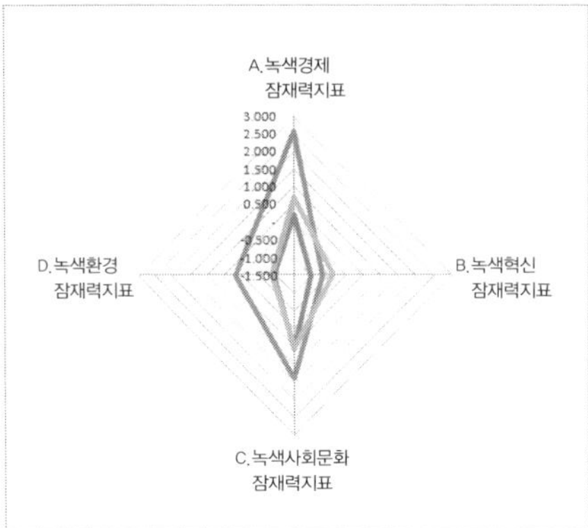</td><td>강원</td><td>◆◆</td><td>–</td><td>◆◆</td><td>◆</td><td>◆</td></tr>
<tr><td>전남</td><td>◆</td><td>–</td><td>◆◆</td><td>–</td><td>–</td></tr>
<tr><td>경남</td><td>◆</td><td>◇</td><td>◆</td><td>◇</td><td>–</td></tr>
<tr><td colspan="6">· 신재생에너지 잠재량이 많고, 신재생에너지 소비 비중이 높으며, 하수폐기물 처리 원료재생 및 환경복원업체 수가 많은 지역
· 온실가스 감축목표를 수립하고, 녹색성장 관련 법규를 제정하며, 녹색생활을 실천하는 비율이 상대적으로 높은 지역</td></tr>
</table>

주: ◆◆: 75백분위수 이상, ◆: 50백분위수~75백분위수, ◇: 25백분위수~50백분위수, –: 25백분위수 이하를 의미함.

표 5-2 유형 1의 지표 특성

<table>
<tr><th rowspan="2">유형 1</th><th colspan="2">A(경제지표)</th><th colspan="2">B(혁신지표)</th><th colspan="2">C(사회문화지표)</th><th colspan="2">D(환경지표)</th><th rowspan="2">온실
가스
배출량</th><th rowspan="2">대기오염
물질
배출량</th></tr>
<tr><th>A1</th><th>A2</th><th>B1</th><th>B2</th><th>C1</th><th>C2</th><th>D1</th><th>D2</th></tr>
<tr><td>강원</td><td>◆◆</td><td>◇</td><td>–</td><td>–</td><td>◆◆</td><td>◆◆</td><td>◆◆</td><td>–</td><td>◆◆</td><td>◆◆</td></tr>
<tr><td>전남</td><td>◆◆</td><td>–</td><td>–</td><td>–</td><td>◆</td><td>◆</td><td>◇</td><td>–</td><td>◆◆</td><td>◆◆</td></tr>
<tr><td>경남</td><td>◆</td><td>◇</td><td>◇</td><td>◇</td><td>◆</td><td>◆◆</td><td>◆</td><td>–</td><td>◇</td><td>◆</td></tr>
</table>

주: 1) ◆◆: 75백분위수 이상, ◆: 50백분위수~75백분위수, ◇: 25백분위수~50백분위수, –: 25백분위수 이하를 의미함.

2) A1: 녹색산업육성, A2: 에너지효율 향상, B1: 녹색인적자원 확보, B2: 녹색지식자원 확보, C1: 녹색제도 및 추진체계 구축, C2: 녹색생활, D1: 녹색지역 및 건축물, D2: 녹색교통

대기오염물질 배출량도 상대적으로 많은 지역에 속한다.

나. 유형 2의 특성

유형 2는 녹색혁신 잠재력과 녹색환경 잠재력이 모두 높은 지역으로 서울과 경기도 및 대전광역시가 이에 해당한다. 유형 2에 속하는 지역들은 다른 어느 지역보다 인당 연구개발 인력과 전문가가 풍부하고, GRDP당 연구개발 투자총액 및 특허건수 등 녹색인적자원과 지식자원을 타 지역에 비해 월등하게 많이 보유하고 있는 지역이다. 특히, 대전광역시의 경우 정부출연 연구원과 민간기업 연구기관이 집적해 있으며, 대기업과 중소기업 및 벤처기업과 대학의 산학연 협력체계가 잘 구축되어 있는 지역이기도 하다.

또한, 유형 2는 서울을 비롯한 대도시와 인접지역으로 건물부문에 투자하는 GRDP당 에너지 절약 투자액이 타 지역에 비해 훨씬 많고, 전반적으로 교통혼잡이 가중되어 지자체 차원에서 대중교통 이용활성화 시책을 적극적으로 펼치고 있어 대중교통 분담률이 높으며, 인당 천연가스버스 보급현황도 많은 특징을 가지고 있다. 뿐만 아니라 전반적으로 용도지역의 도시지역 중에서 녹지지역이 차지하는 비율이 타 지역에 비해 상당히 높은 지역이기도 하다.

서울시는 2010년부터 2014년까지를 저탄소 녹색성장을 위한 착수 및 전환기로 설정하고, 기후친화도시 · 녹색성장도시 · 고도적응도시의 비전을 이룩하기 위해서 온실가스의 90% 이상이 배출되는 건물 · 수송분야에 정책역량을 집중시키고 있으며, 공공건물의 그린빌딩 1등급을 의무화하고 전기버스와 하이브리드버스 및 전기택시 등 녹색교통수단을 보급시키고 있다. 따라서 서울시의 경우 대표적으로 건물과 교통의 그린혁명을 시도하고 있다고도 볼 수 있는데, 이는 유형 2의 특징과 맥락을 같이 하고 있다. 경기도 역시 대중교통 이용 활성화 측면에서 수도권 광역급행철도인 GTX 노선을 계획하고 있어 녹색환경 잠재력이 높은 지역이다.

표 5-3 유형 2의 해당지역과 특징

<table>
<tr><th rowspan="2">유형 2</th><th rowspan="2">해당 지역</th><th colspan="4">잠재력 지표</th><th rowspan="2">종합 지수</th></tr>
<tr><th>경제 지표</th><th>혁신 지표</th><th>사회 문화 지표</th><th>환경 지표</th></tr>
<tr><td rowspan="4">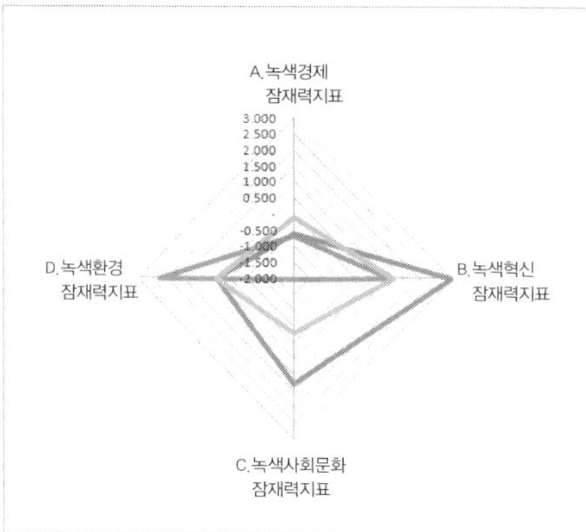
</td><td>강원</td><td>–</td><td>◆◆</td><td>–</td><td>◆◆</td><td>–</td></tr>
<tr><td>전남</td><td>◇</td><td>◆◆</td><td>◆◆</td><td>◆</td><td>◆◆</td></tr>
<tr><td>경남</td><td>◆</td><td>◆◆</td><td>◇</td><td>◆</td><td>◆◆</td></tr>
<tr><td colspan="6">· 녹색인적자원과 지식자원을 상대적으로 많이 확보하고 있는 지역
· 건물부문의 에너지 절약 투자액이 많고, 녹지지역 비율이 상대적으로 높은 지역
· 대중교통 이용이 활성화되어 있거나, 저탄소 교통수단 보급실적이 상대적으로 높은 지역</td></tr>
</table>

주: ◆◆: 75백분위수 이상, ◆: 50백분위수~75백분위수, ◇: 25백분위수~50백분위수, –: 25백분위수 이하를 의미함.

표 5-4 유형 2의 지표 특성

유형 2	A(경제지표)		B(혁신지표)		C(사회문화지표)		D(환경지표)		온실 가스 배출량	대기오염 물질 배출량
	A1	A2	B1	B2	C1	C2	D1	D2		
서울	–	◆◆	◆◆	◆◆	◆	–	◆	◆◆	–	–
대전	◇	◆	◆◆	◆◆	◆◆	◇	◆	◆	–	–
경기	◇	◆	◆◆	◆◆	◆	–	◇	◆	◇	◇

주: 1) ◆◆: 75백분위수 이상, ◆: 50백분위수~75백분위수, ◇: 25백분위수~50백분위수, –: 25백분위수 이하를 의미함.

2) A1: 녹색산업육성, A2: 에너지효율 향상, B1: 녹색인적자원 확보, B2: 녹색지식자원 확보, C1: 녹색제도 및 추진체계 구축, C2: 녹색생활, D1: 녹색지역 및 건축물, D2: 녹색교통

다. 유형 3의 특성

유형 3에 속해 있는 충청북도와 전라북도 및 경상북도 지역은 녹색경제 잠재력이 상당히 높은 특성을 가지고 있다. 즉, 인당 신재생에너지 잠재량이 높을 뿐만 아니라 신재생에너지 소비 비중도 높고, 녹색산업의 육성 측면에서 인당 녹색경영을 실천하는 기업과 기술혁신형 중소기업, 환경친화기업, 그리고 하수 폐기물 처리 원료재생 및 환경복원업 사업체 수가 전반적으로 많은 지역이다. 그러나 기타 녹색혁신 잠재력과 녹색사회문화 잠재력 및 녹색환경 잠재력은 모두 상당히 낮은 반면, 인당 온실가스와 대기오염물질 배출량은 많은 특성을 가지고 있다.

유형 3이 녹색경제 잠재력이 크다는 사실은 충청북도가 현재 태양광 관련 기업들이 타 지역에 비해 유난히 많고, 전라북도는 저탄소 녹색성장의 시범지역이라 할 수 있는 새만금지역이 위치하고 있으며, 경상북도는 국내 최대의 에너지산업 집적지이자[3] 첨단산업의 요충지라는 지역적 특징과 일맥상통하는 특성이라 할 수 있다.

이에 더해 충청북도는 청주에서 청원, 증평, 진천, 괴산, 음성 및 충주에 이르는 아시아 솔라밸리를 육성할 계획을 가지고 있고, 전라북도는 새만금 풍력산업 클러스터를 비롯하여 LED 특화산업 클러스터 및 신재생에너지단지를 조성할 계획을 가지고 있으며, 경상북도는 신재생에너지산업 대규모 유치계획을 세우고 있어, 이 유형에 속한 지역들의 향후 녹색경제 및 에너지산업의 발전전망은 매우 밝은 편이다.

3) 경상북도는 국내 원전의 50%에 해당하는 원자력발전소 10기가 이곳에 위치해 있어, 전력생산의 40%를 담당하는 에너지생산 집적지이다.

표 5-5 유형 3의 해당지역과 특징

유형 3

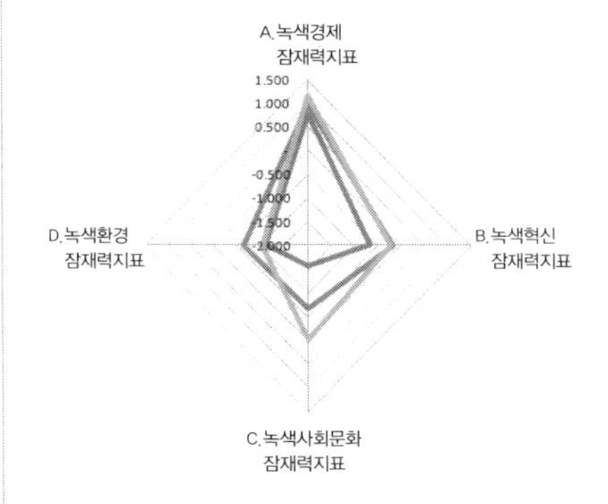

해당지역	잠재력 지표				종합지수
	경제지표	혁신지표	사회문화지표	환경지표	
충북	◆◆	◆	–	◇	–
전북	◆◆	–	–	–	◆
경북	◆◆	◆	◆	–	◆◆

- 신재생에너지 잠재량이 많고, 신재생에너지 소비 비중이 상대적으로 높은 지역
- 기술혁신형 중소기업 수(Innobiz)가 많고, 환경친화기업과 하수폐기물 처리 원료재생 및 환경복원업 사업체 수가 많은 지역

주: ◆◆: 75백분위수 이상, ◆: 50백분위수~75백분위수, ◇: 25백분위수~50백분위수, –: 25백분위수 이하를 의미함.

표 5-6 유형 3의 지표 특성

유형 3	A(경제지표)		B(혁신지표)		C(사회문화지표)		D(환경지표)		온실가스 배출량	대기오염물질 배출량
	A1	A2	B1	B2	C1	C2	D1	D2		
충북	◆◆	◇	◆	◆	–	◆◆	◆	◇	◆	◆
전북	◆	◆	–	◇	–	◆	–	◇	◆	◇
경북	◆◆	–	◆	◆	◇	◆	◇	◇	◆◆	◆

주: 1) ◆◆: 75백분위수 이상, ◆: 50백분위수~75백분위수, ◇: 25백분위수~50백분위수, –: 25백분위수 이하를 의미함.
2) A1: 녹색산업육성, A2: 에너지효율 향상, B1: 녹색인적자원 확보, B2: 녹색지식자원 확보, C1: 녹색제도 및 추진체계 구축, C2: 녹색생활, D1: 녹색지역 및 건축물, D2: 녹색교통

라. 유형 4의 특성

부산광역시, 대구광역시, 인천광역시 및 광주광역시가 포함되어 있는 유형 4는 녹색지역과 건축물, 녹색교통 등 녹색환경 잠재력이 높은 지역이다. 특히, 녹색교통과 관련되는 항목들, 즉 대중교통 분담률과 대표적인 저탄소 녹색교통수단이라 할 수 있는 자전거의 총 도로연장당 자전거 도로연장 비율이 모두 상당히 높으며, 인당 천연가스버스도 널리 보급되어 있어, 전체적으로 녹색환경 잠재력이 높게 산출된 지역이라 할 수 있다. 더불어 건물부문의 에너지절약 투자액도 상대적으로 많은 특성을 가지고 있어 녹색교통뿐만 아니라 녹색지역의 특성도 일부 가지고 있는데, 특히 광주광역시의 경우 전국에서 녹지율이 가장 높아 2008년에 환경부로부터 기후변화대응 시범도시로 선정된 바 있다.

모두 광역시에 해당하는 유형 4는 특히 신재생에너지 잠재량이 부족하고, 신재생에너지 소비 비중도 낮은 편이라 녹색경제 잠재력이 타 유형에 비해 상당히 낮다는 공통점도 가지고 있다.[4] 그러나 현재 부산광역시는 기존 산업과 관련된 부품소재를 녹색화하고 해상풍력발전과 수소에너지 개발 및 생곡매립장 LFG 발전 등을 추진하고 있으며, 대구광역시는 7대 핵심녹색기술을 태양전지, 태양열, 연료전지, 지능형 교통, LED, 전력 IT, 폐기물 에너지화로 선정하여 추진하고 있고, 인천광역시는 조력, 풍력, 조류 발전단지 조성과 청정해양산업 육성 및 녹색기술개발을, 마지막으로 광주광역시는 에코폐기물 에너지타운 조성 및 친환경 대체에너지 활용 활성화방안을 추진하고 있어, 이러한 지자체별 녹색성장 실천계획이 차질 없이 시행된다면 향후 녹색경제 잠재력을 증대시킬 가능성은 충분히 존재한다고도 볼 수 있다.

---

4) 인천광역시의 경우 예외적으로 녹색경영을 실천하는 ISO 14001 기업 수는 타 지역에 비해 상당히 많은 편이기는 하다. 그러나 지표의 특성상 하나의 항목값이 높다고 해서 종합지표의 값이 높게 나타나지는 않기 때문에 전반적인 지표값이 낮게 나타난 결과에 해당한다.

표 5-7 유형 4의 해당지역과 특징

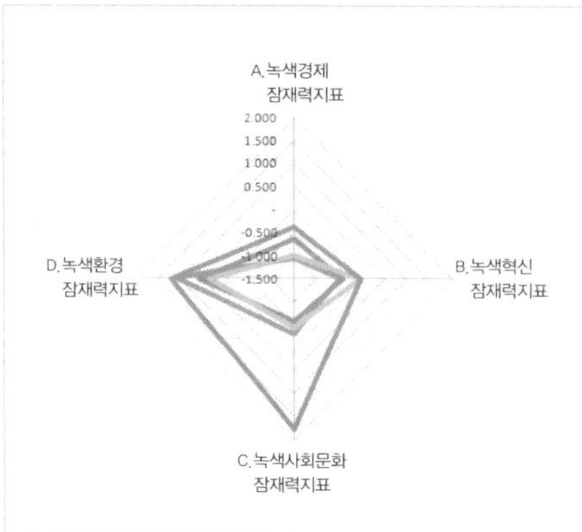

유형 4 해당지역	잠재력 지표: 경제지표	혁신지표	사회문화지표	환경지표	종합지수
부산	–	◇	◇	◆◆	◆
대구	◇	◇	–	◆◆	◇
인천	–	◆	◇	◆	◇
광주	◇	◆	◆◆	◆◆	◇

· 건물부문의 에너지 절약 투자액이 상대적으로 많은 지역
· 대중교통수단 분담률이 상대적으로 높은 지역
· 자전거도로와 같은 녹색교통망을 확충하거나, 천연가스 시내버스와 같은 저탄소 교통수단 보급실적이 높은 지역

주: ◆◆: 75백분위수 이상, ◆: 50백분위수~75백분위수, ◇: 25백분위수~50백분위수,
–: 25백분위수 이하를 의미함.

표 5-8 유형 4의 지표 특성

유형 4	A(경제지표)		B(혁신지표)		C(사회문화지표)		D(환경지표)		온실가스 배출량	대기오염물질 배출량
	A1	A2	B1	B2	C1	C2	D1	D2		
부산	–	◆	◇	◇	◇	◇	◆◆	◆◆	◇	◇
대구	–	◆◆	◇	◇	–	◇	◇	◆◆	–	–
인천	◇	◇	◆	◆	◇	◇	–	◆◆	◆	◆
광주	◇	◆◆	◆	◆	◆◆	–	◆◆	◆	–	–

주: 1) ◆◆: 75백분위수 이상, ◆: 50백분위수~75백분위수, ◇: 25백분위수~50백분위수,
–: 25백분위수 이하를 의미함.
2) A1: 녹색산업육성, A2: 에너지효율 향상, B1: 녹색인적자원 확보, B2: 녹색지식자원 확보, C1: 녹색제도 및 추진체계 구축, C2: 녹색생활, D1: 녹색지역 및 건축물, D2: 녹색교통

마. 유형 5의 특성

마지막으로 유형 5에 해당하는 나머지 지역들, 즉 울산광역시와 충청남도 및 제주도는 녹색사회문화 잠재력형으로 지역유형 구분 기준에 따라 유형 5에 포함을 시키긴 하였으나, 사실상 녹색경제 잠재력, 녹색혁신 잠재력, 녹색환경 잠재력 등 모든 잠재력이 취약하고 녹색사회문화 잠재력은 약간 높은 지역이라 할 수 있다. 그럼에도 불구하고 울산광역시는 특히 녹색성장 잠재력은 모든 항목에 걸쳐 취약하지만, 인당 온실가스와 대기오염물질 배출량은 전국에서 가장 많은 지역이기도 하다. 따라서 유형 5에 속해 있는 지역들은 전반적으로 모든 잠재력이 취약하기 때문에 나름대로의 지역특성을 살려 녹색성장을 실천해 나가야 할 것으로 사료된다.

표 5-9 유형 5의 해당지역과 특징

<table>
<tr><th rowspan="2">유형 5
(녹색사회문화 잠재력형)</th><th rowspan="2">해당
지역</th><th colspan="4">잠재력 지표</th><th rowspan="2">종합
지수</th></tr>
<tr><th>경제
지표</th><th>혁신
지표</th><th>사회
문화
지표</th><th>환경
지표</th></tr>
<tr><td rowspan="4">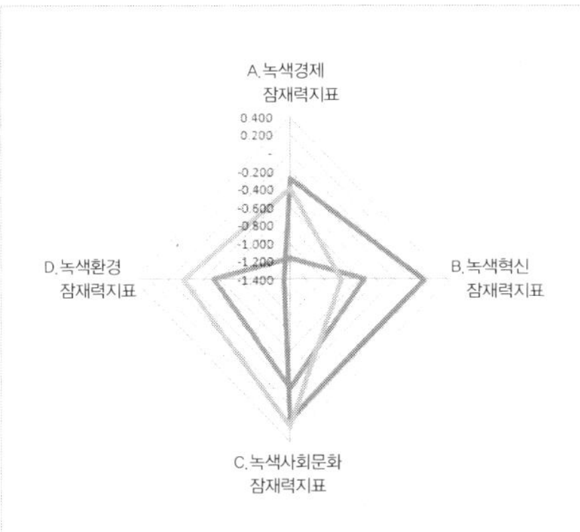
</td><td>울산</td><td>–</td><td>◇</td><td>◇</td><td>◇</td><td>◆◆</td></tr>
<tr><td>충남</td><td>◆</td><td>◆◆</td><td>◆</td><td>–</td><td>◆</td></tr>
<tr><td>제주</td><td>◇</td><td>–</td><td>◆</td><td>◇</td><td>◇</td></tr>
<tr><td colspan="6">· 온실가스 감축목표를 수립하고 녹색성장 홍보교육을 실시하는 등의 노력을 기울이고는 있으나, 전반적으로 모든 잠재력이 취약한 지역</td></tr>
</table>

주: ◆◆: 75백분위수 이상, ◆: 50백분위수~75백분위수, ◇: 25백분위수~50백분위수,
–: 25백분위수 이하를 의미함.

표 5-10 유형 5의 지표 특성

유형 5	A(경제지표)		B(혁신지표)		C(사회문화지표)		D(환경지표)		온실 가스 배출량	대기오염 물질 배출량
	A1	A2	B1	B2	C1	C2	D1	D2		
울산	◆	–	◇	–	◇	◆	–	◆	◆◆	◆◆
충남	◆	–	◆◆	◆◆	–	◆◆	–	–	◆	◆◆
제주	–	◆◆	–	–	◆◆	–	◆◆	◇	◇	◇

주: 1) ◆◆: 75백분위수 이상, ◆: 50백분위수~75백분위수, ◇: 25백분위수~50백분위수, –: 25백분위수 이하를 의미함.
2) A1: 녹색산업육성, A2: 에너지효율 향상, B1: 녹색인적자원 확보, B2: 녹색지식자원 확보, C1: 녹색제도 및 추진체계 구축, C2: 녹색생활, D1: 녹색지역 및 건축물, D2: 녹색교통

2. 녹색성장 잠재력 유형별 특화발전방향

가. 유형 1의 특화발전방향

유형 1 지역은 기본적으로 녹색경제 잠재력과 녹색사회문화 잠재력이 모두 높은 지역에 해당하기 때문에 신재생에너지 중심의 성장동력 발굴과 전통산업의 녹색화에 중점을 둔 특화발전이 바람직하다. 아울러 녹색성장에 대한 자치단체 차원의 열의와 참여도 높은 편이어서, 녹색생활을 실천하는 커뮤니티차원의 다양한 특화사업을 발굴·육성할 필요가 있다.

강원도는 이미 관광산업이 특화된 지역이므로 풍부한 산림과 해양자원을 바탕으로 Eco-City 등과 연계한 관광산업을 육성하고, 백두대간의 삼림자원을 활용한 바이오매스 목재펠릿 생산, 해양자원을 활용한 바다숲 조성 등 신재생에너지 산업을 적극 육성한다. 전남의 경우에는 아시아 탄소금융의 허브로 발전하기 위해서는 우선적으로 부족한 녹색기술인력 확충 및 녹색연구개발을 활성화해야 하며, 광주를 거점으로 하는 광역경제권 차원의 녹색기술혁신 네트워크의 활용을 적극 모색해야 한다. 동시에 농산업 분야의 신녹색산업을 발굴·육성하고, 기존산업의 녹색화 전략을 동시에 추구하는 것이 바람직하다. 경남은 이미 특화된 해상풍력,

표 5-11 유형 1의 특화발전방향

지 역	발전방향
기본방향	· 신재생에너지 중심 성장동력 발굴 및 전통산업 녹색화 · 녹색생활 실천 관련 비즈니스 육성
강 원	· 녹색자원 활용 생태관광 활성화 · 산림, 해양자원 활용 신재생에너지 산업 육성
전 남	· 녹색 R&D 활성화 · 농산업 분야 신녹색산업 발굴·육성
경 남	· 해상, 풍력, 교통 분야 그린비즈니스 육성 · 성과중심 연구관리체계 확립

에너지, 교통 등 분야에서 새로운 그린비즈니스를 발굴·육성하며, 상대적으로 우수한 연구인력과 R&D 투자가 특허 등 혁신성과로 선순환적으로 연결될 수 있도록 성과중심의 연구관리체계를 강화하도록 한다.

나. 유형 2의 특화발전방향

유형 2에 해당하는 지역은 녹색혁신 잠재력과 녹색환경 잠재력이 모두 높은 지역으로 서울에서 대전을 연결하는 범수도권지역이다. 특히, 다른 어느 지역보다 녹색인적자원과 지식자원을 많이 보유하고 있는 지역이기 때문에 첨단 녹색기술개발을 선도하고, 녹색사업클러스터 조성을 통한 그린비즈니스 육성과 녹색일자리 창출에 주력해야 한다. 뿐만 아니라 거의 대부분이 도시로 구성되어 있고, 우리나라 도시인구의 절반 이상을 차지하는 지역인 만큼 주택, 건축, 교통부문의 녹색화를 추진하고 녹색생활 실천에 관련된 도시형 그린비즈니스를 육성하는 것이 바람직하다.

먼저 서울은 서비스업의 비중이 90%를 육박하는 바, 녹색금융, 녹색컨설팅 등 녹색서비스산업을 전략적으로 육성하고 인천, 경기 등 수도권지역의 제조업 분야의 녹색화를 지원함으로써, 총체적으로 시너지를 제고해야 한다. 또한, 자체적으로는 온실가스의 90% 이상이 배출되는 건물·수송분야의 녹색화에 역량을 집중시켜 저탄소도시를 구현하도록 노력해야 한다. 대전은 정부출연연구원과 민간기업 연구기관이 집적해 있으며, 기업과 대학의 산학연 협력체계가 잘 구축되어 있어 우수한 인적·지식 자원과 연구개발 능력을 보유하고 있으므로, 지역 범위를 넘어 국가혁신체제(NIS)상 지역의 녹색혁신을 지원하는 녹색지식의 공급자 역할을 담당해야 한다. 대표적인 R&D 클러스터인 만큼 향후 녹색지식서비스를 타 지역에 공급하는 역할을 확대하기 위하여 녹색지식공급망(Green Knowledge Supply Chain)을 구축하고(이윤준, 2010), 이를 기초로 충남·북의 녹색산업을 지원하고 과학비즈니스벨트와의 연계를 통해 기초·원천 지식의 산출 및 유통·활용을 기반으로 하는 특화발전을 도모하는 것이 바람직하다. 경기는 상대적으로 우수한 녹색기술인력을 충분히 활용하여 신재생에너지 및 녹색산업의 성장동력화가 가능하도록 녹색산업클러스터를 적극 조성하고, 그린비즈니스 육성을 위해 조세 및 금융지원제도를 포함하는 녹색혁신지원제도의 강화가 필요하다.

표 5-12 유형 2의 특화발전방향

지 역	발전방향
기본방향	· 첨단 녹색기술개발 선도 및 녹색산업클러스터 조성 · 녹색도시 추진 및 도시형 그린비즈니스 육성
서 울	· 녹색서비스산업 전략적 육성 · 건축, 교통 등 도시 녹색화와 저탄소도시 추진
대 전	· 녹색지식공급망 구축 · 기초·원천기술 기반의 특화발전 추진
경 기	· 녹색산업클러스터 조성 · 그린비즈니스를 위한 녹색혁신지원제도 강화

다. 유형 3의 특화발전방향

유형 3에 속해 있는 지역은 장래 녹색경제 및 녹색산업 잠재력은 매우 높지만, 현재의 녹색혁신·녹색사회문화·녹색환경 등의 수준은 상당히 낮고 온실가스와 대기오염물질 배출량도 많은 실정이어서 우선적으로는 녹색기술 관련 인적 자원을 보충하고 연구개발투자를 제고할 필요가 있다. 아울러 현재 주력하고 있는 태양광발전 등 신재생에너지 관련 녹색산업을 주력산업으로 특화하는 것이 바람직하다. 또한, 농산촌지역이 많은 이 지역에서는 산간지역을 중심으로 생태자원을 활용한 체류형 녹색관광을 활성화하고, 지역특화산업과 연계하는 융복합화를 통해 서비스형 6차 산업을 발굴·육성함으로써 소득과 일자리 창출을 도모할 필요가 있다.

충북은 현재 태양광 관련 기업들이 타 지역에 비해 유난히 많고, 아시아 솔라밸리를 육성할 계획을 가지고 있기 때문에 태양광산업을 특화하되, 충청권 광역경제권 차원에서 인적자원과 지식자원을 공급받는 혁신네트워크를 강화해야 한다. 전북은 제조업부문의 녹색혁신역량이 특히 낮고 농업부문의 비중이 상대적으로 크기 때문에 농산업, 농식품, 바이오 관련 녹색산업과 그린비즈니스를 전략적으로 육성하고, 이를 위한 농산업 R&D의 활성화를 유도해야 한다. 농산업에 기반한 녹색산업의 특성화 거점 및 국가 신성장 동력, 광역경제권 선도사업, 대형 국책사업 등과 연계한 지역별 특화분야 녹색거점 조성을 적극 추진할 필요가 있다. 예컨대, 국가식품클러스터 조성과 관련하여 전북혁신도시에 농진청 산하 연구기관인 식품개발연구원의 이전이 확정되어 있으며, 광역경제권 선도사업으로는 신재생에너지 광소재분야를 선도 및 전략산업으로 지정·육성 중이어서, 이와 같은 대형 국책사업과 연계하여 녹색산업화를 지역 내에 확산시켜야 한다. 또한, 중장기적으로는 새만금지역 및 인근 지역을 풍력산업, LED 특화산업, 신재생에너지산업 등의 클러스터로 조성하여 저탄소 녹색성장의 상징적 시범지역으로 발전시켜야 한다.[5]

---

5) 새만금 인근 군산지역에는 최근 유치된 현대중공업 풍력, 동양제철화학 태양전지 등을 중심으로 신재생에너지 분야의 관련 업체가 집적화되고 있어, 신재생에너지 분야

경북은 기존 산업의 에너지 소비와 CO_2 배출량이 커서 환경 및 에너지 성과가 낮은 것이 취약점이기 때문에 철강, 전기, 전자 등 기존 주력산업의 녹색화를 적극 추진해야 한다. 기존산업 분야에 대한 EMS(Energy Management System) 도입이나 IT 접목 등을 통해 녹색화를 촉진하고, 제조업의 서비스화 등 에너지 저소비-저탄소형 산업구조로의 빠른 전환이 요구된다. 신성장동력으로는 현재 가장 특화되어 있는 신재생에너지 관련 산업을 주력 녹색산업으로 육성하는 것이 바람직하다. 한편, 산업지역인 남부와 달리 경북 중북부 내륙지역은 백두대간의 산림자원 등을 활용한 체류형 녹색치유 관광명소를 조성하고, 새로운 관광트렌드에 부합하는 감성관광을 위한 기반구축과 지역밀착형 생활자원의 관광화를 추진함으로써, 녹색생태관광의 시범지역으로 육성할 필요가 있다.[6]

표 5-13 유형 3의 특화발전방향

지 역	발전방향
기본방향	· 신재생에너지 관련 녹색산업 육성 · 생태관광 활성화 및 6차 산업 발굴·육성
충 북	· 태양광 산업 특화 · 녹색기술혁신 네트워크 강화
전 북	· 농산업, 농식품, 바이오 관련 녹색산업 특화 · 새만금 일대 신재생에너지 클러스터 육성
경 북	· 기존 주력산업의 녹색화 추진 · 신재생에너지 관련 신산업 발굴·육성 · 북동부 내륙지역의 생태관광 활성화

산업클러스터 조성의 전망이 매우 밝다.

6) 예를 들면 영주에는 전통자원의 치유력과 효능체험을 극대화하는 관광, 상주에는 지역 명장의 숨결을 체험하는 관광, 문경에는 (留)휴양촌 조성, 예천에는 백두대간 곤충놀이나라 조성, 봉화에는 산림자원을 활용한 체류형 관광단지 조성 등을 계획하고 있다.

라. 유형 4의 특화발전방향

유형 4에 속하는 지역은 모두 광역시들로써 녹지 확보와 건축, 교통 등 도시의 녹색환경 잠재력이 높지만, 신재생에너지에 대한 여건은 양호하지 못해서 생산이나 소비가 모두 낮은 지역이다. 따라서 유형 2 지역과 마찬가지로 도시환경의 녹색화 및 녹색생활의 실천과 관련한 도시형 그린비즈니스를 활성화하고 녹색일자리를 창출하는데 주력하며, 아울러 불리한 여건에서도 기존 산업 및 부품의 녹색화와 신성장동력으로서 폐기물 처리, 에너지 효율화 관련 녹색산업을 적극 발굴·육성할 필요가 있다.

부산은 녹색인적자원이 부족하기 때문에 가급적 도시에 소재한 기존 산업과 관련된 부품소재를 녹색화에 주력하고, 이미 계획한 해상풍력발전과 수소에너지 개발 및 LFG 발전 등을 녹색산업으로 특화발전시키며, 아울러 제2의 대도시이자 항구도시로서 가용토지 부족을 극복하고 시민의 삶의 질을 향상시키기 위하여 생태하천, 산책길 및 생태자원을 활용한 가족공원 등 녹색환경 조성을 적극 추진한다.

대구는 7대 핵심녹색기술로 태양전지, 태양열, 연료전지, 지능형 교통, LED, 전력 IT, 폐기물 에너지화 등을 선정하여 녹색산업육성을 추진하고 있으나, 녹색선도도시로 발돋움하기 위해서는 부족한 녹색인적자원의 확보와 녹색지식자원의 창출역량의 확대가 시급히 요구된다. 또한, 첨단의료복합단지를 활용한 Green Health Care 산업 등 녹색서비스산업 육성을 위한 서비스 R&D를 활성화하고, 이를 지원하기 위한 자치단체 차원의 녹색성장 관련 제도를 적극 도입할 필요가 있다.

인천은 기업부문의 우수한 녹색혁신역량 잠재력이 발휘되어 성장동력으로 이어질 수 있도록 친환경 자동차 부품 등 지역특성을 살린 녹색신산업을 발굴·육성하되, 자체적으로는 녹색인적자원과 지식자원이 상대적으로 부족하기 때문에 서울과 경기의 녹색인적자원 및 지식자원과의 연계 교류가 필요하다. 또한, 기존 산업의 녹색화와 관련하여 남동공단

표 5-14 유형 4의 특화발전방향

지 역	발전방향
기본방향	· 도시환경의 녹색화 및 도시형 그린비즈니스 발굴 · 지원 · 폐기물 처리, 에너지 효율화 관련 녹색산업 육성
부 산	· 기존 산업 부품소재의 녹색화 · 해상풍력, 수소에너지 등 녹색산업 특화 · 도시 녹색환경 조성
대 구	· 에너지 효율화 관련 녹색산업 육성 · Green Health Care 산업 특화
인 천	· 서울, 경기와의 녹색기술 지역혁신체계 구축 · 인근 도서지역의 신재생에너지 및 청정해양산업 육성
광 주	· 환경 및 에너지산업 특화 · 농업, 바이오 분야 녹색산업 발굴 · 육성

등 기존 제조업체 중심의 산업인력의 고도화가 이루어질 수 있도록 필요한 지식 인력을 서울과 경기에서 공급받을 수 있도록 지역혁신체계의 구축이 필요하며, 이를 통해 지역 간 녹색기술 이전을 활성화해야 한다. 아울러 인천 인근의 도서지역을 중심으로 조력, 풍력, 조류 발전단지 조성과 청정해양산업 육성 및 관련 녹색기술개발을 적극 추진하여 청정해양도시로 탈바꿈하는 노력이 필요하다.

광주는 에코폐기물 에너지타운 조성 및 친환경 대체에너지 활용 활성화 등 환경 및 에너지산업에 주력하고 있다. 이에 더하여 광주는 녹색인적자원과 연구개발능력이 상대적으로 축적되어 있기 때문에 이를 기초로 특히 농업, 바이오 분야의 녹색산업을 전략적으로 육성함으로써 대단위 시장을 창출하는 전략을 구상할 필요가 있다.

마. 유형 5의 특화발전방향

유형 5에 해당하는 지역들은 대체로 녹색사회문화 잠재력을 제외한 경제, 산업, 환경 등의 잠재력이 취약하기 때문에 각자의 지역특성을 살

표 5-15 유형 5의 특화발전방향

지 역	발전방향
기본방향	· 온실가스 배출 저감에 주력 · 지역특성을 고려한 독자적 특화발전전략 추진
울 산	· 기존 산업의 녹색화 및 서비스화 추진 · 동남권 연계발전을 통한 기존 산업 녹색변환 지원
충 남	· 녹색혁신제품 구매제도 강화 · 녹색성장 관련 지원제도 및 거버넌스 구축
제 주	· 체류형 녹색관광 활성화 · 농업기반 그린비즈니스 및 녹색일자리 창출

려 녹색성장형 특화발전을 추구해야 한다. 특히, 충남, 울산 등 지역은 온실가스 배출이 매우 많은 지역이기 때문에 녹색혁신을 통해 CO_2 저감에 주력해야 한다.

울산은 우리나라의 대표적인 중화학 공업도시로서 온실가스 배출이 매우 많은 여건을 감안하여, 기존 산업분야에 대한 EMS(Energy Management System) 도입 등 IT 접목을 통한 녹색화와 제조업의 서비스화를 추진하여 에너지 저소비형으로 구조전환을 시도해야 한다. 또한, 경남과 부산의 녹색인적자원과 연구개발능력을 축으로 광역경제권 차원의 연계발전전략을 추진함으로써, 울산의 기존 산업의 녹색화를 지원받도록 해야 한다. 충남은 상대적으로 우수한 녹색인적자원을 기반으로 녹색혁신이 보다 활성화될 수 있도록 녹색혁신제품 구매제도 지원을 강화하고 녹색성장 관련 법규 및 거버넌스의 실효성있는 정비가 필요하다. 제주는 녹색인적자원 및 지식자원의 수준은 매우 낮지만, 천혜의 자연환경을 보유하고 있기 때문에 경관자원 등 녹색자원을 활용한 체류형 녹색관광을 특성화해야 한다. 또한, 농림어업 비중이 높으므로 농업과 연계된 관광산업을 활성화함으로써 농업에 기반한 녹색일자리 창출 전략이 필요하며, 이를 위해 녹색농업, 농식품, 바이오 관련 R&D와 서비스 R&D의 활성화를 지속적으로 추진해야 한다.

제3절 녹색성장형 특화발전을 위한 추진전략

1. 녹색자원 발굴 및 개발역량 평가

가. 녹색자원의 개념과 의의

녹색자원이란 한마디로 지역에 소재하는 녹색성장에 기여하는 유무형의 모든 자원을 의미한다. 하지만, 녹색성장 자체의 개념과 범위가 분명치 않은 만큼 녹색자원의 개념과 범위도 자의적일 수밖에 없다.

좁은 의미에서는 녹색산업의 부품분야와 신재생에너지분야의 원료로 사용되는 자원을 녹색자원으로 규정하기도 한다(이광우, 2010). 예를 들면 녹색산업으로는 그린 자동차용 전기모터, 발전용 모터, 태양에너지용 패널, 2차 전지, 배기가스 저감장치, LED 등을, 신재생에너지로는 태양에너지, 풍력에너지, 바이오매스에너지, 연료전지 등을 꼽을 수 있으며 산업분야에 소요되는 실리콘, 니켈, 리튬, 인듐 등 희소금속과 신재생에너지 분야에 쓰이는 태양, 바람 등 자연자원, 사탕수수, 콩, 야자열매, 녹조류 등 식물자원 등이 해당된다.

한편, 녹색자원을 보다 폭넓은 의미로 파악하면 녹색성장의 모든 분야에 활용되는 자원을 뜻한다. 특히, 지역특화발전과 연계한 녹색자원을 규정할 경우 광의의 녹색자원 개념이 유용하다. 즉, 녹색산업 육성뿐만 아니라 기후변화 대응, 녹색환경 조성, 녹색생활 실천, 녹색인프라 구축 등 지역의 녹색성장과 지역발전에 공통으로 관련된 전 분야에 활용되는 유형 및 무형의 자원을 대상으로 포함할 필요가 있다.

대표적인 예로 녹색관광을 꼽을 수 있다. 지역특화발전에서 관광이 차지하는 비중은 매우 큰데, 최근 관광분야에서도 정부의 녹색성장에 부응하여 녹색관광 또는 생태관광을 적극 추진하고 있다. 관광형태가 기존 관람형에서 생태와 레저, 문화, 그리고 스포츠가 어우러진 다양한 체험형 여가패턴으로 변화하고 있으며 녹색성장이 새로운 국정 패러다임으로 떠오르고, 순천만 습지, 정선 레일바이크 등 녹색생태관광을 통한 새로운 지역발전의 성장모델들이 나타나면서[7] 녹색관광에 대한 국민적 관심이 증가하고 있다.[8] 정부는 녹색관광 활성화를 통해 향후 녹색생태관광의 시장 확대('07년 5% → '14년 25%)와 관광산업의 탄소배출량 감축('20년 배출전망치 대비 30%)이 예상되며, 녹색인프라 구축, 환경에 대한 인식증진, 국민의 녹색체험여행욕구 충족, 내수 촉진 및 관광수지 개선 등을 기대하고 있다(문화관광부, 2010). 따라서 녹색관광을 활성화하기 위해서는 필수적인 요소인 녹색관광자원에 대한 조사·발굴이 필요하다.

녹색성장형 지역특화발전을 위해서는 모든 자치단체가 당해 지역이 보유하고 있는 녹색자원의 정확한 현황을 조사·파악하고 활용가능성에 대한 개발역량을 분석한 후, 이를 토대로 특화발전계획의 수립 및 추진이 이루어져야 한다. 그렇지 않을 경우 지역 실상과 잠재력에 대한 정확한 진단이 없이 타 자치단체의 사업이나 구상을 맹목적으로 답습하거나(cloning) 추종하는 정책유행(polish fashion)에서 벗어나지 못하는 경우를 흔히 볼 수 있다. 때문에 녹색자원의 조사·발굴 및 DB화는 녹색성장형 특화발전을 위한 가장 기초적인 준비작업이다. 녹색자원의 보유현황, 양적, 질적 수준, 개발역량 평가, 기대효과 등에 관한 정확하고 상세한 정보를 바탕으로 지역특화발전계획을 수립해야만 치열한 지역 간 경쟁체제에서 생존할 수 있다.

7) 경남 남해 다랭이마을, 충남 태안의 볏가리마을, 경기도 이천 자채방아마을, 강원도 양양 탁장사마을, 전북 남원 달오름마을, 제주 올레길 등은 생태자원과 어메니티 운동을 통한 관광형 지역특화발전으로 유명해진 마을들이다.

8) 실제로 순천만은 생태관광 특화사업으로 '09년 230만 명이 방문하며 958억 원의 경제효과를 거두었다.

나. 녹색자원의 조사 · 발굴 및 개발역량 평가

1) 녹색자원의 조사 · 발굴 및 DB화

녹색성장형 특화발전을 위해서는 당해지역에서 활용가능한 녹색자원에 대한 정확하고 과학적인 신상정보가 필요하다. 그러나 녹색자원의 개념과 범위가 불분명하다 보니 구체적인 대상에 대한 분류체계도 아직 연구되어 있지 않으며, 다만 일부 관련 분야에서 지역자원을 분류한 사례가 있을 뿐이다. 예를 들면 행정안전부에서는 전국 자치단체를 대상으로 향토자원의 DB 구축을 위한 조사분류를 추진하고 있으며(한국지적재산관리재단, 2010), 관광분야에서 녹색관광자원을 분류하거나(윤희정 · 임승빈, 2004: 54-55), 녹색어메니티자원을 분류한 사례가 참고가 된다(조순재, 2003; 삼성경제연구소, 2003; 김현호 외, 2008).

이 연구에서는 녹색성장 5개년 계획, 지방녹색성장 추진계획, 녹색성장 잠재력지표 및 관련 분야 지역자원 분류체계를 참조하여 〈표 5-16〉과 같은 녹색자원 분류체계의 틀을 예시적으로 설정하였다.[9] 즉, 녹색자원을 크게 자연자원, 인공자원, 사회적 자원으로 구분하였으며, 자연자원은 환경자원, 농업지원, 생태자원, 광물자원으로, 인공자원은 기술자원, 역사문화자원, 생활자원, 시설자원으로, 사회적 자원은 조직자원, 인력자원, 제도자원으로 각각 재분류하였다.

다음으로 각 자치단체에서는 녹색자원의 분류에 맞추어 당해지역에 부존하거나 보유하고 있는 녹색자원을 조사 · 발굴하여 실태를 파악하여야 한다. 기본적으로 녹색자원의 조사 · 발굴은 지역실정에 정통한 자치단체가 주관이 되어 추진하되, 전문성이 요구되는 일부 자원의 경우 소관 중앙부처 또는 전문기관의 조사결과를 활용할 수 있다. 예컨대, 산림청의 경우 남한지역의 백두대간 684km를 설악산, 태백산, 속리산, 덕유산, 지리산 등 5개 권역으로 구분하여 자연환경 및 자원자원 등 조사를

9) 이 분류는 모든 자치단체를 망라한 예시적 분류의 틀이며, 대도시, 중소도시, 농산어촌, 도서 등 지역의 특성에 따라 적합하게 변형이 가능하다.

표 5-16 녹색자원의 분류 예시

대분류	중분류	소분류	예 시
자연자원	환경자원	-	햇빛, 공기, 물, 바람, 지열 등
	농업자원	농경지	전답, 과수원
		농특산물	농산물, 농특산품, 바이오연료 등
	생태자원	산악자원	산악, 삼림 등
		수자원	바다, 하천, 호수 등
		경관자원	농업경관, 하천경관, 건축물경관, 숲, 해안경관, 갯벌, 습지 등
		생물자원	동물, 식물, 조류, 미생물 등
	광물자원	전통광물	구리, 철, 알루미늄 등
		희소금속	리튬, 희토류, 백금족 등
인공자원	기술자원	녹색산업기술	산업녹색화기술, 공간녹색화기술, 환경보호기술, 자원순환기술 등
		에너지기술	에너지원기술, 에너지효율화기술 등
		생활기술	의식주관련기술, 진통기술, 민간요법 등
	역사문화자원	전통건조물	문화재, 사찰, 고분, 사당 등
		전통주택·마을	전통가옥, 한옥마을, 전통마을 등
		기념시설	기념공원, 박물관, 미술관, 전승관 등
	생활자원	스포츠	운동장, 스포츠시설, 자전거도로 등
		이벤트	음악관, 축제, 컨벤션, 행사광장 등
		생활	체험활동, 시장
	시설자원	시설자원	기반시설, 공공편익시설, 산업시설 등
사회적 자원	조직자원	공동체자원	시민단체, NGO, 마을공동체 등
	인력자원	산업인력	전문기술인력, 기능인력
		연구개발인력	공공연구인력, 민간연구인력, 대학인력
	제도자원	-	법령, 조례, 규칙, 규범 등

추진하고 있으며, 환경자원(기후, 바람, 햇빛, 강수량, 지열 등)에 관해서는 기상청의 전문조사자료를 활용하는 것이 효과적이다. 또한, 자치단체가 직접 녹색자원을 조사·발굴할 때 전문지식이 필요없는 단순한 조사·발

굴업무는 공공근로사업 또는 공동체 일자리사업 등 공공부문 일자리사업을 활용하는 것도 방안의 하나이다.[10)]

일단 조사·발굴된 녹색자원은 최종적으로 세부 정보를 DB로 구축하여 개발행위 사전협의, 사업타당성 검토, 사업계획 수립, 훼손지 복원 등의 정책수립과 인터넷을 통해 대국민 서비스를 제공한다. 녹색자원의 DB 구축 프로세스는 1단계로 당해지역에 필요한 녹색자원을 선정하고 분류기준을 개발하며, 2단계로는 녹색자원을 조사·발굴하여 DB(텍스트)를 작성하고, 3단계로 자료를 전산 입력하여 시스템을 구축하고 웹 기반으로 서비스를 제공한다. 아울러 구축된 DB 시스템은 정기적인 재조사를 통해 주기적으로 갱신해야 한다.[11)]

2) 녹색자원의 개발역량평가

녹색자원을 지역특화발전에 활용하기 위해서는 자치단체별로 녹색자원의 가용성을 평가해야 한다. 즉, 녹색성장형 특화발전에 필요한 인적, 물적 역량을 평가함으로써, 녹색자원의 투자의 효율성과 상대적 비교우위 등에 근거하여 지역여건에 부합하는 녹색성장을 유도해야 한다.

녹색자원의 개념은 정책적 개념이기 때문에 녹색자원의 개발역량을 평가하는 기준도 어느 정도 조작적일 수밖에 없으나, 기본적으로 녹색성장과 지역특화발전에 기여해야 함은 당연하다. 따라서 개발역량의 평가기준은 일차적으로 녹색성장제도가 추구하는 목표가치에서 출발할 필요가 있다.

저탄소 녹색성장 기본법은 저탄소 녹색성장의 개념을 다음과 같이 정의하고 있다. '저탄소'란 화석연료에 대한 의존도를 낮추고 청정에너지

---

10) 실제 행정안전부는 지역 공동체 일자리사업에 투입되는 인력을 DMZ의 생태조사 및 유적조사에 활용하고 있다.

11) 유사한 사업으로 행정안전부는 2010년 전국의 기초자치단체의 향토자원을 조사·발굴하여 DB로 구축하고 포털 홈페이지를 통해 서비스를 제공하는 「향토자원조사 및 DB 구축사업」을 추진 중이다.

의 사용 및 보급을 확대하며 녹색기술 연구개발, 탄소흡수원 확충 등을 통하여 온실가스를 적정수준 이하로 줄이는 것이며, '녹색성장'은 에너지와 자원을 절약하고 효율적으로 사용하여 기후변화와 환경훼손을 줄이고 청정에너지와 녹색기술의 연구개발을 통하여 새로운 성장동력을 확보하며 새로운 일자리를 창출해 나가는 등 경제와 환경이 조화를 이루는 성장으로 규정하고 있다. 또한, 녹색성장 국가전략에서는 녹색성장이 지향해야 할 3대 요소로 ① 건실한 성장을 하되, 에너지・자원 사용량은 최소화, ② 동일한 에너지・자원을 사용하되, CO_2 배출 등 환경부하 최소화, ③ 신성장동력으로 개발 등을 제시하고 있다.

표 5-17 녹색성장의 3대 요소

3대 요소	내 용
건실한 성장을 하되, 에너지・자원 사용량은 최소화	· 에너지 저소비형 산업구조 개편 (제조업 중심 → 지식서비스 중심) · 에너지 소비절약/사용 효율화 · 생태효율성 제고 정책
동일한 에너지・자원을 사용하되, CO_2 배출 등 환경부하 최소화	· 신재생에너지 보급 확대 · 원자력 등 청정에너지 개발 · CO_2 배출규제 · 저탄소・친환경 인프라 구축 · 소비자 녹색제품 구매 활성화
신성장동력으로 개발	· 녹색기술에 대한 R&D 투자 · 신재생에너지 등 녹색산업 육성 및 수출 산업화 · 세계시장 선점 지원

다음으로 녹색자원의 활용여부는 지역특화발전에 대한 기여도를 기준으로 판단되어야 한다. 지역특화발전이란 지역의 고유한 자원을 활용하여 창의적인 아이디어를 통해 소득과 고용을 창출하는 비교우위전략을 의미한다고 볼 때, 녹색자원은 특정지역에 주로 존재하고 타 지역과 차별성을 가져야 할 뿐 아니라 노동, 자본, 기술 등 생산요소적 입지우위를

가지고 있어 현재 또는 향후에도 경쟁력을 가질 수 있어야 할 것이다.

이상의 논의를 종합해 볼 때, 녹색성장형 특화발전을 위한 녹색자원의 개발역량을 평가하는 기준은 크게 녹색성장과 지역특화발전의 두 가지 측면에서 설정할 수 있으며, 녹색성장 측면에서는 친환경성과 경제성을 충족시켜야 하고 지역특화발전 측면에서는 지역성과 타당성을 확보해야 한다. 각 기준에 대한 세부 내용은 〈표 5-18〉과 같다.

표 5-18 녹색자원의 개발역량 평가기준

부 문	기 준	내 용
녹색성장	친환경성	· 자원·에너지 사용을 최소화하는가? · 동일한 자원·에너지 사용 시 환경부하를 최소화하는가? · 생태효율성 제고에 기여하는가?
	경제성	· 신재생에너지 등 에너지 효율화에 기여하는가? · 녹색기술, 녹색산업에 대한 투자와 연계되어 있는가? · 녹색소비, 녹색환경, 녹색생활에 기여하는가?
특화발전	지역성	· 지역이 충분한 자원을 보유하고 있는가? · 자원이 타 지역과 차별되는 고유성을 갖고 있는가? · 지역 내 다른 산업과의 연계성이 있는가?
	타당성	· 충분한 수요창출과 시장성을 확보하고 있는가? · 기술수준을 확보하고 있고 경제적 타당성이 있는가? · 지역 내 고용과 소득 창출에 기여하는가?

2. 기존 지역개발사업의 녹색화

가. 저탄소 녹색개발의 의의

지구적으로 진행되는 기후변화를 안전한 수준에서 유지하려면 기후변화정책이 지속가능한 발전과 연계되어야 한다. 그동안 1990년대 중반까지는 환경중심주의에 입각한 자연자원 보전, 환경오염 방지 차원의 환경친화적 개발이 강조되어 왔다. 그러나 1992년 유엔환경개발회의와 2002년 지속가능발전세계정상회의를 거치면서 지속가능한 개발이 전 세계의 패러다임으로 부상하고, 이어서 2005년 UN ESCAP회의를 거치고 2008년 녹색성장을 국가발전의 새로운 축으로 선포하면서 탄소경제시대에 부응한 저탄소 녹색지역개발이 지역발전의 새로운 패러다임으로 부상하고 있다.

우리나라의 지역개발은 물리적 개발 중심의 관행을 벗어나지 못한 채, 아직도 개발과 보전의 대립적 구도에서 탈피하지 못하고 있다. 특히, 지방자치 실시 이후 지역발전을 위한 자치단체 간 경쟁구도가 심화되면서 외형적, 가시적 성과에 급급한 나머지 환경의 지속가능성을 소홀히 취급함에 따라, 이대로 간다면 향후 기후변화의 위기시대에 성장의 지속가능성을 담보하기 어렵다는 인식이 확산되기 시작하고 있다.

따라서 새로운 녹색성장시대에서는 그간의 개발주의적 사업추진관행을 지양하고, 지역개발사업의 녹색변환을 통한 저탄소 녹색개발을 지향해야 한다. 중앙정부 차원에서의 대응전략은 녹색성장 국가전략 및 5개년 계획, 그리고 각 부처별 소관업무의 녹색화전략에서 비교적 구체적인 방향을 제시하고 있으나, 자치단체 차원에서 개별적으로 추진하는 지역개발사업에 대해서는 아직도 인식과 처방이 미흡한 실정이다. 기후변화에 대응한 저탄소 녹색개발은 환경친화적 개발, 지속가능 관광 개발 등 선결과제들과 복합적으로 연계하여 일체적으로 달성되어야 하며 입지선정, 계획수립, 공사시행, 운영관리 등 전 개발과정에서 환경보전과 생태가치 창출을 통합해야 하고, 중앙정부, 자치단체는 물론 주민, 기업, 시민단체 등 주체의 참여와 실천이 수반되어야 실현할 수 있다.

나. 지역개발사업 녹색화의 과제

지역개발사업은 사업주체, 사업범위, 사업내용, 사업규모 등에 따라 매우 다양하고 기후환경의 변화 및 녹색성장과의 상호관계의 정도에도 차이가 있지만, 기본적으로 지향해야 할 방향과 과제를 모색하는 경우 별반 다를 바 없다.

우선 지역개발사업의 녹색화를 위해서는 환경의 가치를 최우선으로 두어야 한다. 대부분의 지역개발사업이 공공부문이 주도하는 현실에서 정부와 자치단체의 친화경가치에 대한 인식이 먼저 바뀌어야 하며(최지훈, 2006: 151), 이를 유도하기 위해서는 부처별 이기주의에 의해 작동되는 예산편성, 사업선정 등 의사결정과정을 친환경가치에 최우선 목표를 두는 시스템으로 개편해야 한다.

둘째로는 지역개발사업의 녹색화에서는 기후변화 완화와 적응을 균형적으로 고려해야 한다.[12] 일차적으로는 기후변화 완화(mitigation), 즉 입지선정, 계획수립, 공사시행, 운영관리 등 지역개발사업의 전 과정에 있어서 온실가스 배출을 감축시키는 조치가 우선되어야 하지만,[13] 동시에 기후변화 적응(adaptation)을 위한 대책도 함께 고려해야 한다.[14] 즉, 기온 상승, 물 부족, 해수면 상승, 생태계 변화, 기상재해 등이 가져올 영향과 취약성 평가를 토대로 기후변화가 당해 지역개발사업에 미치는 실제 및 예상되는 위험을 최소화하고 적응력을 향상시키고 적응 대책을 마련하는 대응방안도 강구되어야 한다.

셋째로는 사전예방의 원칙이 적용되어야 한다. 우리나라는 물론 세계적으로도 미래 기후변화가 각 부문에 미칠 직간접적 영향과 취약성에 대한 과학적인 평가와 관련 연구 및 지식수준은 아직 매우 부족한 실정이다. 따라서 국제기구에서도 기후변화 대응을 위해 사전예방의 원칙(precautionary principle)을 적용할 것을 권고하고 있다.[15] 이는 과학적 인

12) 기후변화협약 제4조1항 b

13) 온실가스 배출을 줄이기 위한 일반적인 전략은 ① 에너지 사용 감축(reducing energy use), ② 에너지 사용 효율 향상(improving energy efficiency), ③ 재생에너지 사용 증대(increasing the use of renewable energy), ④ 온실가스 상쇄 및 흡수(offsetting and sinking green house gas) 등을 꼽는다.

14) 스턴보고서(Stern Review)에 따르면 당장 모든 온실가스 배출을 멈추더라도 과거 배출한 온실가스로 인해 다음 세기의 지구온도는 0.5~1℃ 상승한다.

15) 사전 예방의 원칙(precautionary principle)이란 1982년 유엔총회에서 채택한 '자연을 위한 세계 헌장(The World Charter for Nature)'에서 처음 인식되어 1992년 유엔환경개발회의의 '리우 선언(Rio Declaration)'에서 명문화된 원칙으로서, "심각하거나

표 5-19 관광개발사업 추진단계별 녹색화 가이드라인

입지선정 단계	계획수립 단계				공사시행 단계	운영관리 단계
	토지이용	교통동선	에너지 및 자원 순환	순환경제		
· 자연 및 역사문화 보존지역 입지 제한 · 생태녹지축 고려 · 지형 및 지세 고려 · 지역교통체계 고려 · 신재생에너지 도입여건 고려 · 자연재해 발생 가능성 고려 · 개발제약요건 고려 · 주변지역과의 연계성 고려	· 자연순응형 계획 수립 · 원형보존 녹지 설정 · 아름다운 경관 조성 · 집약적 공간구조 형성 · 녹지체계 구축 · 비오톱 및 생태이동통로 조성 · 절성토 최소화 및 생태복원 · 탄소저감 식재계획 마련 · 일조량, 채광 등을 고려한 시설물 배치 · 바람통로 확보 · 토지적성평가 도입 용도배분	· 친환경 도로망 구축 · 대중교통 이용 제고 · 자전거도로 시스템 구축 · 보행자도로 조성 · 친환경 주차장 조성 · 친환경 교통수단 도입 · 무장애 이용시설 조성 · 정온환경 조성	· 신재생에너지 도입 · 공공부문의 신재생에너지 사용 의무화 · 에너지 절약 가로시설물 설치 · 에너지 절약 건축물 설치 · 친환경 건축물 설치 · 에너지 이용효율 향상 · 탄소배출 관리 계획 작성 · 환경친화적 하수처리 · 우수 활용 · 중수도 도입 · 투수성 포장 확대 · 폐기물 재활용	· 장기체류 관광 유도 · 지역 농특산물 활용 · 지역주민 참여 확대 · 문화관광 녹색일자리 창출 · 지역주민 고용 · 지역산업 연계성 강화 · 어메니티 자원의 활용	· 공정단축 저탄소공법 확대 · 저탄소 자재 사용 · 건설자재·폐기물 재활용 · 저탄소 건설장비 사용 · 친환경 인증제품 사용 · 표토의 보전 및 재활용	· 온실가스 감축 매뉴얼 작성 · 온실가스 저감 자발적 협약 체결 유도 · 저탄소 녹색행사 개최 · 자유로운 자전거 이용 시스템 운영 · 환경경영 유도 · 기후변화 대응 교육훈련 프로그램 실시 · 민간사업자 인센티브시행 · 친환경 관광활동수칙 제정 · 탄소배출 상쇄프로그램 도입 · 기상변화 영향 모니터링 및 대책 수립 · 기상재해 위기관리 매뉴얼 작성

과관계가 다소 불확실한 조치라 하더라도 사전 예방의 차원에서 적극적인 조치를 마련하는 것이 중요함을 의미한다. 기후변화 대응은 사후(reactive) 조치보다 사전(proactive) 예방이 비용대비 효과적이고, 무엇보다도 기후변화와 지역개발의 관련성에 대한 지식과 기술수준이 제한적이기 때문

되돌이킬 수 없는 결과를 낳을 수 있는 위협이 있는 경우 충분한 과학적 확실성이 없다는 이유로 환경파괴를 방지하기 위한 비용 효과적인 조치를 지연해서는 아니 된다" 는 것을 의미하며, '정책결정의 과학성'과 '정책결정자의 결단' 사이의 균형점을 제시한 원칙이다.

이다.

넷째로는 지역개발사업의 추진과정에서 고려해야 할 원칙과 최소기준 및 가이드라인을 마련할 필요가 있다. 지역개발사업의 각 유형별 또는 사업종류별로 입지선정, 계획수립, 공사시행, 운영관리 등 사업추진과정에서 고려해야 할 일반적 원칙과 최소기준을 도출하고 목표달성지표와 적용방법 등 가이드라인이 제시되어야 한다. 참고로 문화관광부(2009)가 작성한 저탄소 녹색관광자원개발 가이드라인을 소개하면 〈표 5-19〉와 같다.[16] 여기에는 에너지 자립, 자원순환, 기후변화 완화와 적응뿐 아니라 자연자원 보전, 경제적 편익과 형평성, 주민참여 등 환경친화적 개발 및 지속가능한 관광개발과 관련한 지표가 포함되어 있는데, 관광개발을 대상으로 작성된 것이지만 여타 지역개발사업의 추진에도 녹색화를 위한 준거로서 참고가 된다.

3. 지역 그린비즈니스 육성

가. 그린비즈니스의 의의

지구온난화로 시작된 기후변화 등과 같은 환경문제가 산업과 사회, 국가 나아가 범세계적인 이슈로까지 확대하고 있다. 또한, 환경에 대한 인식 자체도 환경오염물질의 감축과 같은 소극적인 모습에서 벗어나 친환경 비즈니스와 산업 육성을 통해 신규 시장을 창출하는 등 적극적인 변화를 보이고 있다. 정부의 녹색성장은 이러한 적극적 변화를 수용한 전향적 발상으로서 환경과 경제의 선순환을 유도하고 삶의 질을 개선하며 세계 일류의 녹색 선진국으로 발돋움할 수 있는 원동력이 되는 신국가발전의 패러다임이다. 소극적 지구환경 보전에서 한발 더 관련 기술을

16) 기후변화와의 관계가 큰 지역개발분야로서 관광을 꼽는다. 관광은 에너지 다소비 산업이며 기후변화에 민감한 산업이어서, 기후변화의 원인자(Vector)인 동시에 피해자(Victim)의 이중적 성격을 갖고 있다(문화관광부, 2009: 12-14).

활용하여 모든 분야에서 저탄소화를 실현하고, 신산업을 발굴 · 육성함으로써 경제성장을 추구하겠다는 전략이다.

세계가 산업화 단계를 지나 생태적 근대화세계가 산업화 단계를 지나 생태적 근대화(ecological modernization)로 대전환을 하고 있으며, 그 결과 이제는 환경보전과 경제성장을 동시에 추구하는 그린비즈니스가 현실적인 과제로 등장하게 된 것이다(김종환, 2009: 38; Fisher & Freudenburg, 2001).

구체적으로 우리나라에서 그린비즈니스의 육성은 몇 가지 측면에서 의의를 갖는다(김종환, 2009). 첫째, 에너지 · 자원의 효율과 환경의 질 개선이다. 우리나라는 에너지 대외의존도가 매우 높을 뿐 아니라 선진국에 비해 에너지 효율성이 낮은 상태다.[17] 따라서 에너지 절감 및 효율 향상뿐만 아니라 기술혁신, 부가가치 제고 등을 병행 추진하여 저탄소 · 고효율 산업구조로 근본적 변화를 도모하고 이를 통해 온실가스 배출량을 줄여야 한다. 둘째, 무역규제에 대응할 기술을 확보해야 한다. 기후변화와 에너지 위기로 인하여 EU 등 선진국의 환경규제가 크게 강화됨으로써, 제품의 생애주기 전 과정(life cycle)의 환경성을 요구하면서 무역규제가 생겨나고 있다. 해외 수출시장을 유지하기 위해서는 녹색기술 개발과 그린비즈니스 육성을 통한 환경규제 적응이 필수적이다. 셋째, 지방경제 활성화를 위한 새로운 성장산업 육성이다. 글로벌 금융위기로 인해 국가경제의 위기와 함께 지방경제는 더욱 어려운 상황이기 때문에 지역경제 활성화 효과가 크면서 환경의 질도 개선할 수 있는 그린비즈니스의 육성이 절실한 실정이다.

이미 선진국에서 그린비즈니스는 다양한 분야에서 활성화되고 있으며, 우리나라에서도 많은 기업들이 그린비즈니스의 도입과 추진에 적극적으로 나서고 있지만, 일반 기업에 있어서의 그린비즈니스는 비용절감

17) 주요국 에너지원단위(TOE/천 달러, 2000년 불변 PPP 기준)를 비교하면 우리나라가(0.23), 영국(0.13), 일본(0.15), 독일(0.16) 등에 비해 매우 높은 수준이다.

이나 새로운 비즈니스의 추진으로 인한 매출 증대 등 수익성 측면에 집중하고 있는 형편이어서, 향후에는 조직, 인프라, 인적자원, 프로세스, 문화 등 기업 전반에 걸쳐 그린비즈니스적인 요소가 접목되어야 한다.

나. 그린비즈니스의 개념과 유형

1) 그린비즈니스의 개념

그린비즈니스(Green Business)의 개념에 대해서 영국의 CEMEP와 CEED[18]는 "오염규제, 청정공정(cleaner process) 개발, 환경 컨설팅, 재생에너지 등을 포함한 환경시장"으로 규정하고 있다(중소기업연구원, 2008).[19] 유사개념으로 UNEP는 경제적 파급효과와 친환경성을 고려하여 에너지 절약형 빌딩, 대체에너지, 친환경교통시스템, 수처리, 친환경인프라, 지속가능한 농업 등의 6대 주요 그린경제(Green Economy) 분야를 선정한 바 있다(조문래, 2009). 또한, EU, OECD에서는 생태산업(Eco-industry)을 "물, 공기, 흙 등에 미치는 환경피해뿐만 아니라 폐기물과 소음, 생태계와 관련된 문제들을 측정, 억제, 제한, 최소화하기 위한 재화와 서비스를 생산하는 활동으로, 여기에는 환경리스크를 감소시키고 오염과 자원낭비를 최소화하는 기술·재화·서비스가 포함"되는 것으로 정의한다(중소기업연구원, 2008). 한편, 지식경제부에서는 그린비즈니스를 녹색기술을 기존산업에 융합하여 녹색제품을 생산하는 녹색전환(green conversion)으로 규정하고, 저탄소 녹색성장과 동일한 개념으로 파악하고 있다(지식경제부, 2009).

---

18) CEMEP: Commission for Environmental Markets and Economic Performance
CEED: Center for Economic and Environmental Developement

19) 대상분야로는 공해제어·청정기술·청정공정, 핵시설 폐기, 환경 컨설팅, 환경감시·계측·분석, 환경관리 효율화·해양오염 제어, 소음·진동 제어, 토지 개간 및 매립, 재생에너지, 폐기물 관리, 재생 및 재활용, 상수공급 및 폐수처리 등을 제시하고 있다.

그림 5-1 가치사슬로 본 산업의 녹색전환

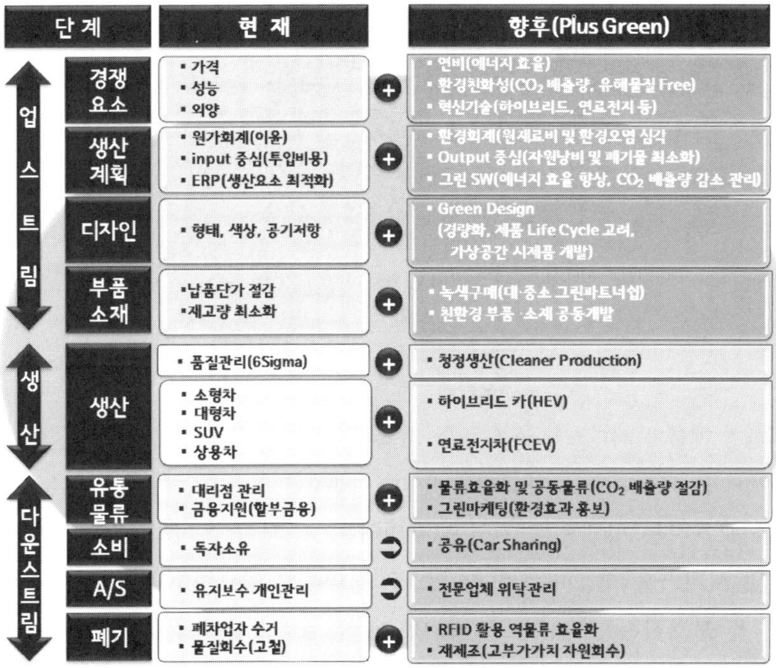

자료: 지식경제부(2009)의 내용 일부 수정

대체로 우리나라에서는 그린비즈니스가 녹색산업과 비슷한 개념으로 사용되는 경향이 있으나, '산업'과 '비즈니스'는 의미가 동일하지 않을 뿐만 아니라 실용적인 필요를 위해서는 양자를 구분하여 사용할 필요가 있다(김종환, 2009: 38). 그린비즈니스는 녹색산업을 포함하여 환경과 경제가 상생하는 새로운 사회 · 경제 패러다임에 따라 생겨나는 새로운 형태의 비즈니스에 이르기까지 산업과 서비스, 사회적 기업, 지역 내 소규모 사업활동 등을 모두 지칭하는 폭넓은 개념이다. 대표적인 개념정의로서 Ernst & Young(2008)은 그린비즈니스를 "경제 전 영역에 걸쳐 저탄소, 자원효율적 경제, 재(再)제조 상품, 공정서비스, 사업모델의 도입을 위해 노력을 기하는 비즈니스"로 정의하고 있으며, 적용범위가 Circle 1

그림 5-2 그린비즈니스의 개념적 범주

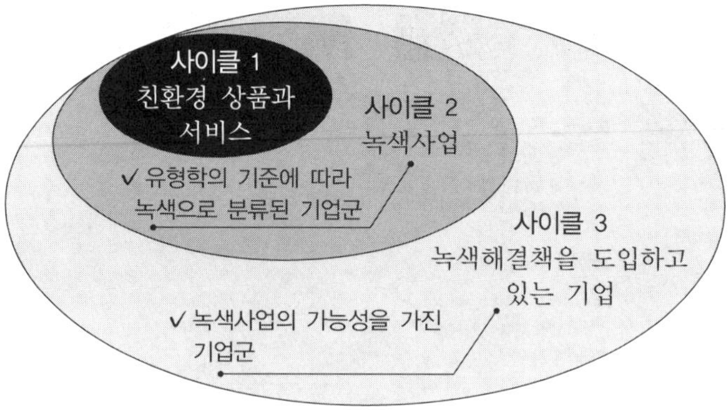

(친환경 제품과 서비스) → Circle 2(녹색사업) → Circle 3(녹색 솔루션을 도입한 기업)의 단계로 확대되고 있다. 한편, 한국전자거래협회에서는 "환경을 보호하는 방법으로 기업을 운영하는 것 뿐만 아니라, 친환경적 제품 및 서비스를 제공하는 비즈니스"로 정의하고 있으며, 저탄소화 등으로 환경을 보호하는 '수비적 그린화'와 제품, 서비스의 그린화를 통한 경제성장과 매출증대를 도모하는 '공격적 그린화'로 나누어 제시하고 있다(한국전자거래협의, 2008).

종합해 보면 그린비즈니스는 모든 조직에 있어 친환경적인 제품이나 서비스를 생산하거나 혹은 제품과 서비스를 생산・공급하기 위한 조직의 인프라, 조달・생산・공급에 이르는 프로세스, 운영(혹은 경영) 등을 친환경적으로 전환하는 것을 의미한다. 즉, 그린비즈니스란 에너지・환경오염 등의 문제를 해결하거나 최소화하면서 새로운 부가가치를 창출하는 모든 비즈니스 활동을 의미하며, 각종 환경규제에 대응하고 사회적 책임을 완수하면서도 지속가능성장을 도모하는 친환경비즈니스로 정의할 수 있다.

우리나라의 경우 최근 신재생에너지 관련 설비와 제품의 제조업과 설치, 운영하는 서비스업 등 하드웨어적 녹색사업이 활발해지고 있으며 더불어 주민의 삶의 질을 높이는 녹색소비, 녹색생활과 관련된 영리・비영리 사업 형태의 그린비즈니스가 나타나고 있다. 예를 들면 지역의 녹색화와 비즈니스의 녹색화를 함께 지향하는 자발적 자치운동으로서 민관합동 혹은 커뮤니티 그린비즈니스, 사회적 기업 형태의 비즈니스, 농촌체험과 같이 녹색교육을 위한 도농연결형 공동사업 등 하드웨어와 소프트웨어가 결합된 비즈니스모델까지 영역이 확장됨으로써, '녹색산업'과 구별되는 '그린비즈니스'가 실천적인 의미를 갖는다(김종환, 2009: 39). 이는 녹색화 혹은 그린비즈니스가 여러 이해관계자들의 참여와 인식의 전환 및 생활 속의 실천과 생활양식의 변화를 수반할 수밖에 없다는 점에 근거한 것이며, 한편으로는 생태적 근대화가 과학과 기술, 생산과 소비, 정치와 시장이 함께 움직이는 복합적 거버넌스를 통해 진행된다는 최근의 과학적 논의 흐름과도 부합한다.

2) 그린비즈니스의 유형

그린비즈니스란 전통적인 녹색산업을 중심으로, 최근 새롭게 생겨나는 커뮤니티 비즈니스 등을 포함하여 환경보전과 경제활동을 상보적인 관계로 결합시킨 영리사업 활동을 모두 지칭하며 다음 몇 가지 형태로 구분할 수 있다(김종환, 2009: 44-46).

첫째, 커뮤니티 환경서비스로서 지역 내 혹은 더 넓은 범위의 환경개선을 위해 주민 혹은 중소상공인들이 녹색 서비스 사업을 전개하는 커뮤니티 비즈니스 또는 사회적 기업의 형태이다. 예를 들어 가정과 업소에서 발생하는 폐식용유를 주민들이 직접 사업체를 만들거나 재생업자가 수거하여 바이오디젤 혹은 다른 용도로 재생, 재활용하는 사업이나[20] 마을 주민들이 공동으로 신재생에너지 발전사업에 투자하여 재생에너지를 생산, 수익을 올리는 지역공동체사업이 여기에 속한다.[21] 둘째, 순환사회

20) 대표적 사례로 순천시 장전동 주민위원회는 음식물 쓰레기 등 주변 환경문제 해결을 위하여, 유용 미생물군(EM) 활성화를 통한 음식물 쓰레기 처리 및 재활용품 수거사업 추진하는 녹색실버가게를 커뮤니티 비즈니스 형태로 운영하고 있다.

21) 대표적 사례로 제주도 서귀포시 번내리에서는 마을 공동부지 매각 대금을 투자하여

비즈니스로서 자원재활용체계를 중심으로 운영하는 사업이며, 지역에서 가장 활발한 사업형태이다. 쓰레기 처리, 폐기물 처리 및 재활용, 소각 폐열을 이용한 지역난방, 에너지의 상호 교환을 기반으로 하는 '생태산업단지'나 '에코타운' 등이 이 유형에 포함된다. 셋째, 녹색산업 유치 및 육성으로서 전통적인 녹색산업, 즉 물처리, 대기정화, 폐기물 처리 관련 기술과 설비 및 용역 사업이 여기에 해당한다. 이 분야는 그동안 환경규제의 강화에 힘입어 많은 투자가 이루어져 왔고, 실제로 환경의 질을 개선하는 데 크게 기여한 부문이지만 아직도 새로운 환경정책 방향에 따른 기술과 산업을 더욱 개발하고 육성할 필요가 있는 분야이기도 하다. 넷째, 농업의 녹색산업화에 관련된 비즈니스이다. 기후변화로 인하여 농업분야의 온실가스 흡수 및 농업용 에너지 저감이 관심대상으로 부상하고 있으며, 재생가능에너지원으로서 바이오에너지의 생산과 가공을 위한 농업분야의 중요성이 크게 부각되고 있고, 농산물을 고부가가치 식품의약 재

표 5-20 지역의 그린비즈니스의 유형

유 형	추진전략	비즈니스 모델
커뮤니티 환경비즈니스	시민참여, 삶의 질 개선	사회적 기업
순환사회 비즈니스, 재생가능 에너지	폐기물관리, 수질개선, 에너지생산	지역 내 리사이클 비즈니스 시민참여
녹색산업 유치 육성	첨단산업 유치, 기술개발 지원	클러스터 조성, 외국투자기업 임대 공단 조성
농업의 녹색산업화	벤처농업, 유기농, 농촌정보화	녹색교육, 체험교육
지역적 특수과제	토양오염복원, 수처리 특화	환경서비스 학교

자료: 김종환(2009), p. 44

태양광 발전사업을 운영하고, 수익금을 지역복지에 재투자하는 주민주식회사를 설립하였다.

료로 가공하는 기술도 발전하고 있다. 다섯째, 지역적 특수성을 가진 분야로서 지역에 따라 고유한 환경적 문제를 해결하기 위한 맞춤형 비즈니스이다. 예를 들면 상수원 지역의 물 관리와 수처리에 관한 사업, 군사시설지역의 토양오염 대응사업 등이 보기이다.

다. 그린비즈니스의 육성과제

정부는 녹색성장 국가전략 및 5개년 계획을 수립, 발표함으로써 이 전략에 따라 녹색성장 분야에 향후 5년 간 매년 GDP의 2% 수준으로 총 107조 원을 투입해 182~206조 원의 생산유발효과를 도모하고 156~181만 명의 일자리를 창출할 계획이다. 구체적으로 그린비즈니스를 육성하기 위하여 선도적 R&D 투자를 통해 신성장동력, 그린에너지, 그린 IT 녹색성장분야를 육성하고 제도 및 규제 완화, 시범사업 추진, 녹색표준・인증 체계화로 민간 투자를 유도하여 초기 시장을 창출하며, 녹색성장전략 체계화, 법체계 정비 등을 통해 녹색일자리를 창출한다는 전략을 세우고 있다(지식경제부, 2009). 그러나 그린비즈니스는 정부의 구상과 지원정책만으로 달성할 수 있는 것은 아니며, 자치단체도 정부의 시책에 협력하여 비교우위 분야를 선정하여 독자적인 육성정책을 추진해야 한다.

첫째, 다양한 유형의 그린비즈니스 모델을 발굴하여 지원하고 우수한 사례를 확산할 필요가 있다. 지식경제부의 전략산업, 특화산업, 농식품부의 향토산업 등 정부지원 지역특화산업 육성정책에 공모제를 도입하여 자치단체 또는 기업의 다양하고 창의적인 그린비즈니스 모델을 발굴 지원할 필요가 있다. 뉴욕시의 그린비즈니스 대회가 참고할 만한데, 수상자에게 상금과 함께 사무실 공간 지원, 홈페이지, 홍보, 컨설팅 등 서비스 패키지를 제공하고, 참가기업들은 대회를 통해 금융기관, 벤처 금융, 소비자, 기업, 언론에 홍보할 수 있는 기회를 갖게 된다.

둘째, 지역에 특화된 중점 육성분야를 선정해야 한다. 앞서 살펴본 바와 같이 지역별로 녹색성장 잠재력과 녹색자원의 개발역량을 진단・분석하여, 당해지역에 특성에 적합하고 성장성과 사업성이 있는 비교우위의 분야를 선정하여 선택과 집중 원칙에 따라 지원·육성해야 한다. 산업의 가치사슬의 현재와 미래 전망은 물론 세계적 추세를 고려하여 경쟁력을 가지며 지역파급효과가 큰 분야를 선정하는 노력이 필요하다.

셋째, 지역별로 특화된 녹색산업클러스터를 조성해야 한다. 녹색산업클러스터란 녹색산업을 중심으로 하는 가치사슬에 연관된 생산자, 공급자, 관련 기관, 전문서비스 제공자, 지원제도 등이 특정지역 내에서 강한 연결을 형성하며 상호작용을 하여 부가가치를 창출하는 네트워크를 말한다(이윤준, 2010; 이부형 외, 2009). 그린비즈니스는 단일한 업종이 아니라 여러 분야에 걸쳐 있기 때문에 지식, 인적 자원, 녹색기술과 R&D, 시설 및 장비 등을 한 장소에서 공유하고 지원받는 것이 매우 중요하다. 예컨대 대도시형으로는 광주의 광산업 중심의 '광주혁신클러스터'와 농촌형으로는 순환농업을 실현하는 전북 장수군의 '지역순환농업혁신체계'를 꼽을 수 있다.

넷째, 녹색 공동체사업(커뮤니티 비즈니스)를 적극 발굴·육성해야 한다. 최근 일자리 창출과 관련하여 커뮤니티 비즈니스에 대한 관심이 증대되고 있다.[22] 특히, 녹색사회, 녹색생활, 녹색환경 등과 관련하여 주민이 중심이 되는 녹색 공동체사업의 영역이 적지 않다. 예컨대, 쓰레기·폐기물 재활용, 태양열 등 녹색에너지 생산, 자전거 재활용, 생태계 조사 및 보전 등을 들 수 있다(김선기, 2010).

다섯째, 사업의 지속가능성과 수익성을 높이고 지역사회의 내부 역량을 강화하기 위한 교육·훈련 프로그램과 경영, 자금 조달 등에 관한 종합적인 컨설팅을 제공하는 그린비즈니스 지원기관을 상설 운영할 필요가 있다. 지원기관은 새로 설립하기 보다는 기존의 유관기관의 기능을

22) 커뮤니티 비즈니스는 지역성이 강한 사회적 기업(social enterprise)으로서, 일본의 커뮤니티 비즈니스(Community Business) 개념을 도입하여 행정안전부에서는 자립형 지역공동체사업을 추진하고 있다.

보강하거나 네트워킹을 통해 활용할 수 있는데, 과학기술센터, 환경기술개발센터, 중소기업지원센터, 테크노파크(TP), 시도연구원 등이 여기에 해당하는 기관들이다.

여섯째, 그린비즈니스를 체계적이고 지속적으로 지원하기 위해서는 중앙정부와 별도로 자치단체 차원의 지원재원을 제도적으로 확보할 필요가 있다. 대표적 사례로는 경기도의 '녹색성장(3G)펀드'를 꼽을 수 있다. 경기도는 2009년부터 녹색산업 관련 중소기업의 녹색기술과 산업투자를 촉진하여 기술경쟁력과 성장잠재력을 보유한 그린비즈니스 육성을 위해 '녹색성장펀드(Green Growth Gyeonggi: 3G 펀드)'를 조성하였다. 이 펀드는 경기도 지역의 태양광·풍력·수소연료전지·LED 등의 신재생 에너지 기업과 산업공정, 폐기물처리 등의 탄소배출권 사업 관련 기업에 대한 기술개발투자를 위해 250억 원을 조성 지원하여, 직접투자방식의 직접금융제공으로 녹색산업 R&D 및 핵심기술개발과 탄소배출권 관련 기업을 지원하고 있다(김종환, 2010: 57-58).

표 5-21 경기도 녹색성장펀드 개요

구 분	내 용
명 칭	Green Growth Gyeonggi(3G) 펀드
운영기간	운영기간: 7년(2009. 7~2016. 6)
조성규모	250억 원(도 100억 원, 업무집행조합원 50억 원, 일반조합원 100억 원)
투자대상	신재생에너지 및 탄소배출권사업 관련 기업
투자한도	업체당 25억 원 이내, 피투자기업 지분 30% 이내

자료: 경기도(2009). 「Green Growth Gyeonggi(3G) 펀드」 결성 및 운용계획.

4. 저탄소 도시공간의 조성

가. 저탄소 도시공간의 의의

1) 저탄소 녹색도시의 의미

최근 저탄소사회의 형성에 대한 요구에 따라 선진국들은 물론 우리나라에서도 다양하면서도 유사한 개념의 녹색도시가 활발하게 추진되고 있다. 거슬러 올라가면 20세기 초 '전원도시'의 개발로부터 1970년대 중반 등장한 '생태도시'를 거쳐 2000년대에 들어서면서 기후변화에 대응하려는 저탄소 녹색도시, 즉 탄소제로도시, 탄소중립도시, 제로에너지타운, 저탄소 녹색마을 등이 출현하고 있다(이재준 · 최석환, 2008: 121).[23)]

저탄소 녹색도시란 "탄소배출을 최대한 억제하고, 친환경 도시 및 산업기반을 통해 세계화, 지방화에 따른 도시경쟁력 강화를 도모하고 지속가능한 도시로의 구조 변환을 추구하는 도시"를 말하는데,[24)] 이재준(2009)은 이를 녹색에너지를 통해 환경과 경제를 살리고(3E), 녹색도시구조, 녹색교통체계, 녹색성장산업, 녹색에너지, 녹색건축(5G)이 조화된 형태의 도시(3E+5E)로 구조화함으로써, 기후변화 대응과 지속가능한 경제성장을 동시에 추구하는 녹색성장도시로 보고 있다. 한편, 2009년 7월 15일 제정한「저탄소 녹색도시 조성을 위한 도시계획수립지침(제정 국토해양부-28)」에서는 녹색도시를 "압축형 도시공간구조, 복합토지이용, 대중교통 중심의 교통체계, 신·재생에너지 활용 및 물 · 자원순환구조 등의 환경오염과 온실가스 배출을 최소화한 녹색성장의 요소들을 갖춘 도시"

23) 다양한 용어의 녹색도시 개념에 관해서는 강상준(2009), 이순자 · 마이클 장(2009), 왕광익 외(2009), 박순철 외(2005), 이재준(2008) 등에서 유사하게 각자 정의하고 있다.

24) 이순자 · 마이클 장(2009: 18)은 저탄소 녹색도시와 같은 개념으로 에코타운(Eco-Town)을 "지구기후변화에 대응, 탄소배출을 최소화하기 위해 지속가능성 개념에 입각해 정주지의 환경기반을 구축하고, 지역의 생태문화자원을 도시기능 및 산업기술과 창조적으로 융복합해서 경제기회와 공동체의 번영을 이뤄가는, 생태적으로 창발하는 도시"로 정의한다.

라고 규정하고 있으며(제2절 102-4), 이는 학술적으로 거론되는 저탄소 녹색도시와 혼용해서 사용하고 있다.

2) 저탄소 도시공간 조성의 필요성

세계 인구의 50%가 도시에 살고 있고, 전체 에너지의 70%를 소비하며, 전체 이산화탄소의 80%를 배출하고 있어 도시는 기후변화의 가해자인 동시에, 기후변화로부터 가장 큰 영향을 받는 피해자인 셈이다. 기후변화에 대한 대응은 국가보다는 도시 또는 자치단체가 훨씬 실천적이다. 일반적으로 지방 차원에서 기후변화대응을 위한 실천계획들은 ① 화석연료 소비가 줄면 대기오염 감소로 대기질이 개선된다는 점 ② 이산화탄소 배출량 감소를 위한 에너지 효율화 추진으로 에너지 비용이 절감된다는 점 ③ 에너지 효율화에 따라 절감된 비용을 새로운 일자리 창출과 지역 경제발전에 사용할 수 있다는 점 등 부수적 이익과 장점을 꼽고 있다(왕광익, 2008: 47). 이른바 지구적 문제를 지역차원에서 해결함으로써(Think globally, act locally.) 기후변화대응뿐 아니라 지역에 대한 긍정적인 편익을 함께 추구하려는 전략이다.

보다 구체적으로 저탄소 녹색도시의 필요성과 관련하여 영국 Department of Communities and Local Government(DCLG)에서는 Eco-Town의 필요성을 ① 해당 도시 또는 지역만이 가지는 독특한 정체성과 이미지를 제고하는데 기여, ② 질적으로 높은 자연환경과 그린스페이스를 제공, ③ 다양하고 광범위한 수요에 대응한 삶의 질을 제고하는 주거공간을 제공, ④ 신규로 재생에너지와 기타 인프라를 제공 등으로 제시하고 있다(DCLG, 2007; 이순자·마이클 장, 2009: 24).

이와 같이 저탄소 도시공간 조성은 온실가스 배출원으로써 가장 큰 비중을 차지하는 도시에서부터 저탄소화를 실현하고, 그 과정에서 경제성장과 삶의 질 개선을 함께 추구하는 종합적 녹색성장의 실천수단으로써 큰 의의를 갖고 있다.

나. 저탄소 도시공간의 조성 실태

녹색성장이 국정의 핵심방향으로 채택되면서 관련 부처마다 저탄소 도시공간 조성을 위한 독자적인 사업을 추진하고 있다. 가장 대표적인 녹색도시로는 2009년부터 시범공모사업으로 추진하고 있는 녹색성장위원회의 생생(生生, Eco-Rich)도시 정책을 꼽을 수 있다(녹색성장기획단, 2009). '생생'은 '생동하는 생태'를 의미하는 브랜드 용어로 에너지, 교통, 물순환, 자원재활용, 녹색산업, 녹지축, 시민참여 등 7개 부문을 통합한 도시모델이다.

다음으로 녹색 국토·도시 조성의 주무부처인 국토해양부에서는 U-Eco City, 살고 싶은 도시만들기 등 관련 정책을 추진하고 있으며, 2009년 7월 15일 '저탄소 녹색도시 조성을 위한 도시계획 수립지침'을 공표하였다. 이 지침은 기후변화에 따른 자원·환경위기를 극복하고, 저탄소 녹색도시 조성을 위한 제도적 기반을 마련하기 위해 광역도시계획, 도시기본계획, 도시관리계획 수립 시에 고려해야 할 도시계획적 요소를 정리한 것으로, 서울시, 인천시, 춘천시, 남양주시 등에 "저탄소 녹색도시 지향형 도시계획수립" 시범사업을 추진 중에 있다.

환경부는 도시분야에서 적극적인 정책의지를 갖고 자치단체 특성에 맞는 다양한 사업모델을 개발·보급하기 위하여 2007년 하반기부터 기후변화 시범도시 조성사업을 추진하고 있는데, 현재 제주, 과천, 창원, 부산, 광주, 울산, 여수, 원주 등이 지정되어 있으며, 이 밖에도 그린시티, 에코시티 등과 같은 저탄소 녹색도시 시범사업을 추진하고 있다. 산림청은 화석연료를 산림바이오매스로 대체하고, 낙후된 산촌지역 활성화를 위해 2014년까지 11개의 산림탄소순환마을을 시범적으로 조성할 계획이다.[25)]

그 밖에도 농식품부는 2002년부터 녹색농촌체험마을을 지속적으로

25) 산림탄소순환마을이란 산촌지역에서 산림바이오매스를 활용한 에너지와 목재이용을 확대하여 탄소저감을 실현하는 저탄소 녹색마을이다.

추진해 오고 있으며, 행정안전부는 2007년부터 '살기 좋은 지역만들기' 사업을 추진한 바 있으며, 최근에는 녹색마을, 그린마을 등의 시범사업을 추진하고 있고, 지식경제부는 그린홈 보급사업과 마을단위로 신·재생에너지를 설치하는 녹색마을(Green Village) 사업을 추진하고 있다.

표 5-22 중앙부처의 녹색성장형 거점도시 육성시책

구 분	근 거	목 적	주요 내용	추진부처
생생도시	–	- 환경과 경제가 상생하는 녹색성장 모델도시 발굴·확산	- 에너지 등 7개 분야 고려 선정	녹색성장 위원회
기후변화 대응 시범도시	기후변화대응종합계획	- 온실가스 감축을 위한 지자체의 관심 및 참여 유발	- 지자체별 온실가스 감축목표에 따라 중앙정부 간의 협력사업을 설정하여 실행	환경부
그린시티	그린시티 지정계획	- 지자체의 환경관리역량 제고 및 친환경 행정 활성화	- 그린시티 선정 지자체에 각종 인센티브 강화	환경부
에코시티	에코시티 시범사업계획	- 낙후된 지역의 환경 친화적 지역발전 도모	- 산지, 구릉지, 해안가 등 낙후지역으로 에코시티 조성에 열의가 있는 지자체 선정	환경부
저탄소 녹색마을	폐자원 및 바이오매스 에너지 대책 실행계획	- 신재생에너지 보급목표 달성과 녹색뉴딜사업의 신성장동력사업 추진	- 지자체의 수요, 지역특성, 에너지 가용 잠재력 등을 감안하여 규모별 시범마을 후보지를 선정	행안부 농식품부 환경부 산림청
저탄소 녹색도시	녹색도시조성 도시계획수립 지침	- 환경위기를 극복하고, 저탄소 녹색성장 도시공간 조성	- 온실가스 배출현황 조사 및 장래예측, 저감목표설정의 기초자료로 활용	국토부
지속가능 신도시 계획기준	택지개발촉진법 제8조 및 동법시행령 제7조 제5항	- 환경과 경관, 도시경제 및 사회개발이 조화를 이루어 지속가능한 녹색성장 추진	- 건강한 환경과 아름다운 경관, 도시의 경제발전 및 사회개발과 조화를 이루어 지속가능한 녹색성장 달성	국토부
혁신도시	혁신도시 발전방안	- 친환경건축 및 녹색인프라를 통한 저탄소 녹색도시 구현	- 혁신도시의 신재생에너지 도입 등 녹색성장 거점도시로 개발하기 위한 특화된 발전방안 마련	국토부

한편, 중앙정부의 시책과는 별도로 자치단체들도 경쟁적으로 녹색도시, 탄소제로도시, 탄소중립도시 등의 명칭을 사용하여 녹색도시구상을 밝히고 있다. 2005년 10월 준공된 대덕연구개발특구 내 제로에너지타운(zero energy town)은 신재생에너지를 활용하여 소비되는 에너지를 공급하고, 동시에 기존의 에너지 공급체계와 지역 간 네트워크(network) 체제를 구축하여 에너지 자급률 100%가 가능한 블록단위의 에너지자급 타운을 조성하였다. 서울시는 강서구에 조성 중인 마곡지구를 에너지 저소비형, 저탄소 배출의 미래형 친환경 에너지타운(eco energy town of the future)으로 개발해, 세계 최고 수준의 친환경에너지도시로 랜드마크화 하겠다는 계획을 밝히고 있다. 이 계획에 따르면 에너지지수요를 50% 이상 절감하고, 친환경 에너지기술로 에너지 수요의 40% 이상을 신재생에너지로 충당할 예정이다. 또한, 인천시 서구 당하, 마전, 불로, 원당 일원에 들어서는 검단신도시는 신도시 내에 3천 가구 규모의 '제로에너지타운'을 시범적으로 조성할 계획이며, 경기도 화성의 동탄2신도시는 계획단계에서부터 탄소중립형 도시(carbon neutral city) 구조를 적극 도입할 방침이다.

이러한 동향은 자치단체가 정책환경 변화에 적극적으로 부응하고 국정방침에 자발적으로 참여하고 있다는 점에서 고무적인 일임에 틀림없다. 다만, 대부분이 신도시 개발이나 기존 도시 재개발 시 '저탄소', '탄소제로', '탄소중립'의 개념을 도입하겠다는 의지의 표명이거나 또는 아직은 실험화 단계의 시범도시 수준에 머물고 있으며, 실용화와 확산이 되기 위해서는 효용성과 타당성을 입증할 수 있는 도시계획, 도시설계 및 건축 차원의 실천적 연구가 축적되어야 한다.

표 5-23 자치단체 저탄소 시범도시 조성 실태

지 역		도시 및 지구명칭	비 고
서울	강서구 마곡동	마곡지구	계획
	송파구	위례 신도시	계획
부산		저탄소 녹색 해양도시	계획
인천	검단 신도시	제로 에너지 타운	계획
대전	대전	저탄소 녹색환경 도시	계획
	대덕연구개발특구	제로 에너지 타운	건설 완료
대구		저탄소 도시 대구	계획
광주		저탄소 시범도시	계획
울산		친환경 녹색 산업도시	계획
경기	화성 동탄 신도시	탄소제로 도시	계획
	김포 한강 신도시	저탄소형 도시	계획
	양주 옥정	저탄소 녹색도시	계획
	양주 장옥	저탄소 생태도시	계획
	남양주시	친환경 생태 명품도시	계획
	가평군	에코피아-가평	조성 중
	평택 고덕 국제도시	탄소중립 도시	계획
강원	평창군	탄소제로 도시	계획
	태백시	저탄소 녹색성장 모델도시	계획
	춘천시	저탄소 녹색도시	계획
충북	괴산군 미루마을	탄소제로 마을	조성 중
	진천, 음성 일대(중부 신도시)	저탄소 에너지 집약형 도시	계획
충남	홍성, 예산 일대(도청이전 신도시)	탄소 녹색도시	계획
	연기군, 공주시 일대(세종도시)	탄소제로 도시	계획
	천안 불당동 및 아산 배방면, 탕정	친환경 저탄소도시	계획
	아산시 탕정지구	신재생에너지 시범도시	계획
전북	전주시	탄소제로 도시	계획
전남	서남해안 관광레저도시	탄소제로 도시	계획
	무안 기업도시	탄소제로 도시	계획
	광주-전남 공동혁신도시	탄소제로 도시	계획
	광양시	에코시티(Eco City) 광양만들기	계획
	순천시	저탄소 녹색성장 선도도시	계획
경북	울릉군	화석연료 제로(Zero) 도시	계획
	구미시	저탄소 녹색도시	계획
	포항시	명품 그린도시 포항	계획
	안동시	저탄소 도시 만들기	계획
경남	통영시	에코 아일랜드	계획
	창원시	탄소 중립도시	계획
제주	서귀포시	탄소제로 도시	계획

자료: 이순자·마이클 장(2009), p. 47

다. 저탄소 도시공간의 조성방안

1) 녹색도시

녹색성장형 거점도시로써의 녹색도시를 조성하기 위해서는 탄소배출 감소와 지역특화발전을 동시에 달성할 수 있는 표준형 모델을 개발하고 시범사업을 적극 지원하여 성공모델을 전국적으로 확산시킴으로써 국토공간의 녹색화를 추진해야 한다.

첫째로, 저탄소 녹색도시의 유형별 계획요소를 개발해야 한다. 도시차원에서 탄소저감 및 흡수, 그리고 경제성장을 실현할 수 있는 계획요소들을 도출하여 계획 단계에서부터 자치단체들이 자율적으로 적용할 수 있도록 유도할 필요가 있다. 녹색도시의 계획요소에 대해서는 선진국의 사례와 선행연구 등에서 다양한 요소들을 제시하고 있는데(국토해양부, 2009; 이재준·최석환, 2009; 이재준, 2009; 이상문, 2009 등), 대체로 토지이용, 교통, 신·재생에너지, 에너지 저감, 자원순환, 녹지 및 수자원 등으로 구성되어 있다. 이때 표준적인 계획요소들은 지역별로 여건과 특성에 따라 전원형, 도심형, 수변형, 해안형, 농촌형 등으로 구분하여 자치단체가 유통성 있게 적용함으로써 특화발전을 도모하는 것이 바람직하다.

둘째로는 녹색도시 계획요소들을 실제 적용할 때 활용할 수 있도록 적용기법과 기준, 원칙 등이 개발되어야 한다. 위에서 언급한 도시 유형별로 도시, 단지, 주택에 각각 적용할 계획요소를 구분한 다음, 이를 다시 단독주택, 공동주택, 공공시설, 녹지 등 세분화된 대상에 따라 적용기법과 기준을 구체적으로 개발해야 한다. 이때 계획요소의 적용기법과 기준 등을 구체적이고 과학적으로 개발하기 위해서는 탄소배출량과 흡수량을 정확히 산정되어야 한다. 즉, 도시의 각 시설 또는 활동에서 어느 정도 탄소배출이 나타나고 계획요소를 적용했을 때 어느 정도의 탄소흡수를 달성할 수 있는지를 추정할 수 있어야 한다. 이를 위해서는 외국의 사례분석은 물론 국내의 다양한 사례조사를 통해 배출·흡수 원단위 산정에 관한 연구가 충분히 축적되어야 한다(국토연구원, 2008).

셋째로는 자치단체들이 녹색도시 조성을 선도하고 주민, 기업의 자발적 참여를 유도하기 위해서는 녹색도시 조성과 관련된 각종 사업에 대해 인센티브를 부여할 필요가 있다. 즉, 초기 단계에서 기업과 주민에게 돌아가는 경제적 부담에 대하여 보조금 지원, 설치비 지원, 지방세 감면, 용적률 등 토지이용규제 완화 거주자 세금감면, 입찰 시 가점부여, 분양가 보전 등 다각적인 인센티브를 제도화함으로써 녹색실천을 위한 참여도를 높여야 한다.

넷째로는 비도시 지역에 대해서 녹색커뮤니티 또는 녹색마을을 적극 조성・확산해야 한다. 녹색커뮤니티 조성은 동, 면, 마을 이하의 최소정주공간인 커뮤니티를 대상으로 저탄소화와 녹색성장을 구현하는 공간조성시책을 말한다. 기본적으로 녹색이 가지는 의미와 커뮤니티로서의 특성과 정체성이 창조적으로 결합된 개념이며(유광흠, 2010), 정부에서는 현재 저탄소 녹색마을(Smart Village), 신재생에너지마을(Green Village) 등의 시책을 추진하고 있다. 녹색커뮤니티는 정체성이 요구되는 소단위 지역을 대상으로 하기 때문에, 특히 사회적, 경제적, 환경적 측면에서 지역의 자산 및 특성을 고려한 단계적, 종합적 접근이 필요하다(EPA, website).[26] 또한, 가급적 지역문제 해결, 주민 소득 및 일자리 창출, 주민 삶의 질 향상과 같은 가시적 성과와 직접적으로 연결될 수 있도록 세부사업을 구상하고 자율적 녹색실천을 주도할 수 있는 공동체적 거버넌스 구축 및 주민운동의 확산을 통해 주민의 자발적 참여와 협력을 이끌어내야 한다.

다섯째로는 녹색도시 조성에 관련 제도개선이 필요하다. 광역도시계

26) 미국 환경보호국(EPA)에서는 Green Community 조성전략으로 1단계: Community Assesment(Where are we now?), 2단계: Trens Analysis(Where are we going?), 3단계: Vision Statement(Where do want to be?), 4단계: Sustainable Action Plans(How do we get there?), 5단계: Implementation(Let's go!) 등 5단계 전략을 제시하고 있다(http://www.epa..gov/greenkit/).

표 5-24 저탄소 녹색도시 계획요소

목 표	부 문	계획요소
온실가스 감축	토지이용	1. 집약형(압축형) 도시구조
		2. 일조량, 풍량 등을 고려한 단지 배치
		3. 대기순환을 고려한 시설물 배치
		4. 바람길 확보
	녹색교통	5. 보행자 전용도로 및 네트워크
		6. 자전거 전용도로 및 네트워크
		7. 에너지 절약형 신교통수단
	신재생에너지	8. 태양광 발전시스템
		9. 태양열 온수시스템
		10. 지열 냉난방시스템
	에너지 절감	11. 고단열 고기밀 자재
		12. 고성능 창호
		13. 자연환기 시스템
		14. 자연채광
		15. 폐열회수 시스템
		16. 일조 고려 건물배치
	자원저감	17. 우수활용
		18. 재활용 자재 사용
		19. 폐기물 재활용 시스템
온실가스 흡수	녹지	20. 탄소정화 숲
		21. 가로변 녹화
		22. 옥상녹화
		23. 탄소정화 수목식재
		24. 녹지와 비오톱 연계
	수자원	25. 자연형 하천
		26. 투수성 포장
		27. 생태면적률
		28. 자연지반녹지율
기후변화 적응	시민운동	29. 주민생활지침
		30. 기후변화 시민운동

자료: 이재준(2009).

획, 도시기본계획, 도시관리계획, 지구단위계획 등 도시계획의 수립 및 승인·결정은 물론, 각종 택지 및 도시개발 관련 사업의 심의, 의결, 승인 과정에서 저탄소 녹색도시 구현을 위한 원칙이나 운영지침 등 가이드라인을 제시함으로써, 저탄소 녹색성장 추진방향으로 유도하기 위한 제도 개선이 요구된다.

2) 녹색산업도시

녹색산업의 효율적 육성을 위해서 녹색산업 클러스터 육성, 기존 산업집적지의 에너지 효율 제고, 지역단위의 분산형 에너지 생산 및 활용 체계 구축 등 녹색산업의 과제를 통합 추진할 수 있는 녹색산업도시를 육성하자는 제안이 설득력있게 받아들여지고 있다(김영수·송하율·김찬준, 2009). 녹색산업도시는 기존의 생태도시 개념에 녹색산업 클러스터와 주력산업의 화석연료 저감을 통한 저탄소 녹색경제 구현을 결합한 지역단위 복합체를 말한다.

녹색산업도시와 같은 새로운 개념이 필요한 이유는 많은 지역들에서 단편적·분절적으로 추진되고 있는 녹색성장 관련 사업들은 체계화하고 종합할 필요가 있기 때문이다. 녹색성장전략은 경제운영과 산업발전의 새로운 패러다임으로써, 지역단위에서 녹색기술 개발을 통한 에너지 효율 제고, 신재생에너지 제조 및 발전 확대, 자원순환형 경제체계 구축 등을 통합적 관점에서 추진할 때 효과를 발휘할 수 있으며, 녹색산업도시는 녹색성장전략의 핵심적 요소를 통합적으로 추진할 수 있는 기본 틀로서의 의미를 갖는다.

울산공단 경우가 가장 대표적인 사례로서 전형적인 산업단지에서 탈바꿈하여 자원순환형 생태산업단지로 전환한 본보기이다. 녹색산업 중심의 테크노 산업단지를 개발함과 동시에 기존산업에서도 폐기물들을 인접 공장으로 건네 새로운 자원, 즉 공정연료나 원료로 재활용하는 자원순환형 생태산업단지로 바꿔가고 있으며, 울산대공원, 장미원 등 생태시설 설

그림 5-3 울산 산업단지의 자원순환 개념도

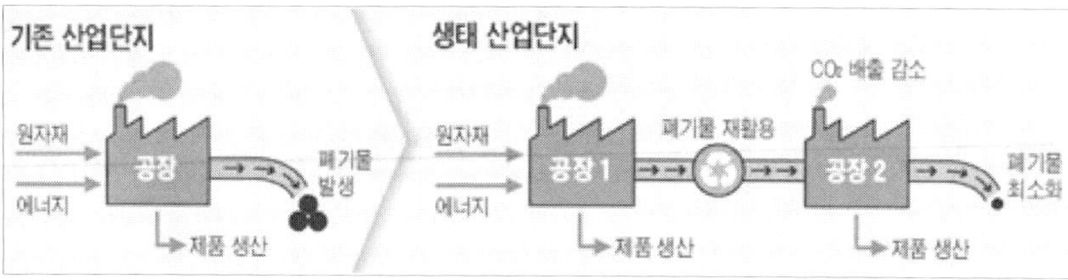

치, 태화강의 수질복원, 울산과학기술대학 설립 등 산업과 생태와 문화가 복합된 녹색산업도시를 지향하고 있다.

녹색산업도시 조성은 녹색산업 육성의 관련 사업들을 체계화·종합화함으로써 투자 효율성을 제고하기 위한 사업이다. 우선 녹색산업의 현재 집적 상황, 각 산업부문별 전후방연관관계, 가치사슬구조, 입지요인 및 여건 등에 대한 분석을 통해 지역별 전문화와 특화를 유도할 필요가 있다. 또한, 지역의 녹색산업 클러스터 내 제조기업을 육성하는 것뿐만 아니라 기초지자체 단위의 에너지 자립과 연계한 에너지 관련 기업(태양광, 풍력 등의 보급, 유지 및 보수, 에너지컨설팅 전문기업 등)을 적극 육성함으로써, 지역 내 일자리 창출에 기여하는 것도 중요한 과제이다.

이를 위해 에너지다소비형 산업집적지를 중심으로 '탄소중립화' 시범도시 조성을 추진하여 모범사례를 만들 필요가 있다. 아울러 자치단체는 시범도시에 도시환경 정비와 생태환경 조성을 병행 실시함으로써, 산업과 생태가 어우러지는 도시를 창출해야 한다. 참고로 녹색산업도시를 요소에 따라 유형화하면 녹색산업클러스터 중심형, 기존산업의 에너지효율 제고형, 자원순환형·생태도시형, 녹색성장 종합형 등 네 가지 유형으로 구분할 수 있으며, 각 자치단체의 여건과 잠재력에 따라 유형별로 맞춤형의 세부사업들을 추진하도록 한다.

표 5-25 녹색산업도시의 유형 및 주요 사업 예시

유 형	유형별 주요 사업(예시)
녹색산업클러스터 중심형	· 신재생에너지산업과 녹색신기술산업(그린카, 그린 IT, LED 응용 등)에 대해 허브 클러스터를 선정하여 집중 육성
기존 산업의 에너지효율 제고형	· 탄소중립화 시범 산업집적지에 대한 세제 및 자금 지원 · 에너지 고효율 설비 개체에 대한 금융 지원 · 생태산업단지 조성 및 전환 지원
자원순환형·생태도시형	· Re-manufacturing 산업 활성화, 바이오매스 등 폐기물의 에너지 재활용 지원 · 녹색 대중교통 체계 확립: CNG(Clean Natural Gas) 버스, 하이브리드 및 연료전지 버스 운행, 자전거 이용 촉진 · 그린홈·그린스쿨 등 에너지 효율 제고: LED 조명 교체, 건물 옥상·벽면 녹화사업 등
녹색성장 종합형	· 상기 유형별 주요 사업의 종합적 추진

자료: 김영수·송하율·김찬준(2009)

제4절 녹색성장형 특화발전의 제도기반 구축

1. 녹색성장과 신지역발전의 연계

가. 신지역발전과 녹색성장의 연계 필요성

지역발전과 관련된 국가의 가장 기본적인 상위의 정책기조는 녹색성장과 신지역발전으로 향후 지역발전이 지향해야 할 가치와 방향을 제시하고 있다. 전자는 지구환경의 위기에 직면하여 환경보전과 경제성장의 선순환적 조화(탈동조화)를 통한 지속가능한 국가발전의 추구라는 새로운 국가발전전략이며, 후자는 일자리와 삶의 질이 보장되는 경쟁력 있는 지역의 창조를 비전으로 개성있는 지역특화발전을 통하여 국가균형발전을 도모하는 지역발전전략이다.

표 5-26 녹색성장정책과 신지역발전정책 비교

	녹색성장정책	신지역발전정책
제 도	· 저탄소 녹색성장 기본법(특별법)	· 국가균형발전특별법
총괄조정기구	· 녹색성장위원회 – 녹색성장기확단	· 지역발전위원회 – 지역발전기획단
추진부처	· 지경부, 환경부 등 소관부처	· 지경부 등 소관부처
계 획	· 녹색성장 국가전략 및 녹색성장 5개년 계획 – 중앙추진계획 – 지방추진계획	· 지역발전 5개년 계획 – 부문별 지역발전계획 – 초광역개발계획 – 광역발전계획(기초생활권 발전계획 포함)
사 업	· 저탄소 녹색성장 추진 – 녹색경제, 녹색산업, 자원순환, 녹색기술, IT 보급, 녹색금융 등 · 저탄소 녹색사회 구현 – 기후변화 대응, 에너지절감 및 이용 효율화 등 · 녹색생활 및 지속가능발전 실현 – 녹색국토관리, 녹색교통체계, 친환경 농수산, 녹색건축, 생태관광, 녹색소비, 녹색생활 운동 등	· 지역산업육성 · 지역인력양성 및 과학기술 진흥 · 지역거점육성 및 물류교통망 확충 · 지역문화관광 육성 · 낙후지역 발전촉진 · 공공기관, 기업, 대학 지방이전
재 정	· 일반회계	· 광역 · 지역발전특별회계

하지만 양자 간의 관계를 보면 녹색성장과 지역발전이 별개의 시스템으로 구성·작동됨으로써, 제도적이고 실질적인 연계성이 매우 부족한 실정이다. 녹색성장정책이 주로 중앙부처 중심의 투자로 추진되고 있어 같은 국가주도사업인 신지역발전정책의 초광역개발사업에 대해서는 계획 단계에서 상당한 연계성을 반영하고 있으나,[27] 자치단체가 주도하는

27) 남해안 선(sun)벨트는 관광·휴양, 동해안 에너지·관광벨트는 신재생에너지·관광, 서해안 신산업벨트는 지식·첨단산업 융복합화, 접경벨트는 생태, 내륙특화벨트에서는 자원활용 특화개발 등이 계획되어 있다.

여타 광역경제권 및 기초생활권에서는 양자 간의 연계성이 상대적으로 미흡한 수준이다.

녹색성장형 지역특화발전을 위해서는 국가발전 및 지역발전의 양대 축인 녹색성장정책과 신지역발전정책의 접목이 필요하다. 즉, 녹색성장은 지역의 경제활성화와 주민의 삶의 질 향상에 기여해야 하며, 지역발전 또한 기후변화 대응과 지구환경 보전에 도움이 되는 방향으로 추진되어야 한다. 녹색성장이 환경과 경제의 탈동조화를 통해 기후변화에 대응하면서 동시에 경제성장을 추구하는 전향적 개념이고, 현대적 지역개발도 환경친화적 지속가능한 개발이 강조되고 있어, 양자 간에 목표상 상충성은 그다지 크지 않으며 문제는 실천수단의 연계화가 주요 관건이다.

나. 신지역발전정책의 녹색전환

녹색성장과 신지역발전의 연계를 통한 녹색성장형 특화발전을 위해서는 두 가지 방향에서 대안이 모색되어야 하는데, 하나는 신지역발전정책에서 추진하는 기존의 지역개발사업(광역발전계정과 지역개발계정 모두 포함)을 저탄소형으로 녹색전환하는 것이며, 다른 하나는 녹색성장사업 중 녹색성장 잠재력 활용과 지역발전효과가 큰 사업을 우선적으로 선정하여 지역특화발전사업으로 추진하는 것이다.

첫째, 녹색성장정책과 광역경제권 발전정책의 연계를 강화해야 한다. 권역별로 녹색성장 잠재력과 역량을 결집하여 광역경제권 발전정책의 핵심사업인 권역별 선도산업과 연계성이 있는 융복합형 사업을 적극 발굴, 추진함으로써 새로운 성장동력을 찾아야 한다. 아울러 시도지역 차원에서도 지역적 특성을 고려한 녹색특화(Green test-bed)사업을 새로 발굴하여 녹색산업 클러스터로 육성할 필요가 있는데, 강원의 Wellness Cluster 시범단지, 전북의 신재생에너지시범단지, 전남의 U-Green 농장, 제주의 스마트그리드 시범단지 등을 예로 들 수 있다.

둘째, 기초생활권 발전정책에도 녹색성장의 구상이 반영되어야 한

표 5-27 광역경제권별 선도산업육성계획

<table>
<tr><th>권 역</th><th>발전방향</th><th>선도산업</th><th>선도 프로젝트</th></tr>
<tr><td>수도권</td><td>세계를 선도하는 비즈니스 허브</td><td colspan="2">지식정보산업</td></tr>
<tr><td rowspan="4">충청권</td><td rowspan="4">과학기술과 첨단산업의 중심, 대한민국의 실리콘 밸리</td><td rowspan="2">의약 바이오</td><td>기업맞춤형 의약바이오 허브 연계 사업</td></tr>
<tr><td>첨단 신약 및 의료소재 실용화 지원사업</td></tr>
<tr><td rowspan="2">뉴 IT</td><td>차세대 무선통신 단말기 부품소재 사업</td></tr>
<tr><td>IT 기반의 그린 반도체산업 성장 거점화사업</td></tr>
<tr><td rowspan="4">호남권</td><td rowspan="4">문화예술과 친환경 녹색성장의 창조지역</td><td rowspan="2">신재생 에너지</td><td>동북아 태양광산업 클러스터 조성사업</td></tr>
<tr><td>서남해안 풍력산업 허브 구축사업</td></tr>
<tr><td rowspan="2">친환경 부품소재</td><td>친환경 광기술기반 융합부품·소재 육성 사업</td></tr>
<tr><td>고효율·저공해·친환경 하이브리드 자동차 부품소재산업</td></tr>
<tr><td rowspan="4">동남권</td><td rowspan="4">환태평양시대의 기간산업 및 물류 중심지</td><td rowspan="2">수송기계</td><td>그린카 오토벨트 구축사업</td></tr>
<tr><td>해양플랜트 글로벌 허브 구축사업</td></tr>
<tr><td rowspan="2">융합 부품소재</td><td>기계기반 융합부품소재 진흥사업</td></tr>
<tr><td>수송기계 안전편의부품소재 허브 구축사업</td></tr>
<tr><td rowspan="4">대경권</td><td rowspan="4">전통문화와 첨단지식산업의 신성장지대</td><td rowspan="2">IT 융복합</td><td>IT 융합 의료기기 글로벌 경쟁력 강화사업</td></tr>
<tr><td>IT 융합 실용로봇 글로벌 경쟁력 강화사업</td></tr>
<tr><td rowspan="2">그린 에너지</td><td>태양광 부품소재 글로벌 경쟁력 강화사업</td></tr>
<tr><td>수소·연료전지 글로벌 허브 구축사업</td></tr>
<tr><td rowspan="2">강원권</td><td rowspan="2">환동해권 관광휴양 및 웰빙산업의 프론티어</td><td>의료융합</td><td>Bio-Medical 융복합산업의 글로벌 기술사업화</td></tr>
<tr><td>의료관광</td><td>동북아 의료관광거점 구축 사업</td></tr>
<tr><td rowspan="2">제주권</td><td rowspan="2">아시아 최고수준의 국제자유도시</td><td>물산업</td><td>제주워터 글로벌 브랜드 기반구축</td></tr>
<tr><td>관광레저</td><td>리조트 기반형 MICE 산업 선진화 전략</td></tr>
</table>

다. 기초생활권발전사업은 전적으로 시·군 자치단체의 주도로 추진되는 만큼 시·군이 당해지역의 녹색자원을 활용하고, 여기에 창의적 아이디어를 접목하여 녹색특화사업을 발굴·육성해야 한다. 특히, 사업구상이 비교적 자유로운 포괄보조금사업(광특회계 시군자율편성사업)에서는 중앙부처의 관여를 배제하고, 자치단체가 자유롭게 사업을 설계하도록 제도

화함으로써 지역특화발전을 유도해야 한다. 기초생활권 차원에서는 차별성 없는 무리한 녹색산업의 추진보다는 오히려 녹색환경 조성 또는 녹색생활 실천에 관련된 중소기업 및 사회적 기업 또는 지역공동체사업(커뮤니티 비즈니스) 등 그린비즈니스를 발굴·지원함으로써 주민의 소득과 일자리를 창출하는 것이 바람직하다. 여기에 속하는 그린비즈니스의 사례로는 생태·어메니티자원 활용사업, 녹색환경조성사업, 녹색건축사업, 녹색에너지 보급사업, 도시농업, 폐기물재활용사업 등을 꼽을 수 있다.

셋째, 지역발전위원회가 주관하는 창조지역사업과 연계가 필요하다. 창조지역사업은 정책용어로서 '새롭고 차별성있는 사업을 통해 지역의 잠재능력과 정체성을 찾고, 지역의 경제, 사회, 문화의 가치를 창출하는 지역을 만드는 지역개발사업'이라고 조작적으로 정의한다(김도형, 2010: 48).[28] 광특회계 지역개발계정의 포괄보조금의 공모사업으로 추진하는데 2010년 처음으로 14개 사업을 선정한 바 있다. 기존 광역경제권 또는 기초생활권사업의 사업체계 및 예산배분체계가 경직화되어 있는 것과 달리, 창조지역사업은 포괄보조금 내에서 융통성있는 공모사업으로 추진하기 때문에 지역자원의 활용에 창조성을 가미하기만 하면 자치단체의 사업구상에 거의 제한이 없다. 때문에 가장 녹색성장형 특화발전사업에 가장 부합하는 정책사업 영역이라 할 수 있다. 따라서 창조지역사업 선정기준에 녹색자원의 활용, 기후변화 대응, 녹색성장에의 기여도 등 녹색성장 관련요소를 부가하여 창의적이고 특성화된 녹색성장사업을 우선적으로 선정할 필요가 있다.

---

28) 창조지역사업은 중앙정부의 지원을 받는 점에서 외생적 창조이며, 지역의 정체성을 중요시하고 성과창출을 강조하는 사업이다(김도형, 2010: 48-49).

표 5-28 2011년 창조지역 사업

	사업명		주요 특징
대전	(대덕구)배달강좌제		· 평생학습+서비스개선
충북	(음성군)동요 에듀케어 Project		· 전래동요+교육문화관광+농촌경제
충남	(공주시)사이버시민과 5도 2촌, 주말도시 융복합 사업		· 사이버시민+도농교류(도시농업)
	(서산시)Birds of Korea Project		· 철새+모바일 Application
전북	전주시	국선생 막프로젝트	· 막걸리+전통주+지역재생
		소리산업 아카이브 구축	· 소리+음향산업
전남	순천시	행복24시 정겨운 순천사람들	· 자원봉사+의료·복지
		문화로 가꾸는 경관농업	· 논+캔버스+순천만+철새
경남	(고성군)공룡특화자원화-4D 입체		· 공룡+영상→창조자원화
	(남해군)생생 테마랜드-에너지 자족마을		· 환경집적시설+공공디자인→창조자원화
	(산청군)동의보감촌 문화콘텐츠 제작		· 동의보감→창조자원화
경북	(경산시)로터스 floating 아일랜드 가든		· 연꽃+수상식물원→창조자원화
	(예천군)꿀벌 우수 종봉선발 사업		· 꿀벌→창조자원화
강원	(정선군)아리랑의 고향 정선 조성		· 정선아리랑→창조자원화
	12개 시군구, 14개 사업		

자료: 김도형(2010), p. 50

넷째, 녹색성장형 지역특화발전을 유도하기 위해서는 신지역발전의 광특회계 운영방식을 개선할 여지가 있다. 광특회계 보조사업에 대한 예산배분구조를 개편하여 부처 편성인 광특회계 광역계정의 일부를 포괄보조(광역경제권 시도 자율편성)로 개편하고, 시도별로 특화사업의 공모 및 평가를 통해 광역경제권별 녹색성장형 특화발전을 유도하는 것이 바람직하다. 이렇게 할 경우 현재 추진하고 있는 기초생활권 차원의 창조지역 사업을 시도 단위까지 확대 추진할 수 있다. 또한, 기초생활권에 적용하는 지역계정(시도자율편성 및 시군자율편성)의 보조금 배분 및 평가 등에서도 녹색성장형 지역특화사업에 대해서는 예산에 우선 반영하도록 조치할 필요가 있다. 즉, 부처별 보조사업의 승인, 공모사업의 선정, 추진실적 평가 등에서 저탄소 녹색화 기준을 적용함으로써 지역개발사업의 녹색전환과 녹색성장형 신사업 발굴을 유도해야 한다.

2. 자치단체의 관련 제도 정비

녹색성장기본법이 제정되어 후속조치로 환경, 에너지, 국토개발, 도시계획 등 관련 법제도도 녹색성장에 부합하도록 개정되어야 하며, 자치단체 차원에서도 녹색성장을 추진하고 지원하는 관련 조례를 정비해야 한다. 이미 서울시가 2008년 9월 30일 「기후변화의 대응에 관한 조례」를 제정한 이래 여러 자치단체들이 기후변화 대응과 녹색성장에 관련된 조례들을 제정하고 있다. 대부분은 기후변화 대응 조례, 에너지 기본조례, 자전거이용 활성화 조례, 친환경산품 구매 조례, 친환경농업 육성조례 등과 같이 기후보호나 환경보전 등에 필수적인 조례들로 구성되어 있지만, 전북의 자동차공회전 제한 조례, 천연가스 자동차구입 의무 조례와 같이 특별한 조례도 눈에 띤다.

가장 중요한 「녹색성장조례」의 경우 정부에서 표준조례(안)을 시달한 이후, 상당수의 자치단체들이 조례를 제정했거나 제정을 준비 중에 있다. 녹색성장 관련 조례는 녹색성장기본법의 내용을 충분히 검토한 후

표 5-29 충청남도의 관련 조례 제정 사례(2009)

에너지 관리 기본조례, 녹색 사회적 기업 육성에 관한 조례, 친환경농업 육성조례, 친환경상품 구매촉진조례, 푸른충남 21추진협의회 설치운영 및 지원조례, 환경보전자문위원회 조례, 환경기본조례, 자연환경 보전조례, 야생동식물 보호조례, 천연가스 자동차 구입 의무화 시행에 관한 조례, 수질환경 보전조례, 빗물관리에 관한 조례, 자전거 이용 활성화에 관한 조례 등

그 후속조치로서 자치단체가 해야 할 일을 선정해야 하며, 특히 시행령과 조례의 내용이 중복되지 않도록 유의해야 한다. 이때 무조건 표준조례안을 그대로 따르거나 또는 타 자치단체의 관련 조례를 모방하기보다는 해당 자치단체의 특수성과 여건을 고려하여 특화발전을 촉진할 수 있는 방향으로 제정하는 것이 바람직하다.

3. 참여 · 협력형 녹색거버넌스 구축

가. 녹색거버넌스의 의의

거버넌스는 사회 통치에 있어서 정부의 역할과 정부와 민간의 관계, 그리고 공공과 민간의 역할 및 작동원리에 대한 새로운 개념이며 규범적 체계이다. 다시 말해 기존의 정부의 단독적이고 일방적인 통치를 넘어서는 상호의존적이며, 공동의 주도에 기반한 이슈 중심의 다자적 통치 방법이다.

에코 거버넌스(eco governance) 혹은 환경 거버넌스(environmental governance)라고도 하는 녹색 거버넌스는 국가 안에서 탈중심화 또는 국지화(localization) 경향을 의미하는데, 특히 녹색성장에서 두드러진다. 기후변화, 환경오염을 해결하고 녹색기술 개발을 통해 일자리를 만들고 경제를 성장시키는 것은 중앙정부의 힘만으로 이루어지는 것이 아니다. 자치단체, 기업, 그리고 소비자이면서 실천자인 시민의 힘이 필수적이다. 녹색성장은 정부의 정책인 동시에 전 지구적인 운동이어서 발상과 선도 역할을 담당하는 정부 못지않게 실천에서 차지하는 기업과 소비자, 시민단체의 역할이 매우 중요하고 이들의 역할이 상호의존적이라는 점에서 정부의 단독 통치보다는 거버넌스 형태의 통치를 필요로 한다.

중앙정부는 국가전략을 수립하고 지자체에 이를 확산하며 기업과 시민에게 규제, 투자, 인센티브, R&D, 인프라 등의 정책 서비스를 제공한다. 이를 통해 기업은 생산과정에서 환경오염을 최소화하고 친환경적 생산활동에 참여하며, 시민은 에너지 절약과 친환경적 생활을 실천한다. 이 과정에서 중앙정부는 자치단체로 하여금 녹색성장의 정책추진에 참여토록 함으로써 일선에서 대국민과의 정책관계를 유지한다. 한편, NGO, 지역단체, 종교단체, 소비자단체 등 시민단체는 녹색 가치관 정립, 어젠다 세팅, 녹생활 실천운동, 환경 감시와 모니터링 등 다양한 활동을 지원한다. 이와 같이 녹색 거버넌스는 주체들이 상호의존적으로 맞물려 있는 순환적 통치체제이다.

한편, 거버넌스적 대응의 필요성은 지역특화발전에서도 마찬가지이다. 종래 지역개발에서는 예산배분과 투자 위주의 하드웨어 중심의 물리적 개발이어서 일방적인 관주도로 추진이 가능했지만, 소프트웨어 중심의 연성개발이 강조되면서 상황이 많이 바뀌고 있다. 시설보다는 창조와 혁신이 강조되는 특화발전에서는 사업의 발상, 제안, 실행, 투자 등에서 주민과 기업이나 이해관계단체들의 참여와 협력이 필수적이라는 인식이 확산되고 있다. 최근 주민주도형 또는 주민참여형 지역개발사업이나 민관합자형 지역개발사업이 많이 추진되는 것도 이런 연유이다. 따라서 녹색성장형 특화발전사업이야말로 지역 내 모든 주체들의 참여와 협력을 토대로 하는 거버넌스적 추진이 필요하다.

나. 참여 · 협력형 녹색거버넌스 구축

우리나라 녹색성장 추진체계는 소관업무별로 각 부처가 정책을 집행하고, 국가전략 차원에서 녹색성장위원회가 정부의 정책을 심의하고 조율하는 형태로 되어 있다. 녹색성장기본법에서도 파악할 수 있듯이 녹색성장 정책은 거의 전적으로 중앙정부 주도로 추진하는 구조이다. 물론 중앙정부의 녹색정책은 지방추진계획에 의해 시도로 확산하도록 되어 있으나, 일부 지역에서는 계획 자체가 부실하여 기존 정책에 녹색포장을 하는 경우도 적지 않으며, 기초자치단체로 내려가면 이러한 경향은 더욱 심하다. 뿐만 아니라 중앙정부의 정책수립과정에서도 자치단체, 시민, 시민단체, 기업 등의 참여를 높이기 위한 노력이 부족하여 선진국들의 녹색 거버넌스가[29] 정부 외에 다양한 지역 구성원의 참여를 당연시하는 것에 비해 매우 미흡한 실정이다.[30]

중앙정부 주도의 추진방식은 지역발전정책에서도 부분적으로 드러난다(김선기, 2010). 지방의 자율을 강조하지만 실질적으로는 예산통제수단을 매개로 중앙부처가 지역의 소소한 지역개발사업까지 관여하는 관행이 불식되지 못하고 있다. 이러한 문제점을 완화하기 위하여 포괄보조금제를 도입・운영하고 있으나, 아직은 형식적 운영에 그친 채, 정착단계에 이르지 못한 형편이다. 녹색성장형 특화발전을 위한 거버넌스 구축을 위해서는 중앙의 추진체계와 지방의 추진체계 정비, 그리고 정부와 민간을 아우르는 거버넌스의 확립이 요구된다.

첫째, 중앙의 추진체계에서 가장 시급한 사항은 각 부처의 녹색성장 업무를 통합・조정하는 일이며 위원회조직의 성패와 직결되어 있는 사안이다. 녹색성장위원회는 자체사업을 위한 별도의 특별회계가 없어 예산통제를 통한 부처 간 업무조정이 쉽지 않기 때문에, 실무조직인 녹색성장기획단을 총리실이 직접 관장함으로써 부처 간 조율과 자치단체와의 협조를 원활히 할 필요가 있다.

둘째, 자치단체 내에서도 총괄조정이 이루어져야 한다. 녹색성장 담당부서와 지역발전 담당부서의 유기적 연계와 민간부문과의 네트워크 형성을 통해 자치단체의 인적, 재정적, 기술적 추진역량의 결집이 필요하다. 이를 위해서는 녹색성장기본법에 따라 자치단체에 녹색성장 관련 업무를 전담하기 위해 지정하고 있는 녹색성장책임관에게 부서 간 관련 업

---

29) 예를 들어 스웨덴의 지속가능성장위원회(Swedish National Council for Sustainable Development)나 독일의 지속가능위원회(German Council for Sustainable Development)에서는 기업, 노조, NGO, 과학계, 소비자 단체, 교회, 노조, 미디어, 지역 이해단체 등이 참여하고 있다(OECD, 2007).

30) 녹색성장위원회의 민간위촉위원 29명 중 기업대표 5명, 개발전문가 1명을 제외하면 나머지는 학계대표로 구성되어 있다.

무 및 예산의 총괄조정에 관한 권한이 부여되어야 실질적인 책임관(Chief Offcer)으로서의 역할을 다할 수 있다.

셋째, 자치단체가 주축이 되고 기업, 주민, 시민단체, 유관기관 등이 참여하는 녹색거버넌스를 구축해야 한다. 기존 지역발전 관련 광역경제권 자문회의, 시군지역발전협의회 등에 녹색성장 관련 전문가를 추가 참여시키고, 해당 위원회나 자문회의에 녹색성장분과를 추가 설치하고 녹색성장 관련 심의기능을 보강하여 폭넓은 네트워크를 구축함으로써 녹색성장형 특화발전을 촉진할 필요가 있다.

참고문헌

강인원(1997), "내생적 개발과 지역정책에 관한 연구", 『지역사회발전연구』, 제22권 2호, pp. 7-25.

고재경 외(2009), 『저탄소 사회 형성을 위한 지역의 실천전략』(1)-(2), 경기개발연구원.

과학기술정책연구원(2009), 『16개 시도의 지역녹색혁신역량 비교분석 및 발전전략』, 제310회 과학기술정책포럼 발표자료.

―――(2010), 『지역경제활성화를 위한 녹색클러스터 추진전략』, 세미나 발표자료집.

국토연구원(2008), 『기후변화에 대응한 지속가능한 국토관리전략(Ⅰ)』.

국무총리실 외(2008), 『제1차 국가에너지기본계획(2008~2030)』.

국무총리실 · 기후변화대책기획단(2008), 『기후변화대응 종합기본계획』.

국토해양부(2009), 『기후변화에 대비한 도시계획적 대응방안 연구』.

기획재정부 외(2009a), 『녹색뉴딜사업 설명자료』.

―――(2009b), 『일자리 창출을 위한 녹색 New Deal 사업 추진방안』.

김군수(1995), 『경기 31개 시군의 성장잠재력 분석』, 경기개발연구원.

김대식 · 최현성(2007), “어메니티자원과 인적자원을 고려한 농촌마을의 관광잠재력 평가기법 개발”, 농촌계획, 제13권 2호, pp. 7-16.

김도형(2010), “창조지역 정책 추진현황과 미래”, 지역발전위원회, 지역과 발전, 창간호, pp. 48-53.

김명수 · 박정은 · 정진규 · 박태선 · 왕광익 · 서연미 · 백승현(2009), 『녹색성장 개념정립과 국토분야 정책과제』, 국토연구원.

김선기(2010), “「자립형 지역공동체사업」 육성계획”, 『커뮤니티 비즈니스(CB) 지역경제 활성화의 새로운 모델과 발전방향』, 국회 정책토론회 자료집.

김안제(1987), “지역개발잠재력의 측정기법에 관한 연구”, 한국지방행정연구, 제2권 1호, pp. 1-16.

김점수 · 권기현 · 김동하(1996), 『지역별 자원실태 및 성장잠재력 분석 -관광자원을 중심으로』, 강원발전연구원.

김종환(2009), “지역 그린비지니스 활성화”, 고재경 외, 앞의 책, pp. 37-72.

김태환 · 김광익 · 류승한 · 변필성 · 황승미(2004), 『자립적 지역발전을 위한 잠재력 분석연구(Ⅰ)』, 국토연구원.

김현호 · 김선기(2009), 『지방자치단체 녹색성장 추진전략』, 한국지방행정연구원.

김현호 · 김선기 · 한표환(2009), 『지방자치단체 녹색경쟁력 지표 개발』, 한국지방행정연구원.

김효정(2007), “국토의 문화적 잠재력의 재발견과 정책과제”, 국토.

노경식 · 오민근 · 왕광익 · 변병설 · 최정석(2010), “기후변화와 녹색성장”, 도시정보.

녹색성장위원회(2009a), 『국가 온실가스 중기(2020년) 감축목표의 설정방안』.

———(2009b), 『녹색성장 국가전략』.

———(2009c), 『녹색성장 5개년 계획(2009~2013)』.

———(2009d), 『녹색성장전략과 녹색성장 종합 평가지수의 개발』.

———(2009e), 『저탄소 녹색성장 추진방안』.

———(2009f), 『제6차 녹색성장위원회 보고대회』.

류승한·김태환·김광익·변필성·황승미(2005), 『자립적 지역발전을 위한 잠재력 분석연구(Ⅱ)-지역의 제도적 역량 및 조직화 능력을 중심으로』, 국토연구원.

문순홍(2001), "근(현)대 논쟁과 생태 근(현)대화론", 환경과 생명, 통권 29호.

문화관광부(2009), 『저탄소 녹색 관광자원개발 가이드라인』.

미래기획위원회(2009), 『녹색성장의 길』.

박삼옥(2007), "국토잠재력과 국가경쟁력", 국토.

박순철 외(2005), "제로에너지타운-에너지 자급도시의 비전", 한국태양에너지학회 2005년도 추계학술발표대회 논문집.

배승종(2008), "농촌어메니티 및 도시수요를 고려한 그린투어리즘 잠재력 평가기법 개발", 농촌계획, 제14권 4호, pp. 109-119.

변창흠·권영섭(2007), "도시규모별 혁신잠재력과 혁신창출능력 간의 연계성에 관한 연구", 국토연구, 제55권 12호, pp. 137-154.

서울시(2009), 『2030 서울형 저탄소 녹색성장 마스터플랜』.

왕광익 외(2009), 『기후변화에 대비한 도시계획적 대응방안 연구』.

유광흠(2010), "녹색커뮤니티 조성방안", 국토연구원, 『기후변화에 대비한 녹색도시 발전방향』, 세미나 자료집.

유의선·이민형·구교빈(2009), 『저탄소녹색성장종합평가지수 개발-국가와 지역적용을 초점으로』, 과학기술정책연구원.

윤순진(2009a), "녹색성장의 문제점과 거꾸로 가는 에너지정책", 환경과 생명, 제60권, pp. 17-50.

윤순진(2009b), "저탄소 녹색성장의 이념적 기초와 실재", 환경사회학연구, 제13권 1호, pp. 219-266.

이원호(2008), "우리나라 낙후지역의 지역잠재력 실태와 지원제도의 효과분석", 지리학연구, 제42권 2호, pp. 279-289.

이상문(2009), "부천 고강지구 에코타운 조성 추진사례 및 정책제언", 환경부 에코타운 조성 범부처 세미나 발제자료.

이성근 · 이관률(1999), "경북지역의 역량분석과 지역발전전략", 새마을지역개발연구, 제25권, pp. 51-66.

이윤준(2010), "지역경제활성화를 위한 녹색클러스터 추진전략", STEPI Insight, 제53호.

이윤준 · 배용호(2010), "지역경제활성화를 위한 녹색클러스터 추진전략", 과학기술정책연구원(2009), 『지역경제활성화를 위한 녹색클러스터 추진전략』, 세미나 발표자료집.

이재준 · 최석환, 2008(8월), "기후변화 대응을 위한 지구단위계획 차원에서의 탄소완화 계획요소 개발에 관한 연구", 국토계획, 제44권 제4호.

이재준(2009), "기후변화 대응 녹색도시 조성 전략".

이지훈 · 신창목 · 강희찬 · 도건우(2008), 『녹색성장시대의 도래』, 삼성경제연구소.

임덕순(2007), "우리 국토의 지리적 잠재력의 재발견과 과제", 국토.

정봉민(2007), "국토 해양 잠재력의 재발견과 미래전략", 국토.

정회성 · 변병설(2003), 『환경정책의 이해』, 박영사.

정회성 · 전대욱 · 정영근(2005), 『지방단위 지속가능발전지표 연구』, 한국환경정책평가연구원.

정기철 · 장진규(2010), "저탄소 사회 조기실현을 위한 지역 녹색혁신역량 제고방안", STEPI Insight, 제38호.

조달청(2009), 『녹색성장 관련 용어집』.

조명래(2009), "녹색성장과 녹색사회 구현", 국토, 통권 327호, pp. 62-70.

조문래(2009), "그린비지니스의 성숙수준 측정", SW Insight 정책리포트.

중소기업연구원(2009), "그린 비즈니스에 관한 소고", 『KOSBI Issue Paper』 제57호.

지속가능경영원(2008), 『산업계 기후변화 대응(경쟁력) 지수 개발』.

지속가능경영원(2010), 『산업계 기후변화 경쟁력지수 개선 및 조사』.

지속가능발전위원회(2005), 『국가 지속가능발전전략 및 이행계획』.

지식경제부(2008a), 『그린에너지 발전전략』.

———(2008b), 『제3차 신・재생에너지 기술개발 및 이용・보급 기본계획(2009~2030)』.

———(2008c), 『지식・혁신주도형 녹색성장을 위한 산업발전전략』.

———(2009), 『산업기술혁신 5개년 계획(안)』.

지식경제부・에너지관리공단(2010), 『2010년도 에너지・기후변화정책 종합설명회』.

진상현(2008), "생태근대화론에 기반한 한국의 에너지정책에 대한 연구", 환경정책, 제16권 3호, pp. 57-86.

최지훈(2006), "개발사업의 녹색화", 문순홍 편, 『녹색국가의 탐색』, 서울: 아르케.

한국과학기술한림원・과학기술정책연구원(2009), 『녹색성장전략과 녹색성장종합평가지수의 개발』, 제58회 한림과학기술포럼・제308회 STEPI 과학기술정책포럼 발표자료.

한국전자거래협의(2008), "한국기업의 Green Business에 대한 인식 및 준비현황에 관한 조사".

한무호(2002), 『2002 충남의 시군별 성장잠재력 분석 및 특성화 방안』, 충남발전연구원.

한진희・김재훈(2008), 『국가성장전략으로서의 녹색성장: 개념・프레임웍・이슈』, 한국개발연구원.

행정안전부(2009), 『녹색성장자문위원회 회의자료』.

환경부(2000), 『환경부문의 온실가스 저감잠재력 평가』.
―――(2006), 『지자체 기후변화대응 업무안내서』.
―――(2009), 『저탄소 녹색성장 실천계획』.
―――(2010), 『환경부 녹색성장 중앙추진계획』.

Christooff, P.(1996), "Ecological Modernization, Ecological Modernities", Environmental Politics, Vol. 5.
Department of Communities and Local Government(2007), *Eco-towns Prospectus, London, http://www.communities.gov.uk/.*
Ernst & Young(2008), Coparative Advantage and Green Business.
Gouldson, A.(1996), "Ecological Modernization and the European Union", Geoforum, Vol. 27.
IPCC(2007), 『Climate Change 2007: The Physical Science Basis』.
Porter, M. et al.(2001), 『Clusters of Innovations: Regional Foundations of U.S. Competitiveness』, Washington DC: Council on Competitiveness.
UNEP(2009a), 『Global Green New Deal: A Policy Brief』.
UNEP(2009b), 『Overview of the Republic of Korea's Green Growth National Vision』.
UN ESCAP(2008), 『The Green Growth Approach for Climate Action』.
Webster, D. and L. Muller(2000), 『Urban Competitiveness Assessment in Developing Country Urban Region: The Road Forward』, Washington DC: The World Bank.
WCED(1987), 『Our Common Future』, Oxford University Press.
World Economic Forum(2005), 『2005 Environmental Sustainability Index』, Yale University · Columbia University.
Yoon, K. P. and C. L. Hwang(1995), 『Multiple Attribute Decision Making: An Introduction』, Sage Publication Inc.

Zietsman, J., R. R. Laurence and S. J. Kim(2006), "Transportation Corridor Decision-Making with Multi-Attribute Utility Theory", Int. J. Management and Decision Making, Vol. 7, pp. 254-266.

공저자 약력

김선기(金銑基)
한국지방행정연구원 선임연구위원
행정학 박사(서울대학교)
자치단체 녹색성장 추진전략(2009) 등

박승규(朴承奎)
한국지방행정연구원 수석연구원
도시계획학 박사(연세대학교)
저탄소 녹색성장의 지역경제발전효과 추정 및 극대화 방안(2009) 등

박진경(朴晉瓊)
한국지방행정연구원 수석연구원
도시계획학 박사(서울대학교)
지속가능한 고속철도망 계획을 위한 투자우선순위 선정에 관한 연구(2008) 등

전대욱(全大旭)
한국지방행정연구원 수석연구원·DB센터장
경영학 박사(한국과학기술원 테크노경영대학원)
기술진보와 지속가능발전 SD모델링(2009) 등

한국지방행정연구원총서
녹색성장과 지역특화발전

2010년 12월 20일 초판인쇄
2010년 12월 31일 초판발행

공저자 김선기 · 박승규 · 박진경 · 전대욱
발행인 안 종 만
발행처 (株)博 英 社
서울특별시 종로구 평동 13-31번지
전화 (733)6771 FAX (736)4818
등록 1959. 3. 11. 제300-1959-1호(倫)

저자와 협의하에 인지첩부를 생략함

www.pakyoungsa.co.kr e-mail: pys@pakyoungsa.co.kr

정 가 19,000원 ISBN 978-89-6454-133-3